OLJE CLASSICS
174

춘향전

사단법인 olje

올재의 꿈

올재는 지혜 나눔을 위해 2011년 9월 설립된 비영리 사단법인입니다. 예술과 문화 속에 담긴 지식과 교양을 널리 소개하고 향유함으로써 격변하는 세상의 지향점을 찾고, 올바르고 창의적인 교육의 기틀을 마련하는 것이 올재의 꿈입니다. 특히 올재는 인문 고전이나 문화 예술을 접할 기회가 많지 않은 소외 계층과 저소득층 청소년들을 위해 다양한 지혜 나눔의 계기를 마련하고자 합니다.

올재의 첫 번째 지혜 나눔은 인문 고전입니다. 〈올재 클래식스〉는 최고 수준의 번역본을 부담 없는 가격에 보급합니다. 각 종당 5000권을 발행하며 4000권은 교보문고에서 6개월간 한정 판매합니다. 미판매된 도서와 발행 부수의 20%는 복지시설 · 교정 기관 · 저소득층 등에 무료 기증합니다. 출간한 번역본은 일정 기간 후 올재 인터넷 홈페이지(www.olje.or.kr)에 게시합니다.

Share the wisdom. Change the world.

사단법인 olje

올재의 벗

〈올재 클래식스〉《춘향전》의 발행에 소요되는 제반 비용 상당액은 〈올재 클래식스〉의 지혜 나눔 취지에 적극 공감한 후원자 여러분의 도움으로 마련됐습니다. 국내 최대의 서점 교보문고는 〈올재 클래식스〉의 유통 지원에 도움을 주셨습니다. 표지 제호를 재능 기부해 주신 강병인글씨연구소 대표 강병인 님께 감사드립니다. 특히, 귀한 번역본을 남겨 주신 고 이가원 님께 감사드리며, 선친의 글을 올재에서 펴낼 수 있도록 허락해 주신 이동활 님께도 깊은 감사의 마음을 전합니다.
〈올재 클래식스〉 출간이 전국 곳곳에 인문 고전 나눔으로 뜨겁게 이어지길 바랍니다. 올재의 첫 번째 지혜 나눔 〈올재 클래식스〉 출간에 많은 격려와 박수를 보내 주신 벗들께 다시 한번 감사를 전합니다.

정기 후원과 일반 후원으로 올재의 지혜 나눔에 참여하세요.
올재의 벗들이 심은 작은 홀씨가 전국 곳곳에 인문 고전의 꽃으로 피어납니다.

올재 후원함 | 예금주 사단법인 올재
국민은행 023501-04-184681
농협은행 301-0100-8607-71
신한은행 100-027-966986
우리은행 1005-401-996902
하나은행 162-910013-46904

후원 문의처 | 올재 사무국
ⓣ 02)720-8278 ⓗ www.olje.or.kr ⓔ oljeclassics@olje.or.kr
@oljeclassics www.facebook.com/oljeclassics

지혜 나눔을 함께한 벗들

KYOBO 교보문고

강병인글씨연구소
Kang Byung In Calligraphy Institute

차례

춘향젼 하권이라

역자 해제

이 《춘향전春香傳》이 애초에 전라도 광대님의 판소리에서 출발된 지가 어느 때인지는 아득히 추구할 수 없거니와 다만 가다금[1] 장고표, 곧 '⧓' 따위가 있음을 보아서 노래를 주로 한 극가임은 틀림없는만큼 혹은 광대님들의 손에서 판본으로 새겨졌거나 또는 방간 세책집의 상품화에 의하여 이룩되었는가는 명확히 알 수 없다.

하여튼 전주의 '토판' 또는 '목판'이라면 비교적 희본에 속한 것이었으므로 시골 행랑방에서 진솔한 밭 할범과 성스러운 질삼 오마니들의 입에서 흥미진진하게 외며, 흥얼거려 오던 것은 구비口碑의 유동이 아니면 흘림으로 까치를 그린 사본이었던 것이다.

그러다가 최근의 수십 년 사이에 이르러서 문학계 경향이 점차로 우리 민족의 옛을 찾기에 심력을 기울임에 따라 《춘향전》이 어느 작품보다도 재빨리 높은 자리를 점거하였다. 요즈음 과거의 낡은 것을 아낌없이 뱉어 버리고 새로운 것을 맛보려고 애쓰는 현대인들에 대하여서는 학자는 연구에 노력을 기울이고, 학도는 학교에서 교본으로 읽으며, 극작가는 각색하여 극장에서 일반 민중들에게 공연하여 거의 일세를 풍미시키기까지에 이르렀다.

이제 우리는 이 글을 읽을 적마다 당시의 사회상을 연상하게 되니, 이는 실로 어떠한 진통을 겪고 나서 이러한 작품을 낳았으며, 또 이러한 작품을 낳지 않고는 견디지 못할 사정을 고찰하지 않을 수 없겠다. 당시 이씨 조선의 중앙집권적이고 관료적인 봉건제는 17세기 말에 이르러서 바야흐로 성숙기에 도달되어 소위 양반 관료들은 몹시 좁은 벼슬의 구멍을 뚫기에 급급하였으며, 이미 뚫고 나면 가렴주구에 의한 음사적인 생활을 경쟁하되 마치 붉은 촉에 달려드는 나비처럼 자기의 생명을 재촉하면서도 스스로 깨닫지 못하던 판이었다.

1* "가다가"의 북한어.

그러나 이에 오래간 기만과 유린을 입은 백성들은 무조건 무비판적으로 그들에게 복종하기를 싫어하는 동시에 모든 감정에 복받쳐 저절로 불평의 소리와 함께 반항 운동은 계급적인 의식을 통하여 발휘되었던 것이다. 이에 대한 표현물이 곧 소설이었고, 그 수많은 소설 중에서도 가장 적나라한 표현의 소지자가 곧 서민 문학의 정화인 《춘향전》이었다.

《춘향전》의 여주인공 성춘향과 남주인공 이 도령의 한 쌍은 그들의 출신 계급으로 보아서 그 거리는 실로 자로 재지 못할 만큼 현절이었다. 그럼에도 불구하고 이 도령은 처음에서 끝까지 춘향에게 굴수와 양보로서 일생을 일부일처로 고락을 같이하여, 구운몽의 남주인공 양소유의 일부다처주의와는 거리가 멀 뿐 아니라 그는 전통적인 충효세가의 범주를 이탈하여 풍월 음영으로써 아버지를 속이고 광한루 놀이를 위시하여,

① "싹한 이리로다. 나무 집 늘근 이는 리롱징도 잇난이라마는 귀 너무 발근 것도 예상 일 안이로다."

② "신쥬는 모셔 닉여 닉 창옷 소ᄆᆡ예다 모시고 춘향은 요ᄃ 의다 틔와 갈 밧그 슈가 업네."

에 이르러서는 지나치게 탈선이었다. 그리고 춘향의 '슈절' 운운도 또한 맹목적인 정열로 환상의 날개를 펴서 백일의 꿈을 추구함은 아니요, 오로지 자기 계급에서의 해방과 참된 자유 여성의 행위를 도득함에 성공한 셈이라 하겠다. 그러므로 그가 변학도에게 대한 반항에 꿋꿋이 '일부불경'을 부르짖은 것은 다만 변학도를 거절하는 가장 강력한 방패였으니 자기의 모든 이념을 통과시키기 위하여 전취함에 있어서는 다만 변학도에게만이 그러할 뿐 아니라 이몽룡에게도

그러하였던 것이다.

① “무어시 엇제고 엇제요.”
② “원수로다……존비귀천 원수로다.”
③ “ᄋᆡ원한 ᄂᆡ 혼신 원귀가 될 거신이 존중하신 도련임이 근들 안이 ᄌᆡ양이요.”

이는 모두 위협적인 어조였으며, 변학도에게 대한 발악에 비하더라도 지지 않을 만큼 독설이었다. 그리고 그의 전편을 통하여 거의 당시 위정자와 양반 관료에 대한 풍자 또는 야유로써 일관하였을 뿐이다.

개권의 벽두에 숙종왕의 성덕을 극도로 찬송하였으나 이는 참이 아닌 가장적이었으니 곧은 반항을 잠깐 삼가고 보드러운 풍자로서 슬그머니 실마리를 끄집어냈었다.

춘향 모 월매는 몰락된 퇴기였으나,

㉠ “셩가라 ᄒᆞ는 양반을 다리고…….”
㉡ “도련님 ᄃᆡ가리가 둘 돗쳤소. ᄋᆡ고 무셔라. 이 쇠쎵ㄷ 아.”
㉢ “양반이 그릇 되ᄆᆡ 갈농조차 드러ᄉᆞᆸ나.”

등은 모두 양반에 대한 극치에 달한 모욕이었다. 대체 성가 양반이 월매를 데리고 놀림이 아니고 월매가 성가 양반을 데리고 농락한 것이며, ‘성가라 ᄒᆞ는’이 말씨부터 얕잡아 본 것이 폭로되었고, 이 도령에 대해서도 여지없이 핀잔을 준 적도 없지 않았다.

교활한 방자 놈이 어린 상전인 이 도령에게 제멋대로 놀려 먹은 것이다.

㉠ "동으셔 아구 트난이다."
㉡ "여보 도련임, 점잔이 쳔자는 웬 이리요."

그 밖에도 목낭청의
"정승을 못 하오면 장승이라도 되지요"와, 임실 농부의, "올나간 이 도령인지 삼 도령인지 그놈의 자식은……" 등은 모두 기담과 상말을 거리낌 없이 사용하였다.

그리고 《춘향전》에는 인도나 중국의 설화 또는 고사를 사용했으나 모두 우리 민족의 정서에 알맞게 구사하였으니 하나의 예를 들면, "쳔지 직젼 호현 후"는 곧 가장 근엄한 유교 경전 중의 "첨지재전瞻之在前 홀언재후忽焉在後"를 적용한 것이니 이는 곧 공자의 제자 안회가 그 스승의 도가 황홀하여 모착할 수 없음을 찬탄한 말을 춘향의 그네 놀이에 적용하였으되 아무런 진부한 냄새를 맡을 수 없을 만큼 생동하고 있다.

《춘향전》에 대하여 뒷사람들의 예찬과 연구도 또한 적지 않으니 해좌海左 정범조丁範祖(1723~1801)의 《해재집海在集》〈춘랑사春娘詞〉, "부거생유니芙蕖生游泥, 불수유니탁不受游泥濁"은 춘향이 하류 계급에서의 초탈을 찬미한 것이라 하는 이도 없지 않거니와, 자하紫霞 신위申緯(1769~1845)의 《자하시집紫霞詩集》〈관극觀劇〉 1절의, "춘향분득안파추春香扮得眼波秋, 선영의문부자유扇影衣紋不自由. 하물용종이어사何物龍鐘李御史, 지금점단극풍류至今占斷劇風流"는 춘향극 장치의 아름다움과 관객의 번영함을 이름이었고, 조재삼趙在三(1808~1866)의 《송남잡지松南雜識》, "古樂府無此調而打扇長詠故俗謂'打詠'……我國倡優俗謂'唱夫'

亦曰廣帶以春陽打詠爲第一調而湖南諺傳'南原府使子李道令眄童妓春陽後爲李道令守節新使卓宗立殺之好事者哀之演其義爲打詠以雪春陽之宽彰春陽之節'云卽擊擊曲之意也"는 춘향을 춘양春陽으로, 변학도를 탁종립卓宗立으로 적었고, 춘양이 이 도령을 위하여 수절하다가 탁종립에게 피살된 것이 《춘향전》의 희喜–비悲–희喜와 다른 희喜–비悲의 순서로 더욱 재미있는 일이다. 대개 춘향의 원사한 사실을 취재하였으되 권선징악적인 소설을 쓰기 위하여 끝으로 희극의 한 토막을 추록한 것이 아닌가 한다. 그러면 《남원읍지南原邑誌》의 "기월매지녀춘향妓月梅之女春香 관사우옥중宽死于獄中"도 터무니없는 기사는 아닐 것이다. 또 옥산玉山 장지완張之琬(1806~1858)의 시詩 〈광한루廣寒樓〉, "십년쟁촉남주몽十年振觸南州夢, 곡춘향루만건曲春香淚滿巾"과 귤산橘山 이유원李裕元(1824~1888) 《가오고략嘉梧藁略》 〈관극팔령觀劇八令 광한춘廣寒春〉의 제일령第一令인, "광한오월녹양수廣寒五月綠楊垂, 낭자추천강벽사娘子鞦韆降碧絲. 수절일지교상증手折一枝橋上贈, 풍류어사불승비風流御使不勝悲" 등은 모두 관극의 작이었고, 호산壺山 윤달선尹達善(1800~1834)의 《광한루악부廣寒樓樂府》 108첩疊에 이르러서는 양적으로 풍부할 뿐 아니라 내용이 상세하여 고수관·송홍록·염계달·모흥갑 등의 광대까지도 소개되었고, 동리桐里 신재효申在孝(1812~1884)에 이르러서는 창극에 있어서 집대성을 보았다. 그는 《춘향전》의 고본을 늘리고 빛깔을 내어 남창조, 여창조, 동창조 등을 만들었다.

끝으로 중국의 홍루몽에 의한 '홍학'이 일시에 유행한 적이 있음과 같이 우리의 《춘향전》에 의한 '향학'이 장차 일세를 풍미시켜 수많은 새로운 연구가가 우후죽순 속출하기를 기대해 마지않는다.

이가원李家源

일러두기

1. 이 책은 완판完板 84장본 《열녀춘향슈절가》(완서계서포본完西溪書舖本, 김삼불金三不 소장 판목)를 주석한 것이다.
2. 이 책은 읽는 사람의 편의를 위해 52장회章回로 나누었으며, 각 장회에는 임의로 제목을 달았다.
3. 이 책은 옛 철자를 그대로 옮겼으나 띄어쓰기를 했다. 그리고 적당한 부호를 넣었으며, 원전의 이해를 돕기 위해 한자를 넣었다.
4. 주석은 한 항목에 대해서 처음 나오는 것만 하는 것을 원칙으로 했으나, 때로 중요하다고 생각되는 것은 중복하기도 했다. 이미 앞에 나온 주석을 참조하는 표시는 화살표로 했다. 예를 들어 '→27. ~(4)'는 27장의 주석 4번을 보라는 표시이다. 편집자주는 *를 붙여 표시했다.
5. 의미를 알 수 없거나 또는 출전을 알 수 없는 곳은 '미상未詳' 또는 '출전出典 미상未詳' 등으로 표시했다.
6. 이 책의 마지막에는 《열녀춘향슈절가》(완서계서포본) 원본을 수록했다.

열녀춘향
수절가

열녀춘향수절가라

1. 성대퇴기聖代退妓

숙종ᄃᆡ왕肅宗大王[1] 직위 초卽位初의 셩덕聖德이 너부시사 셩자셩손聖子聖孫[2]은 계ㄷ승ㄷ繼繼承承ᄒᆞ사 금고金膏[3] 옥족玉燭[4]은 요堯 · 슌舜[5] 시졀이요, 으관문물衣冠文物[6]은 우禹 · 탕湯[7]의 버금이라. 좌우보필左右輔弼[8]은 쥬석지신柱石之臣[9]이요, 용양龍驤[10], 호위虎衛난 간셩지장干城之將[11]이라. 조졍의 흐르난 덕화德化 힝곡鄕曲[12]의 펴엿시니 사ᄒᆡ四海 구든 기운이 원근遠近의 어려잇다. 충신忠臣은 만조滿

1 조선 제19대 왕. 이름은 한焞. 자字는 명보明普(1661~1720). 재위 기간은 46년.
2 왕가王家의 복록福祿을 송축頌祝하는 말. 한유韓愈의 〈평회서비平淮西碑〉에 "하늘이 당나라로 하여금 그 덕을 닮게 하니 성자와 신손이 계속되도다(天以唐 克肖其德 聖子神孫 繼繼承承)."
3 제왕帝王의 보물. 옥고玉膏와 같음. 《목천자전穆天子傳》에 "천자의 보물은 옥과, 선주, 촉은, 황금의 고이다(天子之珤 玉果璿珠 燭銀黃金之膏)."
4 사시四時의 기운이 조화를 이룬 것. 《이아爾雅》 〈석천釋天〉에 "사시의 기운이 조화를 이룬 것을 옥촉이라 한다(四氣和謂之玉燭)"라고 하였는데, 곽박郭璞은 그 소疏에서 "사시의 기운이 조화를 이뤄 온화하고 윤택하며 밝게 비치므로 옥촉이라 한다(四時和氣 溫潤明照 故曰玉燭)"라고 함.
5 중국 고대古代의 성군聖君. 사마천司馬遷의 《사기史記》 〈오제본기五帝本紀〉 참조.
6 그 나라 사람들의 옷차림과 인문人文, 물질物質 등 모든 방면의 상황. 그 나라의 문명.
7 중국 고대의 성군. 《사기》 〈하본기夏本紀〉와 〈은본기殷本紀〉 참조.
8 임금을 돕는 재상. 복승伏勝의 《상서대전尙書大傳》에 "옛날 천자는…좌우에 보필이 있다(古者天子……左輔右弼)." 반고班固의 《한서漢書》에 "예부터 제왕이 일어날 때 어찌 보필하는 신하가 없으리오(自古帝王之興 曷嘗不建 輔弼之臣)."
9 이 나라의 중책을 맡은 신하. 《한서漢書》에 "장군은 나라의 기둥과 주춧돌이다(將軍爲國柱石)." 범엽范曄의 《후한서後漢書》에 "주석지신은 마땅히 보필해야 한다(柱石之臣宜居輔弼)."
10 용양위龍驤衛와 호분위虎賁衛는 조선 무관의 정3품 아문衙門인데, 용양, 호위는 그 말을 줄인 것.
11 외적을 막아내고 안을 호위할 수 있는 장군. 《시경詩經》에 "공후간성公侯干城."
12 시골의 구석구석.

朝ᄒᆞ고, 회자孝子 열녀烈女 가ㄷᄌᆡ家家在라. 미ᄌᆡㄷㄷ美哉美哉[13]라. 우슌풍조雨順風調[14]ᄒᆡ니 함포고복含哺鼓腹[15] ᄇᆡᆨ셩百姓덜은 쳐ㄷ處處의 격량가擊壤歌[16]라.

잇ᄯᆡ 절나도全羅道 남원부南原府[17]의 월ᄆᆡ月梅라 하난 기ᄉᆡᆼ妓生이 잇스되 삼남三南[18]의 명기名妓로셔 일직 퇴기退妓[19]ᄒᆞ야 셩가成哥[20]라 ᄒᆞ는 양반兩班[21]을 다리고 셰월을 보ᄂᆡ되 연장사순年將四旬[22]의 당하야 일졈혀륙一點血肉이 업셔 일노한恨이 되야 장탄슈심長嘆愁心의 병이 되것구나. 일일一日은 크계 ᄭᆡ쳐 예 사람을 ᄉᆡᆼ각ᄒᆞ고 가군家君[23]을 청입請入ᄒᆞ야 엿자오ᄃᆡ 공순恭順이 ᄒᆞ난 마리,

"드르시요. 젼ᄉᆡᆼ前生의 무삼 은혜恩惠 짓쳐던지 이ᄉᆡᆼ의 부ㄷ夫婦되야 창기ᄒᆡᆼ실

13 '아름답도다'라는 감탄사.

14 태평한 시절. 송기宋祁의 《당서唐書》에 "무왕이 주를 치니 정방의 신이 와서 일을 맡았다. 각자 그 직책으로 이름을 했다. 은나라를 넘어뜨리니 바람과 비가 순조로웠다〔武王伐紂 五方神來受事 各以其職命焉 旣而克殷 風調雨順〕."

15 배불리 먹고 배를 두드리면서 노래한다는 말로 옛날 백성들이 태평 시절을 기뻐하는 모양. 장주莊周의 《장자莊子》 〈마제馬蹄〉에 "혁서씨의 시절에는 사람들이 살아도 어떻게 사는지 모르고 가면서도 어디를 가는지 몰랐다. 배불리 먹고 기뻐하며 배를 두드리며 놀았다〔夫赫胥氏之時 民居不知所爲 行不之所之 含哺而熙 鼓腹而游〕."

16 중국 상고上古 시대의 농부가. 백성들이 행복함을 나타내는 노래. 《제왕세기帝王世紀》에 "요임금 때 천하는 태평하고 백성들은 무사하였다. 80~90된 노인이 땅을 두드리며 다음과 같이 노래했다. '해가 뜨면 일을 하고 해가 지면 쉬고, 우물 파서 물 마시고 밭을 갈아 밥 먹으니 임금의 힘이 내게 무슨 소용인가'〔帝堯之世 天下太和 百姓無事 有八九十老人 擊壤而歌 日出而作 日入而息 鑿井而飮 耕田而食 帝力於我何有哉〕."

17 지금의 남원시南原市. 노사신盧思愼의 《동국여지승람東國輿地勝覽》에 "원래는 백제의 고룡군인데 신라 경덕왕이 남원으로 고쳤고, 고려 태조 23년에 남원부로 고쳤다. 조선 태종 13년에 도호부를 두었다〔本百濟古龍郡 新羅景德王 改今名 高麗太祖二十三年 改爲府 本朝太宗十三年 例改都護府〕."

18 충청남 · 북도, 전라남 · 북도, 경상남 · 북도를 통틀어 말함.

19 나이가 많아서 수청守廳의 직職에서 물러난 기생.

20 성씨成氏의 낮춤말.

21 조선 시대에 문반文班과 무반武班을 합쳐서 양반兩班이라고 함. 그러나 일반적으로 사대부士大夫를 가리키는 말.

22 나이가 거의 40이 됨.

23 아버지에 대한 다른 명칭이나 여기서는 남편이라는 뜻으로 쓰임.

娼妓行實 다 바리고 예모禮貌도 슝상崇尙ᄒᆞ고 여공女紅[24]도 심ᄉᆞᆺ것만 무삼 죄가 진즁珍重[25]ᄒᆞ야 일졈혀륙一點血肉 업셔스니 육친六親[26] 무족無族 우리 신세身勢 션영힝화先塋香火[27] 뉘라 ᄒᆞ며 사후감장死後監葬 어이하리. 명산ᄃᆡ찰名山大刹의 신공神供[28]이나 ᄒᆞ야 남여간男女間 낫커드면 평ᄉᆡᆼ한平生恨을 풀 거시니 가군의 ᄯᅳᆺ시 엇더ᄒᆞ오."

셩 참판成參判[29] 하는 마리,

"일ᄉᆡᆼ一生 신셰 ᄉᆡᆼ각ᄒᆞ면 자ᄂᆡ 마리 당연當然ᄒᆞ나 비려셔[30] 자식子息을 나흘진ᄃᆡ 무자無子할 사람이 잇슬이요."

ᄒᆞ니 월ᄆᆡ ᄃᆡ답하되,

"쳔하ᄃᆡ셩天下大聖 공부자孔夫者[31]도 이구산尼丘山의 비르시고, 정鄭나라 정鄭[32] 자산子産은 우셩산○○山[33]의 비러 나 계시고, 아동방我東方 강산江山을 이

24 바느질, 베짜기, 수놓기 같은 여자가 힘써야 할 일.

25 보중保重. 여기서는 중대重大라는 의미로 사용.

26 네 가지 설이 있음. ①부자父子, 형제兄弟, 고자姑姊, 생구甥舅, 혼구昏舅, 인아姻亞(두예杜預의 《좌전左傳》 주注). ②부父, 자子, 형兄, 제弟, 부夫, 부婦(《노자老子》 주) ③부父, 모母, 형兄, 제弟, 처妻, 자子(응소應劭의 《한서漢書》 주) ④부父, 자子, 곤제昆弟, 종조곤제從祖昆弟, 종증조곤제從曾祖昆弟, 족형제族兄弟(가의賈誼의 《가자신서賈子新書》).

27 조상의 산소에 제사드리는 일.

28 산신령에게 드리는 기도.

29 참판은 조선 시대 종2품의 관직명.

30 빌어서.

31 공자孔子(B.C.551~B.C.479). 《사기》 〈공자세가孔子世家〉에 "니구산에 빌어서 공자를 얻었다. 노양공 22년에 공자를 낳았는데 낳았을 때 머리 위가 오목했다. 그래서 이름을 구라고 하고 자를 중니라고 했다(禱於尼丘 得孔子 魯襄公 二十二年 而孔子生 生而首上圩頂 故因名曰丘云 字仲尼)." 부자夫子는 학자에 대한 존칭. 니구산尼丘山은 산동山東 곡부현曲阜縣 동남쪽 60리에 있음.

32 자산子産은 중국 춘추 시대 정鄭나라 대부大夫 공손교公孫橋의 자字.

33 미상未詳.

를진ᄃᆡᆫ 명산ᄃᆡ쳔名山大川이 업슬손가. 경상도慶尙道 웅쳔熊川[34] 쥬쳔의(朱○○)[35] 난 늑도록 자녀 업셔 최고봉最高峰의 비러더니 ᄃᆡ명쳔자大明天子 나 계시사 ᄃᆡ명쳔지大明天地 발거스니 우리도 정셩이나 듸려 보사이다. 공功든 탑塔이 무어지며[36] 심근 남긔 꺽길손가."

34 현재 경상남도 창원군 웅천면.

35 여기에 대해서는 다음과 같은 전설이 있음. "명태조明太祖 주원장朱元璋의 선조先祖 주모朱某가 중국으로부터 조선에 옮겨 와서 웅천에 살았는데 그는 잠수潛水를 잘 했다. 조선 태조太祖 이성계李成桂의 선조 이모李某는 산소 자리를 잘 봤는데 그는 웅천의 못 가운데 명당 자리가 있음을 알았다. 그러나 물이 깊어서 어쩌지를 못하고 물가에서 며칠을 보냈다. 이때 마침 주모를 만나서 다음과 같이 말했다. '이 물속에 석불石佛이 하나 있는데 이 석불의 양각兩角이 뾰족하니 이곳이 명당 자리다. 그대는 물속으로 들어가 나의 부친의 관은 오른쪽에 걸고 그대 부친의 관은 왼쪽에 걸어두라.' 그런데 애초에 이모는 스스로 생각하기를 왼쪽에서는 천자天子가 나고 오른쪽에서 후侯가 날 테니 제가 바꾸어 걸리라고 생각하고 말했던 것이다. 그러나 주모는 순진한 사람이었으므로 시키는 대로 했다. 이모가 다시금 바꾸어 걸기를 청하니 주모는 흔연히 허락하고 물속으로 들어갔다. 물속에 들어가니 관은 간 곳이 없고 두 마리 용龍이 노기怒起하는지라 주모는 크게 놀라 도망하여 나오니, 이모가 탄식하여 말하기를 '이것은 하늘이 시키는 것이지 인간이 하는 것이 아니로구나. 그대의 자손에서는 중국의 천자가 날 것이고, 나의 자손은 조선 왕이 될 것이다'라고 했다. 그 뒤 주모의 자손에 주천의라는 사람이 늙도록 자식이 없더니 웅천熊川의 최고봉에 빌어서 명태조明太祖 주원장朱元璋을 낳았다."《명사明史》에 보면 명태조明太祖의 아버지 이름은 세진世珍.

36 속담.

2. 선아환생仙娥幻生

이날부텀 목욕지계沐浴齋戒 경淨이 ᄒᆞ고 명산승지名山勝地 차져갈 제 오작괴烏鵲橋[1] 썩 나셔ᄃᆞ 좌우 산천 둘너보니 셔북의 교룡산蛟龍山[2]은 술히방戌亥方[3]을 마거 잇고, 동으로난 장임長林[4] 숨풀 깁픈 고ᄃᆡ 션원사禪院寺[5]는 은ᄃᆞ隱隱이 보이고, 남으로난 지리산智異山이 웅장雄壯한ᄃᆡ 그 가온ᄃᆡ 요쳔슈蓼川水[6]난 일ᄃᆡ장강一帶長江 벽파碧波되야 동남으로 둘너스니 별류건곤別有乾坤 여긔로다. 청임靑林을 더우잡고[7] 산슈山水을 발바 드려가니 지리산이 여기로다. 반야봉般若峰[8] 올나셔ᄃᆞ 사면四面을 둘너보니 명산ᄃᆡ쳔 완연宛然ᄒᆞ다. 상봉上峰의 단壇을 무어[9] 졔물祭物을 진셜陳設ᄒᆞ고 단하壇下의 복지卜地ᄒᆞ야 쳔신만고千辛萬苦 비럿더니 산신山神임의 덕이신지 잇ᄯᆡ는 오월 오일五月五日 갑자甲子라 한 ᄭᅮᆷ을 어든니 셔긔반공瑞氣盤空[10]ᄒᆞ고 오ᄎᆡ영농五彩玲瓏[11]하더니 일위 션녀一位仙女 청학靑鶴[12]을 타

1 광한루 앞에 있는 다리.

2 《동국여지승람》에 "남원의 서쪽 7리쯤에 교룡산이 있다. 북쪽으로 밀덕, 복덕 두 봉우리가 하늘을 뚫고 우뚝 솟아 있다(南原蛟龍山 在府西七里 北有密德福德兩峰 撑天突兀)."

3 서북 방향.

4 남원에 있는 숲의 이름.

5 《동국여지승람》에 "남원의 선원사는 백공산에 있다(南原府 禪院寺 在白工山)."

6 《동국여지승람》에 "남원의 요천은 동남쪽 1리에 있는데 시내 가운데 모양이 소같이 생긴 바위가 있다(南原 蓼川 在府東南一里 川中有巖 形如牛)."

7 더위잡고.

8 지리산의 서쪽에 있는 가장 높은 봉우리의 이름.

9 모아서.

10 상서로운 기운이 공중에 어림.

11 여러 무늬의 광채가 찬란함.

12 장영張英의 《연감유함淵鑑類函》에 "조선의 지리산 가운데 청학동이 있다. 그 경계는 넓고 사방에 좋은 밭과 비옥한 땅이 있어 마땅히 농사지을 만하다. 오직 청학이 그 안에 살아서 그것으로 이름을 지었다(朝鮮智異山中 有靑鶴洞 其境虛曠 四隅皆良田沃壤 宜播殖 惟靑鶴棲其中 故以爲名)."

고 오난듸 머리의 화관花冠이요, 몸의난 ᄎᆡ의彩衣로다. 월ᄑᆡ月佩[13] 소ᄅᆡ 징ㄷ錚錚ᄒᆞ고 손으난 게화일지桂花一枝를 들고 당堂의 오르며 거슈장읍擧手長揖ᄒᆞ고 공순이 엿자오ᄃᆡ,

"낙포洛浦[14]의 ᄯᆞᆯ일넌니 반도蟠桃[15] 진상進上 옥경玉京[16] 갓다 광한젼廣寒殿[17]의셔 젹송자赤松子[18] 맛나 미진정회未盡情懷ᄒᆞ올 차次의 시만時晩ᄒᆞ미 죄가 되야 상졔上帝 ᄃᆡ로大怒하사 진퇴塵土의 ᄂᆡ치시ᄆᆡ 갈 바을 몰나더니 두유산頭流山[19] 실영神靈계셔 부인ᄯᆡᆨ夫人宅으로 지시指示ᄒᆞ기로 왓사오니 어엽비 여기소셔."

ᄒᆞ며 품으로 달여들ᄉᆡ 학지고성鶴之高聲[20]은 장경고長頸故라. 학의 소ᄅᆡ 놀ᄂᆡ ᄭᆡ니 남가일몽南柯一夢[21]이라. 황홀恍惚한 정신精神을 진정鎭定ᄒᆞ야 가군家君과

13 달 모양으로 생긴, 또는 달무늬를 그린 허리에 차는 패물.

14 낙포는 낙수洛水에 있는 지명地名. 낙포洛浦의 딸은 복희씨宓羲氏의 딸인 복비宓妃.

15 3000년에 한 번씩 열린다는 신선 세계의 복숭아. 동방삭東方朔의 《십주기十洲記》에 "동해에 도색산이라고 하는 산이 있다. 거기에 큰 복숭아 나무가 있어 수천 리에 뻗어 있는데 이 나무 이름이 반도이다(東海有山 名口度索山 有大桃樹 屈蟠數千里 曰蟠桃)."

16 옥황상제玉皇上帝가 사는 하늘나라의 수도首都. 이백李白의 시詩에 "천상의 백옥경은 열두 누각과 다섯 성이 있다(天上白玉京 十二樓五城)."

17 월궁月宮. 광한궁과 같음. 유종원柳宗元의 《용성록龍城錄》에 "당명황이 신천사, 홍도객과 함께 8월 보름밤에 달나라에서 놀았는데 방에 광한청허지부라 써 있었다(唐明皇與申天師鴻都客 八月望日夜同遊月中 見榜曰 廣寒淸虛之府)."

18 옛날 중국의 신선. 유향劉向의 《열녀전列仙傳》에 "적송자는 신농 때 비를 관장하던 자이다(赤松子者 神農時雨師也)."

19 지리산의 다른 이름. 《동국여지승람》에 "남원의 지리산은……백두의 맥이 여기까지 이른 것이다. 그래서 이름을 또한 두류산이라고도 한다. 또는 그 맥이 바다에 이르러 그 끝이 여기에 머물렀다고 해서 '流'를 '留'라고도 한다. 또는 지리라고도 하고 방장이라고도 한다(南原智異山……白頭山之脈 流之于此 故又名頭流或云 其脈至海而窮停留于此 故流作留爲是 又名地理 又名方丈)."

20 학의 울음소리가 높은 것은 목이 길기 때문임. 이 말은 여러 곳에 우스운 이야기로 나오는데, 대부분 "학이 잘 우는 것은 목이 길기 때문이다(鶴之善鳴 長頸故)"라고 돼 있음.

21 한갓 헛된 꿈. 중국 당唐나라 이공좌李公佐의 《남가태수전南柯太守傳》이란 소설의 주인공인 순간분淳干棼이 잠깐 조는 동안 평생의 일을 꿈꾼 데서 나온 말.

몽사夢事을 셜화說話ᄒᆞ고 쳔ᄒᆡᆼ으로 남자을 나을가 기다리더니 과연 그 달부텀 ᄐᆡ기胎氣 잇셔 십ᄉᆞᆨ十朔이 당ᄒᆞᄆᆡ 일ㄷ一日은 향기香氣 만실滿室ᄒᆞ고 ᄎᆡ운彩雲이 영농玲瓏ᄒᆞ니 혼미즁昏迷中의 ᄉᆡᆼ산生産ᄒᆞ니 일ᄀᆡ옥여一個玉女을 나어난니 월ᄆᆡ의 일구월심日久月深 기루던[22] 마음 남자는 못 나스되 져근듯 풀이난구나. 그 사랑하문 엇지 다 셩언形言ᄒᆞ리. 일홈을 춘향春香이라 부르면셔 장즁보옥掌中寶玉[23]갓치 질너ᄂᆡ니 회ᄒᆡᆼ孝行이 무쌍無雙이요, 인자仁慈ᄒᆞ미 기린麒麟[24]이라. 칠팔셰七八歲되ᄆᆡ 셔ᄎᆡᆨ書冊의 ᄎᆡᆨ미着味[25]ᄒᆞ야 예모정절禮貌貞節을 일삼으니 회ᄒᆡᆼ孝行을 일읍一邑이 층송稱頌 안이하리 업더라.

잇ᄃᆡ 삼쳔동三淸洞[26] 이할임李翰林[27]이라 하난 양반이 잇스되 셰ᄃᆡ명가世代名家요 츙신와 후예後裔라. 일ㄷ一日은 젼하殿下[28]게옵셔 츙회록忠孝錄을 올여 보시고 충忠 효자孝子을 ᄐᆡᆨ출擇出ᄒᆞ사 자목지관字牧之官[29] 임용任用하실ᄉᆡ, 이할임으로 과쳔果川[30] 현감縣監[31]의 금산錦山[32] 군슈郡守[33] 이ᄇᆡ移拜ᄒᆞ야 남원南原 부사府使[34] 제슈除授ᄒᆞ시니, 이할임이 사은謝恩 숙ᄇᆡ肅拜 하직下直ᄒᆞ고 치ᄒᆡᆼ治行차려 남원부의 도임到任ᄒᆞ여 션치민정善治民情ᄒᆞ니 사방의 이리 업고 방곡坊曲의 ᄇᆡᆨ

22 그리워하던.
23 손바닥 안에 들어 있는 보물.
24 성인聖人이 세상에 나타나기 전에 나타난다는 상상의 동물. 용龍, 거북, 봉황鳳凰과 더불어 사령四靈이라고 하며 상서로운 짐승으로 여김.
25 맛을 붙임.
26 현재 서울 종로구 삼청동.
27 한림은 예문관藝文館의 직책. 신라 때부터 예문관을 당唐의 한림원翰林院과 같이 한림翰林 또는 한원翰苑이라고 불렀음.
28 천자天子는 폐하陛下라고 하고, 제후諸侯(왕王)는 전하殿下라고 함.
29 수守, 령令을 통틀어 부르는 말. 백성을 사랑하고 기른다는 의미.
30 현재 경기도 과천.
31 현의 우두머리. 종6품.
32 현재 전라북도 금산군.
33 군의 우두머리. 종4품.
34 도호부사都護府使. 부府의 우두머리. 종3품.

셩들은 더듸[35] 오물 칭송稱頌ᄒᆞᆫ다. 강구연월康衢煙月[36] 문동요聞童謠라. 시화연풍時和年豊ᄒᆞ고 ᄇᆡᆨ셩이 효도ᄒᆞ니 요순 시졀이라.

잇ᄯᅴ는 어느 ᄯᅢ뇨 놀기 조흔 삼춘三春이라 호련胡燕[37] 비조飛鳥 뭇 ᄉᆡ들은 농초[38] 화답和答 짝을 지어 쌍거쌍ᄂᆡ雙去雙來 나려 드려 온갓 춘졍春情 닷토난듸 남산화발南山花發 북산홍北山紅과 쳔사만사千絲萬絲[39] 슈양지垂楊枝의 황금조黃金鳥는 벗 부른다. 나무 ᄃᆞᄃᆞ 셩임成林ᄒᆞ고 두견杜鵑[40] 접동[41] 다 지나니 일연지가졀一年之佳節이라.

35 그가 다스리는 것이 훌륭하므로 그 같이 훌륭한 인물이 좀 더 일찍 오기를 바란다는 의미.

36 요堯임금이 나라를 잘 다스린 것을 나타낸 말. 《열자列子》〈중니仲尼〉에 "요임금이 평복을 입고 넓은 길로 나갔는데 아이들이 동요를 부르는 것을 들었다(乃微服遊於康衢 聞兒童謠)." 강구康衢는 사방으로 뚫린 길.

37 명매기.

38 농조哢嘲.

39 천 가닥 만 가닥 늘어진 수양버들 가지.

40 진달래. 두견새가 울 때 꽃이 피므로 이름을 얻었음.

41 두견杜鵑의 일명一名.

3. 방자설경房子說景

잇ᄯᅵ 사또使道[1] 자제子弟 이 도령李道令[2]이 년광年光은 이팔二八이요, 풍ᄎᆡ風采는 두목지杜牧之[3]라. 도량度量은 창ᄒᆡ槍海갓고 지혜智慧 활달濶達ᄒᆞ고 문장文章은 이ᄇᆡᆨ李白[4]이요, 필법筆法은 황히지王羲之[5]라. 일ᄃᆞ一日은 방지房子[6] 불너 말삼하되,

"이 골[7*] 경쳐景處[8] 어ᄃᆡ미냐. 시흥춘흥詩興春興 도ᄃᆞ滔滔하니 절승絶勝 경쳐 말하여라."

방자놈 엿자오되,

"글 공부工夫하시난 도령임이 경쳐 차져 부질업소."

이 도령 이른 마리,

"너 무식無識한 마리로다. 자고自古로 문장ᄌᆡ사文章才士도 절승강산絶勝江山 귀경求景키난 풍월장문風月作文[9] 근본根本이라. 신션神仙도 두로 도라[10] 방납博覽하니 어이하야 부당不當하랴. 사마장경司馬長卿[11]이 남으로[12] 강호江淮의 ᄯᅥᆺ다

1 하급 관리나 졸병이 상관을 높여 부르는 말.
2 도리闍梨가 변한 말로 총각을 높여서 부르는 말. 취음取音에 도령道令 또는 도령都令.
3 당唐나라의 시인. 명名은 목牧(803~852). 자字는 목지牧之.
4 당나라의 시인. 명은 백白(701~762). 자는 태백太白.
5 당나라의 서예가. 명은 희지羲之(321~379). 자는 일소逸少.
6 방자는 시골 관청의 남자 종 가운데 하나.
7* 고을.
8 경치 좋은 곳.
9 시문詩文을 짓는 것. 풍월은 음풍영월吟風詠月로 자연의 경치를 글을 지어 읊조리는 것.
10 놀아.
11 전한前漢의 문학가. 명은 상여相如(B.C.179?~B.C.117). 자는 장경長卿.
12 사마자장司馬子長(사마천司馬遷)의 고사故事를 사마장경司馬長卿으로 잘못 알았음. 사마천의 《사기》 〈태사공자서太史公自序〉에 "나는 용문에서 태어나 10세에 고문을 통달하고 20세에 남으로 강회에 떠서(遷生龍門 年十歲 則通古文 二十而南游江淮)."
남존馬存의 〈자장유증분방식문子長游贈盇邦式文〉에 "사마천은 평생에 다니기를 좋아하여 남으로 회수에 뜨고 양자강을 거슬러 올라가 미친 듯한 물결과 놀란 파도 그리고 부르짖는 듯한 바람이 돌아치는 것을 보았다. 그래서 그의 문장은 분방하고 호탕

ᄃᆡ강大江을 거살일 제, 광낭셩파狂浪盛波으 음풍陰風이 노호怒號하야 예로부터 가르치니 쳔지간天地間 만물지변萬物之變이 놀납고 질겁고도 고흔 거시 글 안인 계 업난이라. 시즁쳔자詩中天子[13] 이ᄐᆡᄇᆡᆨ李太白은 ᄎᆡ석강采石江[14]의 노라 잇고, 적벽강赤壁江[15] 츄야월秋夜月의 소동파蘇東坡[16] 노라 잇고, 심양강潯陽江[17] 명월야明月夜의 ᄇᆡᆨ낙쳔白樂天[18] 노라 잇고, 보은報恩[19] 송이俗離 운장ᄃᆡ雲藏臺의 셰조되왕世祖大王 노셔스니 안이 노든 못ᄒᆞ리라."

잇ᄯᆡ 방자 도령임 뜻슬 바다 사방 경ᄀᆡ景槩 말삼ᄒᆞ되,

"셔울노 이를진ᄃᆡ 자문紫門[20] 밧 ᄂᆡ다라 칠셩암七星庵[21], 청연암靑蓮庵[22], 세금정

하다.……대저 천지 사이 만물의 변화는 놀랍기도 하고 즐겁기도 하며 사람으로 하여금 슬프게도 하고 우울하게 하기도 한다. 사마천은 이런 것에 모두 취해서 글을 썼다〔子長平生喜游 南浮長淮 泝大江見狂瀾驚波 陰風怒號 逆走而橫擊 故其文奔放浩漫……凡天地之間 萬物之變 可驚可愕 可以娛心 使人憂使人悲者 子長盡取而爲文章〕."

13 권이생權以生의 《사요취선史要聚選》에 "두보는 시사이고 이백은 시중천자다〔杜甫詩史 李白詩中天子〕."

14 조령치趙令畤의 《후청록侯鯖錄》에 "이태백이 채석을 지나다가 술에 취해 물에 들어가 달을 잡으려다 죽었다〔李白過采石 酒狂入水捉月而死〕."
채석采石은 안휘安徽 당도현當塗縣 서북쪽 20리에 있는 우저산牛渚山. 고야왕顧野王의 《여지지輿地志》에 "우저의 낚시터는 세상에서 전하기를 이태백이 고래를 탔던 곳이라고 한다〔牛渚磯 相傳李白騎鯨〕."

15 소동파의 〈적벽부赤壁賦〉에 "임술년 가을 7월 16일에 나는 손님과 더불어 적벽 아래에서 놀았다〔壬戌之秋 七月旣望 蘇子與客 泛舟游於赤壁之下〕."

16 송宋의 문학가. 명은 식軾(1036~1101). 자는 자첨字瞻. 동파東坡는 그의 호號.

17 백낙천의 〈비파행琵琶行〉에 "심양강 머리에서 밤에 객을 전송하니 단풍잎 갈대꽃에 쓸쓸한 가을이여〔潯陽江頭夜送客 楓葉荻花秋瑟瑟〕."
심양강은 구강현九江縣 북北의 장강長江.

18 당나라의 문학가. 명은 거이居易(772~846). 낙천樂天은 그의 자.

19 충청북도 보은군에 있는 속리산의 봉우리 이름. 문장대文藏臺라고도 하고 운장대雲藏臺라고도 함. 속리산에 세조 임금이 와서 병 치료를 한 일이 있음.

20 자하문紫霞門의 줄인 말. 창의문彰義門이라고도 함. 경복궁 북쪽 인왕산과 북악산 사이에 있음.

21 자하문 밑 칠성七星 우물 뒤에 있는 당堂. 칠성님에게 자손을 비는 곳.

22 자하문 밖에 있는 암자.

洗劍亭[23]과 평양平壤 영광정練光亭[24], ᄃᆡ동누大同樓[25] 모란봉牧丹峰[26], 령양襄陽 낙션ᄃᆡ洛山臺[27], 보은報恩 송이俗離 운장ᄃᆡ雲藏臺, 안으安義 슈셩ᄃᆡ搜勝臺[28], 진쥬晉州 촉셕누矗石樓[29], 밀량密陽 영남누嶺南樓[30]가 엇더ᄒᆞᆫ지 몰나 와도 전나도全羅道로 일을진ᄃᆡ ᄐᆡ인泰仁 핑양정披香亭[31], 무쥬茂朱 한풍누寒風樓[32], 젼쥬全州 한벽누寒碧樓[33] 조싸오나 남원 경쳐景處 듯조시요. 동문 밧 나가오면 장임습, 쳔은사[34] 조쌉고, 셔문 밧 나가오면 관황묘關王廟[35]난 쳔고 영웅 엄한 위풍威風 어제 오날 갓삽고, 남문 밧 나가오면 광한누廣寒樓[36], 오작교烏鵲橋, 영주각瀛洲閣[37] 좃삽고,

23 자하문 밖에 있는 정자. 인조반정仁祖反政 때 이귀李貴, 김류金瑬 등이 이곳에 모여 거사를 의논하고 칼을 씻었다고 함.
24 평양 덕암德巖 위에 있는 정자. 감사監司 허굉許硡이 세웠음.
25 대동문루大東門樓를 줄인 말. 평양성의 문루.
26 평양 북쪽 5리에 있는 봉우리.
27 강원도 양양 낙산사洛山寺.
28 경상북도 안의에 있는 대臺. 원래 이름은 추송대愁送臺. 삼국시대 삼국의 사신이 이곳에서 헤어졌기 때문에 이런 이름을 얻었다는 전설이 있음. 퇴계退溪 선생은 이곳의 경치가 매우 아름다우나 이름이 우아하지 않다고 하여 수승대搜勝臺로 고쳤음.
29 진주 남강南江가에 있는 루樓.
30 밀양에 있는 커다란 루.
31 전라북도 정읍군 태인면 태창리에 있는 루.
32 《동국여지승람》에 "무주 한풍루는 객관 앞에 있다(茂朱寒風樓 在客館前)." 무주는 전라도에 있는 지명.
33 전주 남쪽에 있는 한벽당寒碧堂을 말한 것인데, 충청북도 청풍淸風의 한벽루寒碧樓를 연상하여 한벽루라고 잘못 썼음.
34 남원의 숲 장림長林과 선원사禪院寺.
35 한漢나라 관우關羽를 받드는 사당.
36 황수신黃守身의 〈광한루기廣寒樓記〉에 "남원부의 남쪽 2리쯤 되는 곳에 땅이 높고 평평하여 넓은 곳에 광통루라는 작은 누각이 있었다. 세월이 지남에 퇴락하였다. 갑인년에 부사 민공이 새로 누각을 짓기 시작했고, 정사년에 류지예가 계속하여 단청을 하였고, 갑자년에 정인지가 이름을 광한루라고 바꿨다(南原 府南二里許 地勢高平敞闊 有小樓曰 廣通 歲久頹廢 歲甲寅 府使閔君恭 改起新樓 丁巳柳君之禮 繼加丹雘 甲子河東鄭相國麟趾 易名以廣寒)."
37 오작교 위에 있었던 각閣.

북문 밧 나가오면 쳥쳔삭츌금부룡靑天削出金芙蓉[38] 기벽奇僻ᄒᆞ야 웃둑 셔스니 기암奇巖 둥실 교룡 산셩蛟龍山城[39] 좃사오니 쳐분處分ᄃᆡ로 가사이다."

도령임 일은 말삼,

"이 ᄋᆡ, 말노 듯ᄶᅥᄅᆡ도 광한누 오작괴烏鵲橋가 경ᄀᆡ로다. 귀경가자."

도령임 거동擧動보소. 사ᄯᅩ 전使道前 드러가셔 공순이 엿자오되,

"금일今日 ᄃᆡ기日氣 화란和暖ᄒᆞ오니 잠간 나가 풍월風月 음영吟咏 시詩 운목[40]도 ᄉᆡᆼ각ᄒᆞ고자 시푸오니 순셩巡城이나 ᄒᆞ여이다."

사ᄯᅩ ᄃᆡ히大喜ᄒᆞ야 허락ᄒᆞ시고 말삼ᄒᆞ시되,

"남쥬풍물南州風物을 귀경ᄒᆞ고 도라오되 시제詩題[41]을 ᄉᆡᆼ각ᄒᆞ라."

도령 ᄃᆡ답,

"부교父敎ᄃᆡ로 ᄒᆞ오리다."

물너나와,

"방자야, 나구 안장鞍裝지어라."

38 이백의 시 〈노산오로봉盧山五老峰〉에 "여산 동남의 오로봉은 푸른 하늘에 깎아 세운 금부용꽃 같다(盧山東南五老峰 靑天削出金芙蓉)." 교룡 산성이 솟은 모양을 말함.

39 남원 교룡산에 있는 성. 조선 선조 26년에 도원수都元帥 권율權慄이 승장僧將 처영處英을 시켜 수축修築했음.

40 한시를 지을 때 알맞는 운자韻字를 고르는 것.

41 글의 제목. 글을 짓는 소재나 제재.

4. 호화치장豪華治裝

방자 분부吩咐 듯고 나구 안장 짓는다. 나구 안장 지을 제 홍연자ᄀᆡ산호편紅纓紫鞚珊蝴鞭, 옥안금편황금늑玉鞍錦薦黃金勒[1], 청홍사靑紅絲 고흔 굴네 쥬먹상무朱絡象毛[2] 덥벅 다라 청ㄷ[3] 다ᄅᆡ 은입등자銀葉鐙子[4] 호피虎皮 도듬의 젼후 거리 줄방울을 염불법사念佛法師 염쥬念珠 메듯,

"나구 등ᄃᆡ等待[5]ᄒᆞ엿소."

도령임 거동 보소. 옥안션풍玉顔仙風 고흔 얼골 젼반剪板[6] 갓탄 ᄎᆡ머리[7] 곱게 비셔 밀기름[8]의 잠ᄌᆡ와 궁초당기宮綃檀箕[9] 석황石黃[10] 물여 밉시 잇게 잡바 ᄲᅡᆺ코, 셩쳔成川 슈쥬水紬[11] 졉동ᄇᆡ 세ᄇᆡᆨ져細白苧[12] 상침 바지[13] 극상셰목極上細木 졉보션[14]의 남갑사藍甲紗[15] 단임 치고, 육사단六紗緞 졉ᄇᆡ자袷褙子[16]밀화密花단초[17] 다라

1 '홍영자공산호편 옥안금천황금늑'을 잘못 알고 썼음. 잠삼岑參의 〈위절도적표마가衛節度赤驃馬歌〉에 "그대 집안의 적표마는 그릴 수 없네. 한 뭉치 붉은 색이 바람같이 달아나니, 붉은 실로 만든 굴레와 산호로 만든 채찍, 옥으로 만든 안장과 비단으로 지은 언치 그리고 황금색 실로 얽은 굴레(君家赤驃畵不得 一團旋風桃花色 紅纓紫鞚珊瑚鞭 玉鞍金鶴韉黃金勒)."

2 주락 상모의 잘못. 굴레에 꾸민 붉은 제구.

3 청청은 층층層層의 잘못. 다래는 말다래의 준말. 말의 배 양쪽에 달아서 흙이 튀는 것을 막는 제구. 제니障泥.

4 은으로 만든 등자. 등자는 말을 타고 앉아서 두 발을 딛는 제구.

5 미리 준비하고 기다림.

6 종이를 도련할 때 쓰는 좁은 나무판.

7 가늘고 길게 땋은 머리.

8 밀랍에 기름을 섞어 끓인 기름.

9 궁초로 만든 댕기. 궁초는 비단의 일종. 댕기는 길게 땋은 머리 끝에 늘어뜨리는 헝겊이나 끈.

10 석웅황石雄黃의 줄인 말. 석왕이라고도 함. 댕기에 물리는 장식.

11 평안도 성천成川에서 나는 질 좋은 비단. 수주는 수아주水禾紬의 줄인 말.

12 접동베의 속俗. 옷감의 이름. 또는 겹배자褙子.

13 상침을 놓은 바지. 상침은 가장자리를 꿰맬 때 실밥이 겉으로 드러나게 꿰매는 것.

14 최상품의 고운 무명으로 만든 겹버선.

입고, 통힝건筒行纏[18]을 무릅 아ᄅᆡ 는짓[19] ᄆᆡ고, 영초단英綃緞[20] 허리씌, 모초단毛綃緞[21] 도리낭[22]을 당팔사唐八絲[23] 가진 ᄆᆡ답[24] 고[25]를 ᄂᆡ여 는짓 ᄆᆡ고, 쌍문초雙紋綃[26] 진 동졍同正[27] 즁츄막의[28] 도포道袍[29] 밧쳐 흑사黑紗 씌를 흉중胸中의 눌너 ᄆᆡ고, 육분[30] 당혜唐鞋 ᄭᅳ으면셔,

"나구를 붓드러라."

등자 딋고 션듯 올나 뒤를 싸고 나오실 졔 통인通引[31] 한나 뒤을 ᄯᅡ라 삼문三門[32] 밧 나올 젹그 쇄금鎖金[33] 부치 호胡 · 당션唐扇[34]으로 일광日光을 가리우고, 관도

15 남화갑사藍花甲紗의 줄인 말. 남빛의 갑사甲紗. 대님은 한복 바지를 입은 뒤 바짓가랑이를 접어서 가든하게 발목을 졸라매는 끈.

16 깁과 비단으로 만든 배자褙子. 겹배자는 저고리 위에 덧입는 옷.

17 밀화蜜花로 만든 단추. 밀화는 누른빛이 나는 보석으로 호박琥珀의 한 종류.

18 행전은 바지나 고의를 입을 때 정강이에 꿰어 무릎 아래에 매는 물건. 통행전은 보통 행전.

19 넌지시.

20 중국에서 나는 비단의 일종.

21 날은 가늘고 씨는 굵게 짠 깁.

22 동그랗게 만든 주머니.

23 중국에서 나는 실의 한 종류.

24 갖은 매듭. 실을 묶어서 모양을 낸 여러 가지 매듭.

25 옷고름이나 노끈 등을 잡아 맬 때 풀리지 않게 한 가닥을 조금 빼어 고리처럼 맨 것.

26 중국에서 나는 비단의 한 종류.

27 긴 동정 또는 진솔 동정.

28 중치막. 옛날 백두白頭가 입던 웃옷.

29 애초에는 도가道家 도사道士의 옷이었으나 유가儒家에서 예복禮服으로도 썼음.

30 육분은 '肉粉' 또는 '六分'이라고 하는데 확실치 않음. 당혜는 울이 깊고 코가 작은 가죽신의 한 종류.

31 지방 관아官衙에 속해서 잡일을 보는 하인.

32 대궐이나 공해公廨(관가官家 소유의 건물)의 여러 문. 정문正門 · 동협문東夾門 · 서협문西夾門.

33 사북을 금으로 만든 부채. 사북은 쥘부채의 부챗살을 한꺼번에 끼우는 못 같은 물건.

34 호선胡扇, 당선唐扇을 합쳐서 부른 말. 호선은 호식胡式의 부채, 당선은 당식의 부채.

성남官道城南[35] 너른 길의 싱기 잇게 나갈 제 취릐양유醉來楊州[36]ᄒᆞ던 두목지杜牧之의 풍칠風采넌가. 시ᄃᆞ요부時時誤拂[37]하던 주관周郞의 고음이라. 상가자ᄆᆡᆨ춘셩ᄂᆡ香街紫陌春城內[38]요, 만셩견자슈불ᄋᆡ滿城見者誰不愛라. 광한누 셥젹 올나 사면四面을 살펴보니 경긔가 장니 조타. 젹셩赤城[39] 아침 날의 느진 안긔 씌여 잇고, 녹슈錄樹의 져문 봄은 화류동풍花柳東風 둘너 잇다. 자각달노분조회紫閣丹樓分照曜[40]요, 벽방금젼싱영농璧房錦殿相玲瓏은 임고ᄃᆡ臨高臺[41]를 일너 잇고, 요헌기구하쳐외瑤軒綺構何崔嵬[42]는 광한누을 일의미라. 악양누岳陽樓[43], 고소ᄃᆡ姑蘇臺[44]

35 왕발王勃의 〈채련곡採蓮曲〉의 한 구절. "성남의 길에서 뽕잎을 따는 것이 어찌 강 위에서 연꽃을 따는 것만 하겠는가(官道城南把桑葉 何如江上採蓮花)."

36 두목지杜牧之가 술에 취해 수레를 타고 양주楊州의 거리를 지나면, 많은 기생들이 그의 풍채를 사랑하여 귤을 수레에 던져 수레가 가득했다는 이야기가 있음.
권이생權以生의 《사요취선史要聚選》에 "술에 취해 양주를 지나면 수레에 귤이 가득했다(醉過楊州橘滿車)."

37 진수陳壽의 《삼국지三國志》 〈주유전周瑜傳〉에 "주유는 어려서부터 음악에 밝았다. 높은 벼슬에 이른 이후에도 만약 잘못이 있으면 주유는 꼭 알아차렸다. 잘못된 곳이 있는 것을 알면 꼭 돌아보았다. 그래서 그때 사람들이 노래를 불러 말하기를 '곡조가 틀리면 주유가 돌아본다'라고 했다(瑜少精意于音樂 三爵之後 其有闕誤 瑜必知之 知之必顧 故時人謠曰 曲有誤 周郞顧)."
이단李端의 시詩 〈명필鳴筆〉에 "주랑의 한 번 돌아봄을 얻으려고 때때로 악기를 잘못 연주하도다(欲得周郞顧 時時誤拂絃)."

38 "화려하게 꾸민 시가市街의 봄이요, 이를 본 시민들은 사랑하지 않는 이가 없도다." 잠삼岑參의 〈위절도적표마가衛節度赤驃馬歌〉의 한 대목.

39 적성원赤城院. 남원의 서쪽에 있음. 왕발의 〈임고대편臨高臺篇〉에 "적성에 아침 해 비치고 녹수는 춘풍에 흔들린다(赤城暎朝日 綠樹搖春風)."

40 왕발의 〈임고대편臨高臺篇〉의 한 대목. "단장丹粧한 누각은 어지럽게 비치고 화려한 방안은 영롱하기 짝이 없다."

41 높은 대臺에 오름. 왕발의 시편詩篇 이름.

42 왕발의 〈임고대편臨高臺篇〉에 "화려한 누각은 어찌 이리 높으뇨. 난새의 노래와 봉황의 피리 소리는 맑고도 애처롭다(瑤軒綺構何崔嵬 鸞歌鳳吹 淸且哀)."

43 중국 호남湖南 악양현岳陽縣에 있는 누각. 악양성岳陽城의 서쪽 문루門樓. 여기서 밑으로 동정호洞庭湖가 보임.

와 오초동남슈吳楚東南水[45]는 동졍호洞庭湖로 흘너지고, 연지燕子[46] 셔북의 ᄑᆡᆼᄐᆡᆨ彭澤이 완연宛然한듸 ᄯᅩ 한 곳 ᄇᆞᄅᆡ보니 ᄇᆡᆨㄷ홍ㄷ白白紅紅 난만즁爛漫中의 잉무鸚武 공작孔雀 나라들고, 산쳔 경ᄀᆡ 둘너보니 에구분[47] 반송盤松[48] 솔 ᄯᅥᆨ갈입[49]은 아쥬 춘풍春風 못 이기어 흔늘ㄷㄷ, 폭포유슈瀑布流水 셰ᄂᆡ[50]가의 계변화溪邊花는 ᄉᆡᆼ긋ㄷㄷ, 낙ㄷ장송落落長松 울ㄷ鬱鬱ᄒᆞ고, 녹음방초승화시綠陰芳草勝花時[51]라. 계슈桂樹, 자단紫壇, 모란牡丹, 벽도碧桃의 취醉한 산ᄉᆡᆨ山色 장강요쳔長江寥川의 풍등슬 잠계 잇고, ᄯᅩ 한 곳 바라보니 엇덧한 일 미인一美人이 봄ᄉᆡ 우름 한ᄀᆞ지로 온갓 춘졍春情 못 이기여 두견화杜鵑花 질ᄭᅳᆫ 썩거 머리여도 ᄭᅩ자 보며, 함박ᄭᅩᆺ도 질ᄭᅳᆫ 썩거 입으 함숙 물러 보고, 옥슈玉水 나삼羅衫[52] 반만 것고 청산

44 중국 강소江蘇 오현吳縣 서남쪽에 있는 대臺. 원강袁康의 《월절서越絶書》에 "오왕 부차가 월나라를 깨뜨리니 월나라는 서시를 바치고 군대를 물리기를 청했다. 오왕은 고소대를 쌓았는데 5년 만에 완성했다. 높이가 200장이다(吳王夫差破越 越進西施 請退軍 吳王築姑蘇臺 五年乃成 高二百丈)."

45 두보杜甫의 시 〈등악양루登岳陽鶴〉에 "지난날 동정호 이야기를 들었는데 오늘 악양루를 오르는도다. 오초는 동남으로 갈라져 있고 하늘과 땅은 밤낮으로 떠오르네(昔聞洞庭水 今上岳陽樓 吳楚東南坼 乾坤日夜浮)."

46 연지는 연자의 잘못. 강소江蘇 동산현銅山縣 서북쪽에 있는 루樓의 이름. 백거이白居易의 〈연자루시서燕子樓寺序〉에 "서주의 장상서가 사랑하는 기생이 있었는데 이름이 혜혜였다. 상서가 죽자 동락에 장사 지냈다. 팽성에 장씨의 옛 집이 있었는데 집안에 연자라는 작은 누각이 있었다. 혜혜가 옛일을 생각하여 시집가지 않고 이 누각에서 10여 년을 살았다(徐州故尙書 張 有愛妓曰盼盼 尙書旣沒 旣葬東洛 而彭城有張氏舊第 有小樓名燕子 盼盼念舊不嫁 居是樓十餘年)." 팽택彭澤은 강서江西 호구현湖口縣에 있는데 여기서는 팽성彭城을 잘못 쓴 듯함.

47 에이굽은. 척 멋들어지게 굽은.

48 키가 작고 가지가 가로로 퍼진 오래된 소나무.

49 떡갈나무 잎.

50 시내.

51 왕안석王安石의 시 〈초하初夏〉에 "청명한 날의 따뜻한 바람에 보리 내음 나고 녹음과 방초의 경치는 꽃필 때보다 더 좋도다(晴日暖風生麥氣 綠陰芳草勝花時)."

52 부녀婦女 예복禮服의 한 가지. 혼례 때 신부가 활옷을 벗고 입는 예복.

유슈靑山流水 말근 물의 손도 싯고 발도 싯고, 물 머금어 양슈[53]ᄒᆞ며, 조약돌 덥셕 쥐여 버들가지 꾀꼬리을 히롱戲弄하니 타기황잉打起黃鶯[54] 이 안인야. 버들입도 주루룩 훌터 물의 훨ㄷ 씌여 보고, 빅셜白雪 갓튼 힌 나부 웅봉ᄌᆞ접雄蜂雌蝶은 화수花鬚[55] 물고 너울ㄷㄷ 춤을 춘다. 황금黃金 갓튼 꾀꼬리는 숩ㄷ이 나라든다.

53 양치질.

54 배도裴度의 〈이주가伊州歌〉에 "나무 위의 꾀꼬리를 갈겨 일으켜 울게 하지 말아요. 그 울음소리에 놀라 첩의 꿈이 깨면 꿈에서라도 요서에 갈 수 없어요(打起黃鶯兒 莫敎枝上啼 啼時驚妾夢 不得到遼西)." 혹은 김창서金昌緖의 〈춘원春怨〉이라고도 함.

55 꽃의 수술.

5. 작교풍류鵲橋風流

광한廣寒[1] 진경眞景 조컨이와 오작교烏鵲橋[2]가 더욱 좃타. 방가위지方可謂之호남湖南으 제일셩第一城이로다.[3] 오작교 분명分明ᄒᆞ면 견우牽牛, 직녀織女[4] 어ᄃᆡ 잇ᄂᆞ. 일언 승지勝地의 풍월風月이 업실소냐. 도련임이 글 두 귀句를 지여스되

고명오작션高明烏鵲船이요
광한옥계누廣寒玉階樓라[5]
차문쳔상수직여借問天上誰織女요
지흥금일아거누至興今日我牽牛라.

잇ᄯᅢ ᄂᆡ아內衙으셔 잡술 상床이 ᄂᆞ오거늘 일비주一盃酒 먹은 후의 통인, 방자 물여주고 취흥醉興이 도ᄃᆞ陶陶하야[6] 담부[7] 푸여 입으다 물고 일이져리 거닐 제,

1 광한루廣寒樓.
2 광한루 앞에 있는 다리. 전설에 견우와 직녀가 만날 수 있도록 까막까치가 은하수에 다리를 놓는다고 함.
3 전라도에서는 제일가는 곳이라고 부를 만함.
4 두 별의 이름. 종름宗懍의 《형초세시기荊楚歲時記》에 "은하수의 동쪽에 천제의 딸인 직녀가 살았다. 매해 옷감을 짜는 일을 하였다. 옷감을 짜서 아름다운 비단 천의를 만들었다. 천제께서 혼자 사는 것을 불쌍히 여겨 은하수 서쪽에 사는 견우에게 시집보냈다. 시집을 간 후 직녀는 베짜기를 그만두니 천제께서 노하여 은하수 동쪽으로 돌아오게 하였다. 다만 1년에 한 번 서로 만나게 했다(天河之東 有織女 天帝之子也 年年 織杼勞役 織成雲錦天衣 天帝憐其獨處 許嫁河西牽牛郞 嫁後遂廢織絍 天帝怒責令歸河東 但使其一年一度相會)."
5 고명은 고면顧眄의 잘못. 광한은 광한궁廣寒宮. 옥계玉界는 옥경玉京(하늘나라의 서울)과 같음. 시의 내용은 "둘러보니 오작교의 신선이요 하늘 위의 높은 다락이로다. 빌어 묻노니 하늘나라의 직녀 아가씨는 누구신고. 알괘라 오늘의 견우는 반드시 내가 되겠지."
6 화락和樂한 모양. 유영劉伶의 〈주덕송酒德頌〉에 "아무 생각을 하지 않으니 그 즐거움이 도도하도다(無思無慮 其樂陶陶)."
7 담배.

경쳐의 흥을 졔워 츙청도忠淸道 고마[8] 수영水營[9], 보련암寶蓮庵[10]을 일너슨들 이곳 경쳐 당할손야. 불글 단丹, 푸릴 쳥靑, 힌 빅白, 불글 홍紅, 고몰ㄷㄷ리 단쳥丹靑, 유막柳幕 황잉黃鶯 환우셩喚友聲[11]은 닉의 춘흥春興 도와 닌다. 황봉黃蜂 빅졉白蝶 왕나부는 힝기香氣 찻난 거동이라. 비거비릭飛去飛來 춘셩닉春城內요, 영쥬瀛洲[12], 방장方丈, 봉닉산蓬萊山이 안하眼下의 갓차오니 물은 본本이 은하수銀河水요, 경기는 잠깐 옥경玉京이라. 옥경이 분명하면 월궁月宮[13] 항아桓娥[14] 업슬손야.

잇ᄯᅵ은 삼월三月이라 일너스되 오월단오일五月端午日리엿다. 쳔중지가절天中之佳節[15]이라. 잇ᄯᅵ 월믹 ᄯᅡᆯ 춘향이도 ᄯᅩ한 시셔음율詩書音律이 능통能通하니 쳔즁절天中節을 몰을소냐. 추천秋千[16]을 ᄒᆞ랴 ᄒᆞ고 상단香丹이 압세우고 나려올 제 난초蘭草갓치 고흔 머리 두 귀를 눌너 곱게 ᄯᅡ아 금봉치金鳳釵[17]를 졍제整齊ᄒᆞ고 나운羅裙[18]을 둘운 허리 미양未央[19]의 간는 버들 심이 업시 듸운듯[20], 아름답

8 공주公州 북쪽 2리에 있는 곰뫼. 웅산熊山.
9 공주전公州塡에 소속된 수영水營.
10 충주忠州의 서쪽 50리에 있는 천룡산天龍山에 있는 보련사寶蓮寺인 것 같음.
11 버드나무에 앉은 꾀꼬리가 서로 부르는 소리.
12 삼신산三神山. 《사기》〈진시황기秦始皇記〉에 "서불이 말하기를 바다 가운데 삼신산이 있어, 그 이름은 봉래·방장·영주인데 거기에 신선이 산다(徐市言 海中有三神山 名曰蓬萊 方丈 瀛州 仙人居之)."
13 달나라.
14 달에 살고 있는 선녀. 상아嫦娥라고도 씀. 《회남자淮南子》에 "예가 서왕모에게 불사약을 청하여 얻었는데 그의 아내 항아가 훔쳐 가지고 달나라로 도망하였다(羿請無死之藥於西王母 姮娥竊之奔月宮)."
15 5월 5일 단오일.
16 그네. 추천鞦韆이라고도 많이 씀. 장유張有의 《복고편復古編》에 "한무제 때 후궁들의 놀이로 본래는 천추라고 했다. 천추는 장수를 비는 말이다. 그런데 말이 뒤집혀 추천이 되었다(漢武帝後庭之戲 本云千秋 祝壽詞也 語譌轉爲秋千)."
17 금으로 만든 머리꽂이에 봉황을 새긴 것.
18 나군의 속칭. 비단으로 만든 치마.

고 ㄷ은 ᄐᆡ도 아장거려 흔늘거려 가만가만 나올져그 장임長林 속으로 드러가니 녹음방초綠陰芳草 우거져 금잔듸 좌르륵 ᄊᆞᆯ인 고ᄃᆡ 황금 갓튼 ᄭᅬᄭᅩ리는 쌍거쌍ᄂᆡ雙去雙來 나라들 제 무셩茂盛한 버들 ᄇᆡᆨ쳑장고百尺長高 놉피 ᄆᆡ고 추쳔을 하려 할 제, 슈화水禾[21] 유문有紋[22] 초록草綠 장옷[23] 남방사藍方絲[24] 홋단 초ᄆᆡ 휠ㄷ 버셔 거러 두고, 자쥬紫朱[25] 영초影綃 슈당혀繡唐鞋[26]을 셕ㄷ 버셔 던져두고, ᄇᆡᆨ방사白紡絲[27] 진솔 속것[28] ᄐᆡᆨ 미ᄐᆡ 훨신 추고 연숙마軟熟麻[29] 츄천 줄을 셤ㄷ옥수纖纖玉手[30] 넌짓 드러 양슈兩手의 갈나 잡고, ᄇᆡᆨ능白綾[31] 보션 두 발길노 셥젹 올나 발 구를 제, 세류細柳 갓튼 고흔 몸을 단정端正이 논이난듸 뒤 단장丹粧 옥비ᄂᆡ, 은죽절銀竹節[32]과 압 치레 볼작시면 밀화장도蜜花粧刀[33], 옥장도玉粧刀며, 광원사[34] 졉져고리 졔 ᄉᆡᆨ色 고름의 ᄐᆡ態가 난다.

"상단아, 미러라."

한 번 굴너 심을 쥬며 두 번 굴너 심을 쥬니 발 미ᄐᆡ 가는 씌걸 바람 좃차 펄ㄷ

19 미앙의 잘못. 한漢나라의 궁궐. 백거이의 〈장한가長恨歌〉에 "태액지의 부용과 미앙궁의 버들(太液芙蓉未央柳)."

20 힘이 없이 드리운 듯.

21 비단의 이름. 수아주.

22 무늬가 있는 비단.

23 부녀가 나들이할 때 머리에 써서 온몸을 가리던 옷.

24 남방사주藍方絲紬의 줄인 말. 남빛 명주실로 짠 비단.

25 자주빛 비단.

26 수놓은 당혜唐鞋.

27 백방사주白方絲紬의 줄인 말. 흰 명주실로 짠 비단.

28 진솔 속곳.

29 삼줄기를 쪄서 껍질을 벗긴 것. 이것으로 밧줄을 만듦.

30 여자의 부드럽고 깨끗한 손.

31 흰 비단.

32 은으로 만든 대나무의 마디 모양 머리 장식.

33 밀화로 장식을 한 장도. 밀화는 호박琥珀의 일종인 보석.

34 달 같은 둥근 무늬가 있는 비단. 혹은 광월사光月紗.

압뒤 졈ㄷ 머러가니 머리 우의 나무입은 몸을 ᄡᅡ라 흔를ㄷㄷ 오고 갈 졔 살폐보니 녹음綠陰 속의 홍상紅裳 자락이 바람 결의 ᄂᆡ빗치니 구만장쳔九萬長天 ᄇᆡᆨ운간白雲間의 번ᄀᆡ불리 ᄶᅬ이난 듯, 쳠지ᄌᆡ젼호현후瞻之在前忽焉后[35]라. 압푸 얼는하는 양樣은 가부야운 져 졔비가 도화일점桃花一點 ᄯᅥ러질 졔 차려 ᄒᆞ고 ᄶᅩᆺ치난 듯, 뒤로 번듯 ᄒᆞ는 양은 광풍狂風의 놀닌 호졉蝴蝶 ᄶᅡᆨ을 일코 가다가 돌치난 듯, 무산션여巫山仙女[36] 구름 타고 양ᄃᆡ상陽臺上의 나리난 듯, 나무입도 무러 보고 ᄭᅩᆺ도 질ᄭᅳᆫ ᄭᅥᆨ거 머리에다 실근ㄷㄷ,

"이 ᄋᆡ 상단아, 근ᄃᆡ 뱌람이 독毒ᄒᆞ기로 졍신精神이 어질ᄒᆞᆫ다. 근ᄃᆡ 줄 붓들러라."

붓들랴고 무수無數이 진퇴進退ᄒᆞ며 한창 이리 논일 젹의 셰ᄂᆡᄭᅡ 반셕상盤石上의 옥비ᄂᆡ ᄯᅥ러져 징ㄷ琤琤 ᄒᆞ고,

"비ᄂᆡ ㄷㄷ"

ᄒᆞ난 소ᄅᆡ 산호ᄎᆡ珊瑚釵[37]을 드러 옥반玉盤을 ᄭᆡ치난 듯, 그 ᄐᆡ도 그 형용은 셰상인물世上人物안이로다.

35 '첨지재전홀언재후'의 잘못. 《논어論語》 〈자한子罕〉에 "안연이 탄식하여 말하기를, 선생님(공자)은 쳐다보면 점점 높아지고 뚫어보면 더욱 단단해진다. 바라보면 앞에 있다가 갑자기 뒤에 있다(顔淵喟然嘆曰 仰之彌高 鑽之彌堅 瞻之在前 忽焉在後)."

36 무산巫山은 사천泗川 무산현巫山縣에 있는 산. 무산에 있는 선녀가 초楚나라의 회왕懷王과 양왕襄王을 양대陽臺에서 만났다는 고사.

37 산호로 만든 머리 장식.

6. 물각유주物各有主

연자 삼춘燕子三春 비거릭飛去來[1]라. 이 도령 마음이 울적鬱寂ᄒᆞ고 정신 어질하야 별 싱각이 다 나것다. 혼ᄌᆞ 말노 셤어纖語[2]하되,

"오호五湖[3]으 편주扁舟 타고 범소빅范小伯[4]을 좃ᄎᆞ스니 셔시西施도 올 이理 업고, ᄒᆡ성該城[5] 월야月夜 옥창비가玉帳悲歌로 초패왕楚霸王을 이별하던 우미인虞美人도 올 이 업고, ᄃᆞᆫ봉궐丹鳳闕 하직하고 빅용퇴白龍堆 간 연후의 독이청총獨留靑塚하여쓴이 왕소군王昭君도 올 이 업고[6], 장신궁長信宮[7] 지피 닷고 빅두름白頭吟[8]을 ㄷ퍼슨이 반첩여班婕妤[9]도 올 이 업고, 소양궁昭陽宮[10] 아침날으 지치侍

1 봄에 제비가 날아다님.

2 잠꼬대. 정신이 나간 사람의 헛소리.

3 《오록吳錄》에 "오호는 태호의 별명이다. 그 둘레가 500여 리이므로 오호라고 한다(五湖子 太湖之別名 以其周行五百餘里 故曰五湖)."

4 춘추 시대에 월越나라 승상 범려范蠡가 서시와 함께 작은 배를 타고 오호에 뜬 고사. 서시는 월나라에서 오왕吳王 부차夫差에게 보낸 미녀.

5 초패왕楚霸王 항우項羽가 한漢나라의 유방劉邦과 해하垓下에서 싸워 패한 고사. 이 싸움에서 진 항우가 그의 애희愛姬인 우미인虞美人과 해하垓下의 옥장玉帳에서 슬픈 노래를 불렀음. 옥창은 옥장玉帳의 잘못. 옥장玉帳은 장군의 장막.

6 단봉궐丹鳳闕은 한漢나라의 궁전. 백룡퇴白龍堆는 흉노匈奴의 땅 이름. 왕소군은 한漢나라의 궁녀. 한나라의 원제元帝는 궁녀가 많았으므로 화공畫工에게 궁녀의 그림을 그려 오게 하여 그중에서 골라 시침侍寢을 시켰고, 궁녀들은 모두 화공에게 뇌물을 주어 잘 그려 달라고 했는데 유독 왕소군만은 자신의 미모를 믿고 뇌물을 주지 않았음. 이때 흉노에서 궁인 가운데 한 사람을 배필로 달라고 하므로 왕소군을 보내면서 임금이 왕소군의 실물을 보니 천하절색이었음. 임금이 후회했으나 이미 때가 늦었고 후에 왕소군은 흉노땅에서 자살함. 그 무덤에는 홀로 풀이 푸르렀다고 함. 독이는 독유의 잘못.

7 한漢나라 황제의 조모祖母가 살던 궁궐. 반첩여가 이곳에서 태후에게 시중을 들었음.

8 탁문군卓文君이 지은 시이나 여기서는 반첩여의 작作으로 잘못 알았음.

9 첩여婕妤는 한漢나라 때 후비后妃의 계급 이름. 반첩여는 반황班況의 딸로 성제成帝 때 뽑혀서 첩여가 되었으나 조비연趙飛燕에게 미움을 받아 장신궁으로 쫓겨났음. 시를 잘 지었음.

10 소양전昭陽殿의 잘못. 소양전은 한漢나라의 전殿 이름. 이곳에 조비련이 거처함.

厠[11]하고 도라온이 조비련趙飛燕[12]도 올 이 업고, 낙포션연洛浦仙女가, 무산션녀巫山仙女가."

도련임 혼비즁쳔魂飛中天ᄒᆞ야 일신一身이 고단孤單이라. 진실노 미혼지인未婚之人이로다.

"통인아."

"예."

"져 건네 화류중花柳中의 오락가락 힛뜩ㄷㄷ 얼는ㄷㄷ ᄒᆞ는 계 무어신지 자셔仔細이 보와라."

통인니 살피보고 엿자오되,

"다른 무엇 안이오라 이 골 기싱 월미 ᄯᅡᆯ 춘향이란 게집아히로소이다."

도련임이 엉겁졀의 한는 말이,

"장이 좃타. 훌융하다."

퇴인이 알외되,

"졔 어미는 기싱이오나 춘향이는 도ㄷ하야 기싱 구실 마다하고 빅화초엽百花草葉의 글ᄌᆞ[13]도 싱각하고 여공女紅 ᄌᆡ질才質이며 문장文章을 겸젼兼全하야 여렴쳐자閭閻處子[14]와 다름이 업ᄂᆞᆫ이다."

도령 허ㄷ 웃고 방자을 불너 분부하되,

"들은 즉則 기싱의 ᄯᅡᆯ이란이 급피 가 불너올라."

방ᄌᆞ놈 엿자오되,

"셜부화용雪膚花容[15]이 남방南方의 유명키로 방ㆍ쳠ᄉᆞ方僉使[16], 병ㆍ부ᄉᆞ兵府

11 시치侍廝의 잘못. 시치는 임금을 모시는 것.

12 한漢나라 성제成帝의 궁녀. 춤을 잘 추었음. 그의 동생과 함께 첩여가 되었음.

13 시제詩題.

14 보통 민간의 처녀.

15 눈같이 흰 피부와 꽃다운 용모.

使[17], 군수郡守, 현감縣監, 관장官長임네 엄지발가락이 두 뼘 가웃식[18] 되난 양반 외입징外入匠이[19]덜도 무수無數이 보려 하되 장강莊姜의 ᄉᆡᆨ色[20]과 임任 · ᄉᆞ姒[21]의 덕힝이며, 이李 · 두杜[22]의 문필文筆이며, ᄐᆡᄉᆞ太姒의 화순심和順心[23]과 이비二妃[24]의 정절貞節를 품어스니 금쳔하지절ᄉᆡᆨ今天下之絶色이요, 만고여중군자萬古女中君子오니 황공惶恐하온 말삼으로 초ᄅᆡ招來하기 어렵ᄂᆡ다."

도령 ᄃᆡ소大笑하고,

"방ᄌᆡ야, 네가 물각유주物各有主[25]를 몰르난또다. 형산ᄇᆡᆨ옥荊山白玉[26]과 여수황금麗水黃金[27]이 님ᄌᆡ 각ㄷ 잇난이라. 잔말 ㄷ고 불너오라."

16 방方은 방백方伯. 관찰사觀察使의 다른 이름. 첨사僉使는 첨절제사僉節制使·동첨절제사同僉節制使를 줄인 이름. 《대전회통大典會通》에 보면, 전라도에는 관찰사 1인(종2품), 첨절제사 4인(종3품), 동첨절제사 19인(종4품)이 있었음.

17 병兵은 병사兵使. 병마절도사兵馬節度使의 줄인 말. 종2품.

18 '두 뼘 가웃'은 두 뼘 반이라는 뜻으로 둘兩과 반半을 한자음으로 읽으면 양반兩班과 동음이어同音異語. 양반을 풍자한 말.

19 오입장이. 노는 계집과 상관하기를 좋아하는 사내.

20 춘추 시대 위장공衛莊公의 부인. 득신得臣의 누이. 아름다움이 뛰어났음.

21 주문왕周文王의 어머니인 태임太任과 주문왕周文王 후后(무왕武王의 어머니) 태사太姒. 태임과 태사는 모두 훌륭한 부도婦道를 갖췄음.

22 이백李白과 두보杜甫.

23 주문왕의 후后(주무왕의 어머니).

24 순舜임금의 비妃인 아황娥皇과 여영女英. 유향劉向의 《열녀전列女傳》에 "순임금의 두 비는 요임금의 두 딸이다. 큰 딸은 아황이고 둘째는 여영이다. 순이 그 아버지 고수를 효로 섬기는 것을 보고 요가 두 딸을 아내로 주었다. 두 비는 총명하고 어질고 곧았다(有虞二妃者 帝堯之二女 長娥皇 次女英 舜事瞽叟以孝 堯乃妻以二女 二妃聰明貞仁)."

25 소식蘇軾의 〈전적벽부前赤壁賦〉에 "대저 천지 사이에 모든 물건은 각기 그 주인이 있으니 내 것이 아니면 조금도 취하지 않는다(夫天地之間 物各有主 苟非吾之所有 雖一毫而莫取)."

26 형산荊山은 중국 호북湖北 남장현南漳縣 서쪽에 있는 곳으로 좋은 옥玉이 많이 남.

27 여수麗水는 중국 운남雲南에 있는 강 이름. 황금이 나는 곳.

7. 청조전신靑鳥傳信

방자 분부 듯고 춘향 초릭招來 건네갈 제, 밉시 잇난 방직 열셕 셔황모西王母[1] 요지연瑤池宴[2]의 편지 젼턴 청조靑鳥[3]갓치 이리져리 건네가셔,

"여바라, 이 인 춘향아."

부르난 소릭 춘향이 깜쪽 놀닉여,

"무슨 소리를 그 짜우로 질너 사람의 졍신을 놀닉난야."

"이 인야, 말 마라. 이리 낫다."

"이리란이 무슨 일."

"사또 자제 도령임이 광한누의 오셧짜가 너 노난 모양 보고 불너오란 영슈이 낫다."

춘향이 홰를 닉여,

"네가 밋친 자식일다. 도령임이 엇지 나를 알어셔 부른단 마리냐. 이 자식 네가 닉 마를 종지리신 열씨 짜듯[4] 하여나부다."

"안이다. 닉가 네 마를 할 이가 업시되 네가 글쳬[5] 닉가 글야. 너 글은 닉력來歷을 드러 보와라. 계집아히 힝실行實노 추쳔을 하랴이면 네 집 후원 단장後園短牆 안의 줄을 믹고 남이 알가 몰을가 은근이 믹고 추천하난 계 도레道理의 당연하미라. 광한누 머잔하고 또한 이 고셜 논지論之할진딘 녹음방초綠陰芳草 승화시勝花時라. 방초난 푸려난듸 압닉 버들은 초록장草綠帳 두르고 뒤닉 버들은 유록장柳綠帳 둘너, 한 가지 느러지고 또 한 가지 펑퍼져 광풍狂風을 계워 흔늘ㄷ

1 서왕모. 중국 고대 전설의 신녀神女. 불사약을 가진 선녀, 음양설에서는 일몰日沒의 여신이라고도 함.

2 서왕모가 사는 궁전 왼쪽에 있는 연못. 주목왕周穆王이 이곳에서 서왕모와 함께 잔치를 했다고 함.

3 소식을 전하는 심부름꾼. 반고班固의 《한무고사漢武故事》에 "7월 7일에 푸른 새가 전각 앞으로 날아왔다. 동방삭이 말하기를 '이것은 서왕모가 오려는 것이다'라고 했다. 얼마 있다가 서왕모가 왔는데, 세 마리의 푸른 새가 서왕모를 곁에서 모셨다(七月七日 忽有靑鳥 飛集殿前 東方朔曰 此西王母欲來 有頃王母至 三靑鳥夾侍王母傍)."

4 속담. 종달새가 삼씨를 까듯 함. 입을 나불거린다는 뜻.

5 그름. 옳지않음.

ᄃ 춤을 추난듸, 광한누 귀경쳐求景處의 근듸을 믿고 네가 셸 졔, 외씨 갓탄 두 발길노 빅운간白雲間의 논일 젹기 홍상紅裳 자락이 펄ᄃ 빅방사白方絲 속것 가릐 동남풍東南風의 펄넝ᄃᄃ, 박 속 갓탄 네 살겨리[6] 빅운간의 힛득ᄃᄃ, 도령임이 보시고 너을 불으시졔, 닉가 무삼 말을 한단 말가. 잔말 ᄃ고 건네가자.”

춘향이 대답ᄒ되,

“네 마리 당연ᄒ나 오나리 단오이端午日리라. 비단非但 나 뿐이라. 다른 집 쳐자들도 에 와 함기 추쳔하여쓰되, 글얼 뿐 안이라 셜혹設或 닉 말을 할지라도 닉가 지금 시사時仕[7]가 아니여든 여렴閭閻 사람을 호릐칙거呼來斥去[8]로 부를 이도 업고 부른듸도 갈 이도 업다. 당초의 네가 말을 잘못 드른 빅라.”

방자 이면耳面[9]의 복기여 광한누로 도라와 도령임게 엿자오니 도련임 그말 듯고,

“기특奇特한 사람일다. 언즉시야言則是也로되 다시 가 말을 하되 이러ᄃᄃ 하여라.”

6 살결이.

7 아전衙前이나 기생이 관아官衙에 현직으로 있는 것.

8 불러 잡아감.

9 소리와 안면.

8. 월태화용月態花容

방자 전갈傳喝[1] 모와[2] 춘향으계 건너가니 그 ᄉᆡ의 제 집의로 도라갓거늘 졔의 집을 차져가니 모여간母女間 마조 안져 졈심點心밥이 방장方將이라 방자 드러가니,

"너 웨 ᄯᅩ 오나냐."

"황송惶悚타. 도련임이 다시 전갈ᄒᆞ시더라. ᄂᆡ가 너를 기싱으로 알미 아니라 드른니 네가 글을 잘한다기로 청하노라. 여가閭家[3]의 잇ᄂᆞᆫ 쳐자 불너보기 청문聽問의 고히怪異하나 험의嫌疑로 아지 말고 잠싼 와 단여가라 하시더라."

춘향의 도량度量[4]한 ᄯᅳᆺ시 연분緣分되랴고 그러한지 호련忽然이 ᄉᆡᆼ각하니 갈 마음이 나되 모친의 ᄯᅳ슬 몰나 침음양구沈吟良久[5]의 말 안코 안져더니, 춘향모春香母 썩 나안자 졍실精神업게 말을 하되,

"ᄭᅮᆷ이라 하는 거시 젼수全數이 허사虛事가 안이로다. 간밤의 ᄭᅮᆷ을 ᄭᅮ니 난ᄃᆡ 업는 쳥용靑龍 한나 벽도지碧桃池[6]의 잠겨 보이거날 무슨 조흔 이리 잇슬가 하여던니 우연한 일 안이로다. ᄯᅩ한 드른이 사ᄯᅩ 자제 도련임 일홈이 몽용夢龍이라 ᄒᆞ니 ᄭᅮᆷ 몽 ᄍᆞ夢字, 용 ᄃᆞ ᄍᆞ龍字 신통神通ᄒᆞ게 맛치여ᄯᅡ. 그러나 져러나 양반이 부르시난듸 안이 갈 슈 잇겨난야. 잠간 가셔 단여오라."

춘향이가 그제야 못 이기난 체로 계우 이러나 광한누 건너갈 제, ᄃᆡ명젼大明殿[7] ᄃᆡ들보의 명ᄆᆡ기 거름으로, 양지陽地 마당의 씨암닥 거름으로, 빅모ᄅᆡ 밧탕[8] 금

1 사람을 시켜서 안부를 묻거나 말을 전하는 일.
2 모시와의 속칭.
3 여염가閭閻家의 줄인 말.
4 도량이 넓은.
5 오랫동안 결정을 하지 못하고 지체하는 모양.
6 벽도화碧桃花가 핀 연못.
7 대명궁大明宮. 고려 때 개성에 있던 궁궐. 당唐나라에도 있었음.
8 바탕. 고어古語에는 마당이나 자리의 뜻임.

자ᄅᆡ 거름으로, 월ᄐᆡ화용月態花容[9] 고은 ᄐᆡ도 완보緩步로 건너갈ᄉᆡ 흐늘ㄷㄷ 월越 셔시西施 토셩십보土城習步[10]하던 거름으로 흐늘거러 건너올 제, 도련임 난간欄干의 졀반折半만 비겨셔ㄷ 완ㄷ宛宛니 바ᄅᆡ보니 춘향이가 건너오난ᄃᆡ 광한누의 갓찬지라. 도련임 조와라고 자셔이 살펴보니, 요ㄷ夭夭[11] 졍ㄷ貞靜[12]하야 월ᄐᆡ화용이 셰상의 무쌍無雙이라. 얼골이 조촐ᄒᆞ니 쳥강淸江의 노난 학鶴이 셜월雪月의 밧침 갓고, 단순호치丹脣皓齒[13] 반ᄀᆡ半開하니 별도 갓고 옥도 갓다. 연지臙脂을 품은 듯, 자하상紫霞裳[14] 고은 ᄐᆡ도 어린 안ᄀᆡ 셕양夕陽 빗치온 듯, 취군翠裙이 영농玲瓏ᄒᆞ야 문ᄎᆡ文采는 은하슈銀河水 물결 갓다. 연보蓮步[15]을 졍正이 옴겨 천연天然이 누의 올나 북그려이 셔 잇거날 통인 불너,

"안지라고 일너라."

춘향의 고ᄒᆞᆫ ᄐᆡ도 염용斂容ᄒᆞ고[16] 안난 거동 자셔이 살펴보니, ᄇᆡᆨ셕창파白石蒼波[17] ᄉᆡ 빗 뒤에[18] 목욕沐浴하고 안진 제비 사람을 보고 놀ᄂᆡ난 듯, 별노 단장丹粧한 일 업시 쳔연한 국ᄉᆡᆨ國色이라. 옥안玉顔을 상ᄃᆡ相對한니 여운간지명월如雲間

9 달 같은 태도와 꽃 같은 얼굴.

10 토성土城에서 걸음걸이 연습을 함. 월越나라에서 오왕吳王 부차夫差에게 서시西施를 바치기 전에 3년 동안 여러 가지를 연습시켰는데 그 가운데 걸음걸이는 토성土城에서 연습함.

11 예쁜 모양.

12 정조가 바르고 성질이 깨끗함.

13 붉은 입술과 흰 이. 미인을 말함. 조식曹植의 〈낙신부洛神賦〉에 "붉은 입술은 드러난 아름다움이요, 흰 이는 안에 있는 깨끗함이다(丹脣外朗 皓齒內鮮)."

14 자줏빛 노을색의 치마. 아름다운 모양을 말함.

15 미인의 걸음걸이. 이연수李延壽의 《남사南史》에 "동혼후가 금으로 연꽃을 만들어 땅에 붙이고 반비로 하여금 그 위를 걷게 하였다. 그러고는 '걸음걸음마다 연꽃이 생기도다'라고 했다(東昏侯 鑿金爲蓮花 以貼地 令潘妃行其上 曰此步步生蓮花也)."

16 얼굴을 단정히 하고.

17 푸른 파도에 씻긴 흰 바위.

18 새로 온 비.

之明月[19]이요, 단순丹脣을 반ᄀᆡ半開한이 약슈중지연화若水中之蓮花[20]로다. 신션神仙을 ᄂᆡ 몰나도 영주瀛州의 노던 션여仙女 남원의 젹거謫居하니[21] 월궁月宮의 뫼던 션여 벗 한나을 일러구나. 네 얼골 네 ᄐᆡ도는 셰상인물 아니로다.

19 흘러가는 구름 사이로 밝은 달이 있는 모양.

20 못에 핀 연꽂.

21 귀양살이 하는 것.

9. 이성지합李成之合

잇써 춘향이 추파秋波[1]을 잠간 들어 이 도령을 살펴보니 금세의 호걸豪傑리요, 진眞 셰간世間 기남자奇男子라. 텬졍天庭[2]니 놉파스니 소년공명少年功名할 거시요, 오악五嶽[3]이 조귀朝歸ᄒᆞ니 보국輔國[4] 충신忠臣 될 거시ᄆᆡ 마음의 흠모欽慕하야 ᄋᆡ미蛾眉[5]을 수기고 엄실단좌斂膝端坐[6] ᄲᅮᆫ이로다.

이 도령 하난 마리,

"성현聖賢도 불취동셩不取同姓[7]이라 일너스니 네 셩은 무어시며 나흔 몃 살니요."

"셩은 셩가成哥옵고 년셰난 십육 셰歲 로소이다."

이 도령 거동 보소,

"허ᄃᆞ, 그 말 반갑도다. 네 연셰 드러하니 날과 동갑同甲 이팔二八이라. 셩ᄶᆞ姓字을 드러보니 텬졍天定일시 분명ᄒᆞ다. 이셩지합李成之合(二姓之合) 조흔 년분緣分 평싱동낙平生同樂하여 보자. 네의 부모구존父母俱存[8]한야."

"편모偏母 하下로소이다."

"몃 형제나 되넌야."

1 미인의 눈이 가을 물같이 맑은 모양. 소식蘇軾의 시 〈백보홍百步洪〉에 "아름다운 이가 눈을 돌아보지 아니한다(佳人未肯回秋波)."

2 관상을 보는 사람들은 이마를 천정이라고 함. 마의도자麻衣道者의 〈석실신이부石室神異賦〉에 "이마가 높으니 소년부귀를 기약할 만하다(天庭高聳 少年富貴可期)."

3 관상에서 왼쪽 광대뼈는 동악東嶽, 오른쪽 광대뼈는 서악西嶽, 이마는 남악南嶽, 빰밑을 북악北嶽, 코를 중악中嶽이라고 하고 이를 통틀어 오악五嶽이라 함. 〈석실신이부石室神異賦〉에 "오악이 조공하면 당대에 돈을 많이 번다(五嶽朝歸 今世錢財自旺)."

4 보국숭록대부輔國崇祿大夫. 정1품의 벼슬.

5 미인의 눈썹. 미인의 이마와 눈썹을 비유한 말. 《시경詩經》에 "매미의 이마에 누에의 눈썹(螓首蛾眉)."

6 무릎을 꿇고 단정히 앉음.

7 《예기禮記》에 "같은 성을 가진 여자는 처로 취하지 않는다. 고로 성씨를 모르는 첩을 살 때는 점을 친다(取妻不取同姓 故買妾不知其姓 則卜之)."

8 《맹자孟子》에 "부모님께서 살아 계시고 형제가 아무 탈이 없는 것이 첫 번째 즐거움이다(父母俱存 兄弟無故 一樂也)."

"육십당연六十當年 닉의 모친 무남독여無男獨女 나 훈나요."
"너도 나무 집 귀한 쌀이로다. 천정天定하신 연분으로 우리 두리 만나스니 말련낙萬年樂을 일워 보자."
춘향이 거동 보소. 팔자八字[9] 청산靑山 쯩그리며 주순朱脣[10]을 반기半開ᄒᆞ야 간은 목 게우 여러 옥셩玉聲으로 엿ᄌᆞ오딕,
"츙신忠臣은 불사이군不事二君[11]이요, 열여불경이부졀烈女不更二夫節은 옛글으일너슨이, 도련임은 귀공자貴公子요 소녀小女는 쳔쳡賤妾이라. 한 번 탁졍託情한연후의 인因하야 바리시면 일편단심一片丹心[12] 이 닉 마음 독숙공방獨宿空房[13]홀노 누워 우는 하恨는 이 닉 신셰 닉 안이면 뉘가 길고[14]. 글런 분부 마옵소셔."
이 도령 일은 말이,
"네 말을 들어본이 어이 안이 기득奇特하랴. 우리 두리 인연 ᄆᆡ질 져그 금석뇌약金石牢約[15] ᄆᆡ지리라. 네 집이 어딕ᄆᆡ냐."
춘향이 엿ᄌᆞ오되,
"방자 불너 무르소셔."
이 도령 허ᄃ 웃고,
"닉 너다려 뭇는 일이 허왕虛荒하다. 방자야."
"예."

9 미인의 눈썹.
10 붉은 입술. 여인의 아름다운 모양.
11 사마천《사기》〈전단전田單傳〉에 "왕촉이 말하기를, '충신은 두 임금을 섬기지 않고 열녀는 남편을 바꾸지 않는다. 나라가 이미 망했으니 내가 사는 것은 그 뜻이 없고 죽는 것만 못하다'라고 했다(王蠋曰 忠臣不事二君 烈女不更二夫 國旣破亡 吾與其生無義 固不如烹)."
12 한 조각 붉은 마음. 님을 향한 굳은 마음.
13 빈방에 홀로 있음. 남편이 없음을 말함. 이백李白의 〈오야제가烏夜啼歌〉에 "베틀의 북을 멈추고 실의에 젖어 먼 곳의 님을 생각하니 독수공방에 눈물이 비 오듯 하네(停梭悵然憶遠人 獨宿空房淚如雨)."
14 그 사람이겠는가.
15 쇠와 돌같이 굳은 약속.

"춘향의 집을 네 일너라."

방자 손을 넌짓 드러 가르치난듸,

"져기 져 건네 동산은 울ㄷ鬱鬱하고 연당蓮塘은 청ㄷ淸淸한듸 양어싱풍養魚生風[16]하고 그 가온듸 기화요초琪花瑤草[17] 난만爛漫하야 나무 ㄷㄷ 안진 싀는 호사豪奢을 자랑하고, 암상巖上의 구분 솔은 청풍淸風이 건듯 부니 노룡老龍이 굼이난듯, 문 압푸 버들 유사무사양유지有絲無絲楊柳枝요, 들축[18], 죽빅側柏[19], 젼나무며 그 가온듸 힝자목杏子木[20]은 음양陰陽[21]을 좃차 마쥬 시고, 초당草堂 문젼門前 으동梧桐, 듸초나무, 집픈 산즁山中 물푸레나무, 포도葡萄, 다릐[22], 으름넌출 휘ㄷ 친ㄷ 감겨 단장短牆 밧기 웃뚝 소사난듸, 송정松亭 죽임竹林 두 싀이로 은ㄷ隱隱이 뵈이난 계 춘향의 집인이다."

도령임 이른 마리,

"장원牆苑이 졍결淨潔하고 송죽松竹이 울밀鬱密하니 여자女子 졀힝節行 가지可知로다."

춘향이 ㄷ러나며 붓쓰러여이 엿자오되,

"시속인심時俗人心 고약하니 그만 놀고 가것늬다."

도령임 그 말을 듯고,

"기특하다. 그럴듯한 이리로다. 오날 밤 퇴령退令[23] 후의 네의 집의 갈 거시니 괄셰恝視나 부듸 마라."

16 기르는 고기가 뛰놀고 있음. 생풍生風은 고기가 뛰놀아 바람이 일어나는 것. 전기錢起의 시 〈부득거어종대학賦得巨魚縱大壑〉에 "뛰어오르니 등지느러미에 바람이 일고 얼음 위로 뛰어오르니 지느러미로 북을 치도다[奮躍風生鬣 騰凌浪鼓鬐]."

17 선계仙界의 아름다운 화초.

18 들쭉나무.

19 측백나무.

20 은행나무.

21 은행나무는 암나무와 수나무의 구별이 있음. 암수가 같이 서야 열매를 맺음.

22 다래나무. 으름덩굴.

23 지방 관청에서 아전과 사령에게 퇴근을 허락하는 명령.

춘향이 ᄃᆡ답하되,

"나는 몰나요."

"네가 몰르면 쓰것난야. 잘 가거라. 금야今夜의 상봉相逢하자."

누의 나려 건너간이 춘향 모 마조 나와,

"ᄋᆡ고 ᄂᆡ ᄯᅡᆯ 단여온냐. 도련임이 무어시라 하시던야."

"무어시라 하여요. 조곰 안져ᄶᅡ가 ᄃᆞᆯ것노라 이러난이 젼역의 우리 집 오시마 허옵ᄯᅦ다."

"글헤, 엇지 ᄃᆡ답하엿난야."

"모른다 하엿지요."

"잘 하엿다."

10. 책실낭독冊室浪讀

잇ᄯᅵ 도련임이 춘향을 ᄋᆡ연俄然[1]이 보닌 후의 미망微茫[2]이 둘ᄃᆡ 업셔 ᄎᆡᆨ실冊室[3]노 도라와 만사萬事의 ᄯᅳᆺ시 업고 다만 ᄉᆡᆼ각이 춘향이라. 말소ᄅᆡ 귀에 징ㄷ錚錚, 고흔 ᄐᆡ도 눈의 삼ㄷ森森. ᄒᆡ 지기를 기달일ᄉᆡ 방ᄌᆡ 불너,

"ᄒᆡ가 언으 ᄯᅵ나 되여난야."

"동으셔 아구[4] 트난이다."

도련임 ᄃᆡ로大怒하야,

"이놈, 괘심한 놈. 셔으로 지난 ᄒᆡ가 동으로 도로 가랴. 다시금 살펴보라."

이윽고 방ᄌᆡ 엿자오되,

"일낙日落[5] 함지咸池 황혼黃昏되고 월출동영月出東嶺하옵ᄂᆡ다."

석반夕飯이 마시 업셔 젼ㄷ반ᄎᆡᆨ輾轉反側[6] 어이 허리.

"퇴령退令을 기달이라."

하고 셔ᄎᆡᆨ書冊을 보려 할 졔 ᄎᆡᆨ상冊床을 압푸 노코 셔ᄎᆡᆨ을 상고詳考하난ᄃᆡ, 《중용中庸》[7] · 《ᄃᆡ학大學》 · 《논어論語》 · 《ᄆᆡᆼ자孟子》 · 《시젼詩傳》 · 《셔젼書傳》 · 《쥬력周易》이며, 《고문진보古文眞寶》[8] · 《통通》[9] · 《사략史略》[10]과 이ᄇᆡᆨ李白 · 두시杜

1 갑작스러운 모양.
2 흐릿하고 아득한 모양.
3 책방冊房과 같은 말. 독서하는 곳.
4 아가리. 물건의 입을 말함.
5 해가 지는 것을 말함. 유안劉安의 《회남자淮南子》에 "해는 양곡에서 떠서 함지에서 목욕한다(日出於暘谷 浴於咸池)."
6 마음이 불안해서 몸을 뒤척이는 것. 전輾은 반 바퀴를 도는 것, 전轉은 한 바퀴를 구르는 것. 반反은 4분의 3을 도는 것. 측側은 4분의 1을 도는 것.
7 《중용中庸》 이하는 사서삼경四書三經.
8 중국의 훌륭한 문장을 모아 놓은 책의 이름. 장조張肇 또는 황견黃堅이 편찬했다고 하나 명확하지 않음.
9 송宋나라 사마광司馬光이 쓴 역사책 《자치통감自治通鑑》을 말함.
10 원元나라 증선지曾先之가 쓴 역사책 《십팔사략十八史略》을 말함.

詩, 《쳔자千字》[11]ᄭᆞ지 ᄂᆡ여 놋코 글을 일글ᄉᆡ,

"《시젼詩傳》이라 관ㄷ져구關關雎鳩[12] 직하지주在河之洲로다. 요조숙여窈窕淑女난 군자호귀君子好逑로다. 아셔라, 그 글도 못 일으것다."

《ᄃᆡ학》을 일글ᄉᆡ,

"ᄃᆡ학지도大學之道[13]난 직명ㄷ덕在明明德ᄒᆞ며, 직신민在新民하며, 직춘향在春香이로다. 그 글도 못 일것다."

《주역》을 익난ᄃᆡ,

"원元은 형亨코 졍貞코[14], 춘향이 코, 딱 딘 코, 조코 한이라. 그 글도 못 일것다."

"〈등왕각滕王閣〉[15]이라. 남창南昌은 고군故郡이요, 홍도洪都난 신부新府로다.[16] 올타, 그 글 되얏다."

《ᄆᆡᆼ자》을 일글ᄉᆡ,

"ᄆᆡᆼ자견양혜왕孟子見梁惠王[17]하신ᄃᆡ, 왕왈 쉬불원쳔리이ᄂᆡ王曰叟不遠千里而來하신이 춘향이 보시려 오신잇가."

11 양梁나라 주흥사周興嗣가 쓴 책. 4언言 250구句 1000자字로 되었음.

12 《시경詩經》의 첫머리. 관관關關은 암수가 서로 부르는 소리. 저구雎鳩는 새 이름. "꾈꾈 우는 징경이는 황하의 가에 노니도다, 아리따운 아가씨는 님의 좋은 짝이로다."

13 《대학大學》의 첫머리. "대학의 도道는 밝은 덕을 밝히는 데 있으며 인민人民을 새롭게 하는 데 있으며."

14 《주역周易》의 첫머리는 "건乾은 원元·형亨·이利·정貞이다(乾元亨利貞)"라고 돼 있는데, 여기서는 잘못하여 '원元은 형亨코 정貞코'라고 하였음.

15 당唐나라 문학가 왕발王勃(649~676)이 쓴 〈추일등홍부등왕각서秋日登洪府滕王閣序〉를 보통 〈등왕각서滕王閣序〉라고 하는데, 여기서는 이것을 더 줄여 〈등왕각滕王閣〉이라고 했음. 등왕각滕王閣은 강서江西에 있는 유명한 누각.

16 〈등왕각서滕王閣序〉의 첫머리. "남창南昌은 옛 고을이요, 홍도洪都는 새 마을이로다." 신부新府의 음音이 신부新婦와 같음.

17 《맹자孟子》의 첫머리. "맹자孟子가 양혜왕梁惠王을 뵙는데 왕이 묻기를 그대가 천 리 길을 멀다 않고 찾아 주시니."

《사략》을 익ᄂᆞᆫ듸,

“ᄐᆡ고太古라 텬왕씨天皇氏난 이以 쑥썩으로 왕王하야 세기섭졔歲起攝提ᄒᆞ니 무위이화無爲而化의라 하야 형제兄弟 십일인十一人이 각 일만 팔쳔 셰各一萬八千歲하다.”[18]

방ᄌᆡ 엿자오되,

“여보 도련임, 텬황씨天皇氏가 목썩木德으로 왕이란 말은 들어스되 쑥썩으로 왕이란 말을 금시초문今時初聞이요.”

“이 자식, 네 모른다. 텬왕씨 일만 팔쳔 셰를 살던 양반이라 이가 단ㄷᄒᆞ여 목덕을 잘 자셔건이와 시속時俗 션부[19]더른 목썩을 먹건는야. 공자孔子임계옵셔 후ᄉᆡᆼ後生을 ᄉᆡᆼ각하시 명윤당明倫堂[20]의 현몽現夢ᄒᆞ고 시속 션부드른 이가 부족不足하야 목썩을 못 먹기로 물신ㄷㄷ한 쑥썩으로 하라 ᄒᆞ야 삼ᄇᆡᆨ 육십 주三百六十州[21] ᄒᆡᆼ 교鄕校[22]의 통문通文[23]ᄒᆞ고 쑥썩으로 곳쳐난이라.”

방ᄌᆡ 듯다가 말을 하되,

“여보, 하날임이 드르시면 깜짝 놀ᄂᆡ실 거진말도 듯거소.”

ᄯᅩ 〈적벽부赤壁賦〉[24]를 드려 놋코,

18 《십팔사략十八史略》의 첫머리는 “가장 옛날이라 천황씨는 목덕으로 임금 노릇을 하여 태세로 섭제에서 일으키니 힘을 쓰지 않아도 백성이 화하여 형제 12인이 각각 18000살을 살았다(太古 天皇氏以木德王 歲起攝提 無爲而化 兄弟十二人 各一萬八千歲)” 인데, 여기서는 12인을 11인으로 잘못 말했고, 목덕木德을 쑥떡으로 고쳐서 읽음. 천황天皇은 하늘을 상징하는 삼황三皇의 하나. 목덕木德은 오덕五德(금金·수水·목木·화火·토土)의 하나. 섭제攝提는 12지支 가운데 인寅을 고갑자古甲子로 말할 때 부르는 이름.

19 선비.

20 서울 성균관成均館에 있는 당명堂名. 교수敎授와 유생儒生의 강학講學을 하던 곳.

21 조선 시대에 전국을 8도道 361주州로 나누었음.

22 문묘文廟를 세우고 선비를 기르던 곳.

23 유림儒林들이 일이 있을 때 서로 통고하는 글.

24 송宋나라 소식蘇軾이 지은 글. 〈전적벽부前赤壁賦〉와 〈후적벽부後赤壁賦〉가 있음.

"임술지추壬戌之秋 칠월기망七月旣望[25]에 소자여긱蘇子與客으로 범쥬유어젹벽지하泛舟遊於赤壁之下할식 쳥풍淸風은 셔릭徐來 ᄒᆞ고, 수파水波는 불흥不興이라. 아셔라, 그 글도 못 일것다."

25 소식蘇軾의 〈전적벽부前赤壁賦〉의 첫머리. "임술년 7월 16일에 나는 손님과 더불어 적벽 아래 배를 띄우고 놀았다. 이때 맑은 바람은 조용히 일고 물결은 일지 않았다." 여기서 적벽赤壁은 여자의 성기性器를, 주舟는 남자의 성기性器를 상징하는 의미로 썼음.

11. 기해천문奇解千文

《쳔자》을 일글식,

"하날 쳔天, 싸 지地."

방지 듯고,

"여보 도련임, 점잔이 《쳔자》는 웬 이리요."

"천지라 하난 글리 칠셔七書[1]의 본문本文이라. 양梁나라 주싯변周捨奉[2] 쥬흥사周興嗣[3]가 하로밤의 이 글을 짓고 머리가 히엿기로 칙冊 일홈을 빅수문白首文이라. 낫ㄷ치 식겨 보면 쎄똥 쌀 일[4]리 만하지야."

"소인小人[5]놈도 쳔자千字 속은 아옵니다"

"네가 알드란 마린야."

"알기을 일르것소."

"안다 하니 일거 바라."

"예, 드르시요. 놉고 놉푼 하날 쳔天, 집고 집푼 싸 지地, 홰ㄷ 친ㄷ 가물 현玄, 불 타졋다 누루 황黃."

"예 이놈, 상놈은 젹슬的實하다. 이놈, 어딕셔 장 타령打鈴[6]하난 놈의 말을 드럿구나. 닉 일글게 드러라.

1 사서삼경四書三經을 합해서 칠서七書라고 함.
2 양梁나라 관직의 이름인 주사봉의 잘못.
3 〈상서고사尙書故事〉에 "양무제가 왕희지의 글씨를 배웠는데, 은철석에게 명령하여 종요와 왕희지의 글씨 가운데서 겹치지 않게 1000자를 베끼도록 했다. 그리고 매 글자를 종이 한 장에 써서 순서 없이 흩어 놓았다. 무제는 주흥사에게 '그대는 재주가 있으니 나를 위해 운을 맞추라'라고 했다. 주흥사가 하루 만에 꾸며서 바쳤는데 그의 수염과 머리카락이 모두 셌다(梁武帝 敎諸王書 令殷鐵石 於鍾王書中 搨一千 字不重者 每字片紙雜碎無序 帝召周興嗣曰 卿有才思 爲我韻之 興嗣一日編綴進上 鬚髮皆白)."
4 힘든 일.
5 종이 상전에 대하여 자신을 부르는 말. 쇤네.
6 거지들이 구걸하기 위해서 부르는 노래.

텬ᄀᆡ자시ᄉᆡᆼ텬天開子時生天[7]하니 ᄐᆡ극太極이 광ᄃᆡ廣大[8] 하날 텬天

지벽어축시地闢於丑時[9]하니 오ᄒᆡᆼ五行 팔괘八卦[10]로 ᄯᅡ 지地

삼십삼텬三十三天 공부공空復空[11]의 인심지시人心指示 가물 현玄

이십팔숙二十八宿[12], 금金 · 목木 · 수水 · 화火 · 토土 지졍ᄉᆡᆨ之正色 누루 황黃

우쥬宇宙 일월즁화日月重華[13]하니 옥우징영玉宇崢嶸[14] 집 우宇

연ᄃᆡ국도年代國都[15] 흥興 · 셩盛 · 쇠衰 왕고ᄅᆡ금往古來今[16]의 집 쥬宙

우치홍수禹治洪水[17] 기자초[18]의 홍범귀쥬洪範九疇[19] 너불 홍洪

삼왕오졔三皇五帝[20] 붕崩하신 후 난신젹자亂臣賊子 것칠 황荒

7 소옹邵雍의 《황극경세서皇極經世書》에 "하늘은 자시에 열리고, 땅은 축시에 열렸으며, 사람은 인시에 태어났다(天開於子 地闢於丑 人生於寅)."

8 음양陰陽이 나뉘기 전의 혼돈한 상태.

9 →11.~(7).

10 오행五行은 수水 · 화火 · 목木 · 금金 · 토土, 팔괘八卦는 건乾 · 태兌 · 리離 · 진震 · 손巽 · 감坎 · 간艮 · 곤坤.

11 불교에서 말하는 욕계欲界 육천六天의 둘째 하늘. 공복공空復空은 불교의 공사상空思想을 말하기 위함.

12 고대古代 천문학天文學에서 하늘을 28로 나눈 것. 곧 동방東方에는 각角·항亢·저氐· 방房·심心·미尾·실實. 북방北方에는 두斗·우牛·여女·허虛·위危·실室·벽壁. 서방西方에는 규奎·루婁·위胃·앙昴·필畢·자觜·삼參. 남방南方에는 정井·귀鬼·류柳·성星·장張·익翼·진珍. 28숙은 28수의 잘못.

13 일월日月이 거듭 빛남.

14 옥황상제의 집이 우뚝 솟은 모양.

15 증선지曾先之의 《십팔사략十八史略》에 "연대의 도읍지는 고구할 길이 없다(年代國都不可考)."

16 방현령房玄齡의 《관자管子》 주注에 "옛날부터 지금에 이르는 것을 주라고 한다(古往今來曰宙)."

17 중국 하夏의 제왕帝王인 우禹임금은 9년 동안 계속된 홍수를 다스렸음.

18 기자箕子의 이름은 서여胥餘. 주紂임금의 제부諸父. 추推는 추연推衍.

19 홍범은 우禹임금 때 낙수洛水에서 나왔다는 대법大法. 구주는 천하를 다스리는 9가지의 법法. 《서경書經》 〈홍범洪範〉에 "우임금이 왕위를 이어 받아 흥성케 하니 하늘이 우임금에게 홍범구주를 하사했다(禹乃嗣興 天乃錫禹洪範九疇)."

20 중국 고대의 제왕들. 여러 가지 설이 있으나 삼황三皇은 수인燧人·복희伏羲·신농神農,

동방東方이 장차將且 게명啓明키로 고ᄃᆞ텬변일윤홍皐皐天邊日輪紅[21] 번뜻 소사 날 일日

억조창ᄉᆡᆼ億兆蒼生[22] 격양가擊壤歌의 강구연월康衢煙月으 달 월月

한심[23] 미월微月[24] 시ᄃᆞ時時부터 삼오일야三五日夜의 차 령盈

세상만사世上萬事 ᄉᆡᆼ각ᄒᆞ니 달빗과 갓탄지라 십오야十五夜 발근 다리 기망旣望[25]부터 기울 ᄎᆡᆨ昃

이십팔숙二十八宿 하도낙셔河圖洛書[26] 버린 법法, 일월셩신 별 진辰[27]

가련금야숙창가可憐今夜宿娼家[28]라 원낭금침鴛鴦衾枕[29]으 잘 숙宿

절ᄃᆡ가인絶代佳人 조흔 풍유風流 나열춘츄羅列春秋으 버릴 열列

의ᄃᆞ월ᄉᆡᆨ依依月色[30] 야삼경夜三更[31]의 만단정회萬端情懷 베풀 장張

금일한풍今日寒風 소ᄃᆞᄅᆡ蕭蕭來하니[32] 침슬寢室의 들거라 찰 한寒

베ᄀᆡ가 놉거든 ᄂᆡ 팔을 베여라 이마만금[33] 오너라 올 ᄂᆡ來

오제五帝는 황제黃帝·전욱顓頊·제곡帝嚳·요堯·순舜을 말함.

21 높고 높은 하늘가에 붉은 해. 고고皐皐는 혹은 고고高高.

22 수많은 백성.

23 한심寒心.

24 초승달이 계속 불어나서 15일 밤(三五日夜)에 보름달이 됨.

25 16일 밤.

26 하도河圖는 복희씨가 하수河水에서 나온 용마龍馬의 등에 있는 무늬를 보고 팔괘八卦를 그린 것이고, 낙서洛書는 우禹임금이 치수治水를 하다가 물에서 나온 거북이의 등에 있는 글을 보고 홍범구주洪範九疇를 만든 것. 《역경易經》에 "황하에서 그림이 나오고 낙수에서 글이 나오니 이것은 성인이 준 바이다(河出圖洛水書 聖人則之)."

27 '신'을 잘못 읽었음.

28 왕발의 〈임고대편臨高臺篇〉에 "은 안장과 수놓은 수레로 아름다운데, 가련하도다 오늘 밤은 창녀집에 머무는도다(銀鞍繡轂盛繁華 可憐今夜宿娼家)."

29 원앙새를 수놓은 베개와 이부자리.

30 의의는 다정한 모양.

31 하룻밤을 다섯으로 나눈 것 가운데 셋째. 밤 11시에서 새벽 1시 사이.

32 오늘 찬바람이 소소히 불어오니,

33 이만큼.

에후리쳐[34] 질근 안고 임 각脚[35]의 든이 셜한풍雪寒風으도 더울 셔署

침실리 덥거든 음풍陰風을 취取하여 이리져리 갈 왕往

불한불열不寒不熱 언으 ᄯᆡ냐 엽낙오동葉落梧桐[36]의 가을 츄秋

ᄇᆡᆨ발白髮리 장차 우거진이 소년풍도少年風度을 거들 슈收

낙목한풍落木寒風 찬바람 ᄇᆡᆨ운강산白雲江山[37]의 져으 동冬

오ᄆᆡ불망寤寐不忘 우리 ᄉᆞ랑 귀즁심쳐閨中深處의 갈물 장藏

부용芙蓉 작야昨夜 셰우즁細雨中의 광윤유ᄐᆡ光潤有態 부루 윤潤

리러한 고흔 ᄐᆡ도 평ᄉᆡᆼ을 보고도 나무 려餘

ᄇᆡᆨ연기약百年期約 집픈 ᄆᆡᆼ셰盟誓 만경창파萬頃蒼波 일울 셩成

이리져리 논일 젹의 부지셰월不知歲月 힛 셰歲

조강지쳐불하당糟糠之妻不下堂[38] 안ᄒᆡ 박ᄃᆡ薄待 못 하난이 《ᄃᆡ동통편大典通編》[39] 법중 율律

군자호귀君子好逑 이 안니야. 춘향 입 ᄂᆡ 입을 한틔다 ᄃᆡ고 쪽ㄷ 쌴이 법즁 여짜呂字[40] 이 아닌야.

ᄋᆡ고ㄷㄷ 보거지거."

소ᄅᆡ을 크게 길너 노니.

34 얼싸안아.

35 님의 다리. 혹은 임각林閣.

36 오동나무 잎이 떨어지는.

37 백설白雪의 잘못인 것 같음.

38 범엽范曄의 《후한서後漢書》 〈송홍전宋弘傳〉에, "황제가 송홍에게 '사람이 귀해지면 친구를 바꾸고 부유해지면 처를 바꾼다'라는 말이 있다고 하자, 송홍이 말하기를 '신이 듣기를 빈천할 때의 친구는 잊어서는 안 되고 가난을 같이한 처는 쫓아낼 수 없다고 합니다'라고 했다(弘曰 臣聞貧賤之交不可忘 糟糖之妻不下堂)."

39 《대전통편大典通編》의 잘못인 듯함. 《대전통편》은 조선 정조正祖 8년에 김치인金致人 등이 왕명에 의해 《경국대전經國大典》과 《속대전續大典》에 당시의 법령法令을 더해서 만든 법률책.

40 려呂 자가 구口 자 둘이 붙은 모양과 같음을 말함.

12. 필재절등筆才絶等

잇ᄃᆡ 사ᄯᅩ 전역 진지進旨를 잡수시고 식곤징食困症이 나계옵셔 평상平床의 취침就寢하시다,

"ᄋᆡ고 보고지거."

소ᄅᆡ에 ᄭᅡᆷᄶᅡᆨ 놀ᄂᆡ여,

"이로너라."[1]

"예."

"ᄎᆡᆨ방으셔 뉘가 ᄉᆡᆼ침生鍼[2]을 맛넌야, 신다리[3]을 쥬물넛야. 아라 드러라."

통인 드리가[4],

"도련임, 웬 목통이요. 고함高喊 소ᄅᆡ에 사ᄯᅩ 놀ᄂᆡ시사 염문廉問[5]하라 하옵시니 엇지 아뢰잇가."

"ᄯᅡᆨ한 이리로다. 나무 집 늘근이는 리롱징耳聾症도 잇난이라마는 귀 너무 발근 것도 예상例常 일 안이로다."

글러한다 하제마는 글헐 이가 웨 잇슬고.

도련임 ᄃᆡ경大驚하야,

"이ᄃᆡ로 엿ᄌᆞ와라. ᄂᆡ가 《논어論語》라 하난 글을 보다가 '차회嗟乎라, 외도의구의吾老矣久矣라 공불근주공夢不見周公'[6]이란 ᄃᆡ문大文을 보다가 나도 주공周公을 보면 그리하여볼가 하여 흥치興致로 소ᄅᆡ가 놉파ᄉᆞᆫ이 그ᄃᆡ로만 엿자와라."

1 이리 오너라.

2 아프지도 않은 곳에 생으로 침을 놓는 것.

3 뼈마디가 저리고 시큰거리는 것.

4 들어가. 또는 통인들이 가서.

5 남모르게 사정을 알아 봄. 염탐.

6 《논어論語》〈술이편述而篇〉의 "공자가 말하기를 내가 너무도 늙었구나. 주공을 꿈에서 못 뵌 지가 오래 되었도다〔子曰 甚矣 吾衰也 久矣 吾不復夢見周公〕"라는 대목을 적당히 연결해 놓음. 원문을 번역하면, '아아, 슬프도다. 내 늙어서 오랫동안 주공을 꿈에서 뵙지 못했도다.'

통인이 드러가 그ᄃᆡ로 엿자오니, 사ᄯᅩ 도련임 승벽勝癖[7] 잇스물 크게 짓거ᄒᆞ야,

"이리 오너라. ᄎᆡᆨ방으 가 목낭청睦郎廳[8]을 가만이 오시ᄅᆡ라."

낭청郎廳이 드러오난듸 이 양반이 엇지 고리계[9] 싱기던지만지 거름 속한지[10] 근심이 담숙 드러던 거시엿다.

"사ᄯᅩ 그ᄉᆡ 심ㄷᄒᆞ지요."

"아, 계 안소. 할 말 잇네. 우리 피차彼此 고우故友로셔 동문수업同門受業하엿건과 아시兒時의 글 익기가치 실은 거시 업건마는 우리 아兒 시흥詩興 보니 어이 안이 길걸손가[11]."

인 양반은 지어부지간知與不知間[12]의 ᄃᆡ답하것다.

"아히 ᄊᆡ 글 익기갓치 실은 게 어ᄃᆡ 잇슬이요."

"익기가 실으면 잠도 오고 쇠가 무수無數하제. 이 아히난 글 익기을 시작始作하면 익고 쓰고 불철주야不撤晝夜ᄒᆞ제."

"예, 그럽듸다."

"ᄇᆡ운 바 업셔도 필ᄌᆡ筆才 절등絶等하제."

"그러치요."

"졈點[13] 하나만 툭 찌거도 고봉투셕高峯墜石 갓고, 한 일一을 ᄭᅳ어 노면 쳘리지

7 남보다 잘 하겠다는 버릇.

8 목睦씨 성을 가진 낭청郎廳. 낭청은 조선조 각 관아에 딸린 당하관堂下官의 총칭. 목낭청조睦郎廳調라는 속담은 여기서 나온 말로, 자기의 정견定見이 없이 상관의 말에 언제나 복종하는 태도를 취하는 사람을 가리킴.

9 하는 짓이 잘고 세차지 않아 고리탑탑한 모양.

10 퇴비가 썩어 냄새나는 것. 목낭청을 묘사한 말.

11 즐거울손가.

12 알거나 모르거나 간에.

13 위부인衛夫人의 〈필진도筆陣圖〉에 "、은 높은 봉우리에서 바위가 떨어지듯 쓰고(、如高峰墜石)."

운千里陣雲이요[14], 갓머리[15]난 작두쳠斫圖斬[16]이요, 필법논지筆法論之하면 풍낭뇌젼風浪雷電[17]이요, ᄂᆡ리그어 ᄎᆡ난 획畫은 노송도괘결벽老松倒掛絶壁이라.[18] 창과戈로 일틀진된 마른 등藤넌출 갓치 쌔더갓다 도로ᄎᆡᆫ는 ᄃᆡ는 셩ᄂᆡᆫ 손우 ᄭᅳᆺ 갓고,[19] 기운氣韻이 부족不足하면 발길노 툭 차올여도 획은 획ᄃᆡ로 되나니."

"글시을 가만니 보면 획은 획ᄃᆡ로 되옵듸다."

"글시, 듯계. 져 아히 아홉 살 먹어쓸 졔, 셔울 집 뜰의 늘근 ᄆᆡ화梅花 잇난고로 ᄆᆡ화남글 무고 글을 지으라 하여던이 잠시 지어스되 정셩 ᄃᆡ린 것과 용사用事비등比等[20]하니 일남첩기一覽輒記[21]라. 묘당廟堂[22]의 당ㄷ堂堂한 명사名士될 거시니 남명이북고南眄而北顧[23]하고 부춘추어일수賦春秋於一首허엿세."

"장ᄂᆡ將來 졍승政丞[24]하오리다."

14 〈필진도筆陣圖〉에 "일一은 천리에 뻗은 구름과 같이 쓰고(一如千里陣雲)."

15 한자 부수의 하나인 갓머리(宀).

16 〈참작도斬斫圖〉의 잘못인 듯. 〈필진도筆陣圖〉에 "이상의 일곱 조목의 필진은 참작도에 출입하고 붓을 잡는 방법은 일곱 가지가 있다(右七條筆陣 出入斬斫圖 執筆有七種)." 참작도는, 글씨 쓰는 것을 전쟁할 때 진陣 치는 것에 비유하여 획 그리는 것을 칼로 찌르고 자르고 하는 것에 비유한 그림.

17 붕낭뇌분의 잘못. 〈필진도筆陣圖〉에 "㇏은 파도가 무너지고 번개가 달리듯 그리라(㇏如崩浪雷奔)"라는 대목이 있음.

18 〈필진도筆陣圖〉에 "亅는 만 년 된 마른 등나무같이 그리라(亅如萬歲枯藤)"라는 대목이 있고, 구양순歐陽詢의 〈팔법八法〉에는 "乛는 굳은 소나무가 부러져서 바위 절벽에 거꾸로 매달린 것처럼 그리라(乛如勁松倒折 落掛石崖)"라는 대목이 있음. 이 둘을 혼동해서 설명이 바뀜.

19 다시 채는 데는 성낸 손우 끝 같고. 〈팔법八法〉에 "ㅇ는 만 근이 되는 손우를 쏘는 것 같이 그리고(ㅇ如萬鈞之弩發)." 손우는 쇠뇌. 활의 한 종류.

20 고사故事를 인용하는 것.

21 한 번 보면 바로 기억함.

22 조정의 신하들이 모여 나라 일을 의논하는 곳. 의정부議政府의 별칭.

23 조선 시대 과부科賦(과거 시험을 치를 때 짓는 부)의 이구二句인 듯함. "눈은 남쪽에 두고 북쪽을 돌아다보며 춘추春秋의 한 수首를 부賦하도다."

24 조선의 영의정領議政·좌의정左議政·우의정右議政을 삼정승이라 했음.

사ᄯᅩ 너머 감격感激하야라고,

“졍승이야 엇지 바ᄅᆡ것나마는 ᄂᆡ ᄉᆡᆼ젼生前으 급제及第[25]는 쉬 하리마는 급졔만 쉽계 하면 출육出六[26]이야 베면泛然이 지ᄂᆡ것나.”

“안이요, 그리할 말삼이 안이라 졍승을 못하오면 장승長丞[27]이라도 되지요.”

사ᄯᅩ이 호령號令하되

“자ᄂᆡ 뉘 말노 알고 ᄃᆡ답을 그리하나.”

“ᄃᆡ답은 하여사오나 뉘 말린지 몰나요.”

글런다고 하여스되 그게 ᄯᅩ 다 거짓마리엿다.

25 문과文科나 무과武科에 합격하는 것을 말함. 이익李瀷의 《성호사설星湖僿說》에 “급제라는 말의 제는 다음 차례라는 의미다. 합격한 사람은 다음 번에 벼슬을 하기 때문에 급제라고 한다(及第之第 卽次第之義也 中格者以次第入仕 故曰及第).”

26 6품의 직책을 맡는 것.

27 나무에 사람 모양을 조각하여 길에 세워 놓아 거리를 표시하던 것.

13. 청사등롱靑紗燈籠

잇쯰 이 도령은 퇴령退令 노키을 지달일 제,

"방즈야."

"예."

"퇴령 노와나 보와라."

"아직 안이 노와소."

족금 잇더니,

"하인下人 물이라."

퇴령 소릐 질게 나니,

"조타ㄷㄷ, 올타ㄷㄷ. 방즈야 등농燈籠의 불 발켜라."

통인 하나 뒤를 짜라 춘향으 집 건네 갈 제 즈초 업시[1] 가만ㄷㄷ 걸의면셔,

"방즈야, 상방上房으[2] 불 빗친다. 등농을 엽푸 셔라[3]."

삼문三門[4] 밧 썩 나셔ㄷ 협노지간狹路之間의 월식月色이 영농玲瓏하고 화간花間 푸린 버들 몃 번이나 썩거시며, 투게소연鬪鷄少年[5] 아히들은 야입청누夜入靑樓하야쓴이 지체遲滯 말고 어셔 가자. 그령 져령 당도當到하니 가련금야요적可憐今夜寥寂[6]한듸 가기물식佳期物色 이 안인야. 가소可笑롭다 어쥬사漁舟子[7]는 도원桃源질[8]을 모로던가. 춘향 문젼門前 당도하니 인적야심人寂夜深 한듸 월식月色은

1 자취 없이.

2 관아官衙의 우두머리가 있는 방.

3 옆에 껴라.

4 정문正門·동협문東夾門·서협문西夾門을 말함.

5 닭싸움 시키는 아이.

6 가련하도다 오늘 밤 적막한데.

7 어주자의 잘못. 어주자는 고기잡이하는 사람. 퇴계의 〈청량산가淸凉山歌〉에 "도화桃花야 물 짜라 가지 마라 어주자漁舟者알가 ᄒᆞ노라." 13→(8)

8 도연명陶淵明이 지은 〈도화원기桃花源記〉에 나오는 도화원桃花源.
한 어부가 고기잡이를 하다 길을 잃고 복숭아꽃이 만발한 동네로 들어갔는데, 이곳은 옛날 사람들이 진시황의 폭정을 피해 피난한 곳이었음. 그 어부가 도화원에서 나와

삼경三更이라. 어약魚躍[9]은 출몰出沒하고 ᄃᆡ접大接 갓튼 금부어金鮒魚난 임을 보고 반기난 듯, 월하月下의 두루미넌 흥興을 계워 짝 부른다.

잇ᄃᆡ 춘향이 칠현금七絃琴[10] 비겨 안고 남풍시南風詩를 히롱戲弄타가 침셕寢席으 조우더니 방 저 안으로 들어가되 ᄀᆡ가 지실가 염예念慮하야 ᄌᆡ초 업시 가만ㄷㄷ 춘향 방房 영창映窓 밋ᄐᆡ 가맘이 살짝 드러가셔,

"이 ᄋᆡ 춘향아, 잠 드런야."

춘향이 깜짝 놀ᄂᆡ여,

"네 엇지 오냐."

"도련임이 와 겨시다."

춘향이가 이 말을 듯고 가삼이 월넝ㄷㄷ 속이 답ㄷ하야 북그렴을 못이기여 문을 열고 나오더니, 건넨 방 거너가셔 져의 모친 ᄊᆡ우ᄂᆞᆫ듸,

"ᄋᆡ고 어문이, 무슨 잠을 이ᄃᆡ지 집피 지무시요."

춘향의 모 잠을 ᄊᆡ여,

"아가, 무어슬 달나고 부르난야."

"뉘가 무엇 달ᄂᆡ엿소."

"그려면 엇지 불너는야."

언겁결으 하는 말이,

"도련임이 방ᄌᆡ 모시고 오셔ᄯᆞ오."

춘향의 모 문을 열고 방자 불너 뭇ᄂᆞᆫ 마리,

"뉘가 와야."

후에 그곳을 다시 찾으려고 하니 찾을 수 없었다고 함. 이것은 도연명이 그 당시를 풍자한 글인데 이후로 도화원桃花源은 이상향을 의미함.

9 물고기가 뛰어 오름. 《시경詩經》에 "소리개는 날아 하늘에 닿고 고기는 연못에서 뛰어 오른다(鳶駕飛戾天 魚躍于淵)."

10 《사기》 〈악서樂書〉에 "옛날 순임금은 오현금을 만들어 이것으로 남풍을 노래했다(昔者舜作五弦之琴 以歌南風)." 본문의 칠현금七絃琴은 오현금五絃琴을 혼동한 것. 남풍가南風歌는 "남풍의 따뜻함이여, 백성들의 화를 풀 수 있도다. 남풍이 불 때면 백성들의 재산을 늘리겠네(南風之薰兮 可以解吾 民之慍兮 南風之時兮 可以阜吾民之財兮)."

방ᄌᆡ ᄃᆡ답하되,

"사또 자제 도련임이 와 겨시요."

춘향 어모[11] 그 말 듯고,

"상단香丹아."

"네."

"뒤 초당草堂의 좌석座席 등촉燈燭 신칙申飭[12]하여 보젼鋪陳하라."

당부하고 춘향 모가 나오난듸 셰상 사람이 다 춘향 모을 일칼더니 과연이로다. 자고自古로 사람이 외탁外託[13]을 만이 하난 고로 춘향갓탄 ᄯᅡᆯ을 나어ᄭᅮᆺ나. 춘향 모 나오난듸 거동을 살펴보니, 반ᄇᆡᆨ斑白[14]이 넘어ᄂᆞᆫ듸 소탈疏脫한 모양이며 단정端正한 거동이 푀ㄷ정ㄷ表表亭亭[15]하고 기부肌膚가 풍영豊盈하야 복福이 만한지라. 슛시럽고[16] 점잔하계 발막[17]을 ᄭᅳᆯ어 나오난듸 가만ㄷㄷ 방ᄌᆡ 뒤을 ᄯᅡ라온다.

11 '춘향의 모'라고도 하나 '어모'라는 말도 있음.

12 단단히 감시함.

13 용모와 성격이 외가를 닮은 것.

14 노인의 머리카락이 흑백이 반씩 섞인 것.

15 표표表表는 대단히 훌륭한 모양이고, 정정亭亭은 특출한 모양.

16 수줍어 하며.

17 마른 땅에서 신는 신발의 한 종류.

14. 함정무어含情無語

잇듸 도련님이 빅회고면徘徊顧眄[1]하야 무류無聊이 셔 잇슬 제 방지 나와 엿짜오되,

“져기 오난 게 춘향의 모로소이다.”

춘향의 모가 나오더니 공슈拱手하고 웃둑 셔며,

“그 시의 도련님 문안問安이 엇더ᄒᆞ오.”

도련님 반만 웃고,

“춘향의 모이라졔. 평안平安한가.”

“예, 계우 지닉옵닉다. 오실 줄 진정眞正[2] 몰나 영졉迎接이 불민不敏하온이다.”

“글헐 이가 잇나.”

춘향 모 압을 셔ᄃᆞ 인도引導하야 딕문大門 중문中門 다 지닉여 후원後苑을 도라가니 연구年久한 별초당別草堂의 등농燈籠을 발케난듸 버들가지 느러져 불빗슬 가린 모양 구실 발리 갈공이의 걸인 듯[3]하고, 우편右偏의 벽오동碧梧桐은 말근 이실리 뚝ᄃᆞ 써러져 학鶴의 쑴을 놀닉난 듯, 좌편左偏의 셧난 반송盤松 청풍淸風이 건듯 불면 노룡老龍이 굼이난 듯, 창젼窓前의 시문 파초芭椒 일난초日暖初[4] 봉미장鳳尾長[5]은 속입이 쎄여나고, 슈심여쥬水心驪珠[6] 어린 연쏫 물 박기 계우 써셔 옥노玉露을 밧쳐 잇고, 딕졉갓턴 금부어난 어변셩용魚變成龍[7]하랴 하고 쒸ᄃᆞ마닥 물결쳐셔 출넝 툼벙 굼실 놀 씌마닥 조롱嘲弄하고, 식로 나는 연입은

1 바장이며 좌우를 살피는 것.

2 정말로.

3 구슬을 엮어 만든 발(주렴珠簾)이 갈고리에 걸려 있는 모양.

4 아침나절 햇살이 퍼져 따뜻해지면.

5 육유陸游의 시詩에 “파초의 속잎을 뽑으니 봉황의 꼬리같이 길다(芭蕉抽心鳳尾長).”

6 물 가운데 흑룡의 구슬이 있는 것 같은 연꽃.

7 물고기가 용으로 변하는 것. 《삼진기三秦記》에 “하진은 용문이라고도 한다. 봄날 파도가 일면 고기가 뛰어 오르는데 이곳을 넘는 고기는 용이 된다(河津一名龍門 桃花浪起 魚躍而上之 躍過者爲龍).”

바들썩기[8] 버러지고 금연상봉岌然三峯[9] 셕가산石假山[10]은 칭ㄷ層層이 싸여난듸, 계하階下의 학鶴 두룸이 사람을 보고 놀ᄂᆡ여 두 쭉지를 쎡 버리고 진 다리로 징검ㄷㄷ 씰눅 뚜루룩 소ᄅᆡ하며, 계화桂花 밋틔 삽살ᄀᆡ 짓는구나. 그즁의 반가올사 못 가온ᄃᆡ 쌍 오리는 손임 오시노라 둥덩실 써셔 기다리난 모양이요, 쳐마簷牙[11]의 다ㄷ른이 그제야 져으 모친 영令을 듸ㄷ여셔 삿창紗窓을 반ᄀᆡ半開하고 나오난듸 모양을 살펴보니 두렷한 일윤명월一輪明月 구름 박기 소사난 듯, 황홀恍惚한 져 모양은 칭양測量키 어렵쇼다. 북그려이 당堂의 나려 천연天然이 셧난 거동은 사람의 간장肝腸을 다 녹닌다. 도련임 반만 웃고 춘향다려 문난 마리,

“곤困치 안이 하며 맘이나 잘 먹건야.”

춘향이 북그러워 ᄃᆡ답지 못허고 묵묵默默키 셔 잇거날 춘향이 모가 몬져 당의 올나 도련임을 자리로 모신 후의 차(茶)을 드려 권하고 담부 ㄷ쳐 올이온이 도련임이 바다 물고 안자실 제, 도련임 춘향의 집 오실 ᄯᅢ는 춘향의게 듯시 잇써 와겨시제 춘향의 셰간 기물器物 귀경 온 ᄇᆡ 아니로되, 도련임 첫 외입外入이라 박그셔난 무슨 마리 잇실 씃하더니 드러가 안고 보니 별노이 할 마리 업고 공연公然의 쳔촉기喘促氣[12]가 잇셔 오한정惡寒症이 들면셔 아모리 ᄉᆡᆼ각하되 별노 할 마리 업난지라. 방중房中을 둘너보며 벽상壁上을 살펴보니 여간 기물如干器物 노야난ᄃᆡ, 용장龍欌, 봉장鳳欌[13] ᄀᆡ세 수리[14] 이렁 져렁 버려난듸 무슨 기림 장張도

8 손바닥으로 받을 듯이.
9 우뚝 솟아 있는 세 봉우리.
10 정원에 돌을 모아 만든 조그만 산.
11 처마. 지붕이 도리 밖으로 내민 것.
12 숨이 차서 헐떡거리고 힘없는 기침을 하는 증세.
13 용과 봉황을 조각한 옷장.
14 가께수리.* 화장할 때 쓰는 여러 가지 물건을 넣어 두는 거울이 달린 작은 함.
* 북한어에서, ‘장사꾼들이 돈이나 문서 따위를 넣어서 보관하는 장’을 이르는 말. 일본어 ‘掛硯欌(kakesuzuri)’에서 온 ‘개개수리장’을 쓰고 있음.

붓쳐 잇고 기림을 그려 붓쳐쓰되 셔방書房[15] 업난 춘향이요 학學[16]하난 계집 아히가 셰간 기물과 기림이 웨 잇슬고만는, 춘향 어모가 유명有名한 명기名妓라 그 딸을 쥬랴고 장만한 거시엿다. 됴션朝鮮의 유명한 명필名筆 글시 붓쳐 잇고 그 ᄉᆞ이에 붓친 명화名畵 다 후리쳐 던져두고 〈월션도月仙圖〉란 기림 붓쳐쓰되 〈월션도〉 제목題目이 이럿턴 거시엿다.

상졔고기강졀초上帝高居絳節朝[17]의 군신조회君臣朝會 밧던 기림,
청년거사靑蓮居士[18] 이틱빅李太白이 황학젼黃鶴殿[19] 수러안져 《황정경黃庭經》[20] 익던 기름,
빅옥누白玉樓[21] 지은 후의 자기自己 불너 올여 상양문上樑文[22] 짓던 기림,
칠월칠석七月七夕 오작교烏鵲橋의 견우牽牛 직여織女 만나난 기름,
광한젼廣寒殿 월명야月明夜의 도약搗藥하던 항아姮娥기름

칭ᄃᆞ層層이 붓쳐씨되 광치光彩가 찰난燦爛하야 정신精神이 살난散亂한지라. 쏘

15 남편, 신랑.
16 학문學問의 줄인 말.
17 강절絳節은 여자 배우가 춤의 음절을 맞추기 위해서 갖고 있는 것. 또는 외국에 사신 가는 사람이 갖고 가는 부절符節. 두보의 〈옥대관玉臺觀〉에 "하늘 가운데 푸른빛이 쌓였는데 상제의 궁궐은 멀고 상제는 높이 앉아 사신의 조회를 받는다(中天積翠玉臺遙 上帝高居絳節朝)."
18 이태백이 자신의 호를 청련거사淸蓮居士라고 했음.
19 황학루黃鶴樓의 잘못인 듯함. 이백의 시詩에 "내가 그대를 위해 황학루를 부술테니 그대 또한 나를 위해 앵무주를 뒤엎으시오(我且爲君搥碎 黃鶴樓 君亦爲我倒却鸚鵡洲)."
20 도가道家의 경전經典.
21 당唐나라 이하李賀의 이야기. 백옥루白玉樓는 옥황상제의 전殿. 이상은李商隱의 《이하소전李賀小傳》에, 이하李賀가 죽을 때 붉은 비단옷을 입은 사람이 와서 "상제께서 백옥루를 짓고 그대를 불러 기문을 지으라고 한다(帝成白玉樓 立召君爲言己)"라고 했다 함.
22 들보를 올릴 때 송축頌祝하는 글. 여기서는 기문記文의 잘못인 듯함.

한 곳 바릭보니, 부춘산富春山 엄자릉嚴子陵은 간의틱후諫議大夫 마다하고 빅구白鷗로 버슬 삼고[23], 원학猿鶴으로 이웃 삼아[24] 양구羊裘[25]를 떨쳐 입고 추秋 동강칠이탄桐江七里灘[26]으 낙슈 줄 던진 경景을 영역歷歷키 기려 잇다. 방가위지션경方可謂之仙境이라 군자호귀君子好逑 놀 딕로다. 춘향이 일편단심一片丹心 일부종사一夫從事[27]하려 하고 글 한 슈首를 지여 칙상冊床 우의 붓처스되,

딕운춘풍죽帶韻春風竹이요,
분향야독셔焚香夜讀書라.[28]

"기특하다. 이 글 쓰슨 목난木蘭[29]의 절기로다."
이러텃 치하致賀할 졔 춘향 어모 엿자오되,
"귀중貴重하신 도련임이 누지陋地의 용임辱臨하시니[30] 황공감격惶恐感激 하옵나다."

23 후한後漢 엄광嚴光의 이야기. 자릉子陵은 그의 자字. 범엽范曄의 《후한서後漢書》〈엄광전嚴光傳〉에, "엄자릉은 후한의 광무제光武帝와 어렸을 때 같이 공부를 했다. 광무제가 즉위한 후 세상에 나오지 않고 피해 살았다. 그는 양가죽으로 옷을 만들어 입고 낚시를 하며 세월을 보냈다. 후에 광무제가 간의대부諫議大夫라는 벼슬을 주었으나, 끝내 세상에 나오지 않고 부춘산富春山에 들어가 세상을 마쳤다."
24 원숭이와 학은 은둔하여 사는 선비의 벗.
25 양피羊皮로 만든 갖옷.
26 동강桐江은 절강浙江 동려현桐廬縣 경계에 있는 강. 칠리탄七里灘은 동려현桐廬縣에 있음. 고야왕顧野王의 《여지지輿地志》에 "칠리탄은 동양강東陽江 아래에 있다. 엄자릉이 낚시질하던 엄릉뢰嚴陵瀨와 붙어 있다(七里灘在東陽江下 與嚴陵瀨相接)."
27 한 남편만 섬기는 것.
28 풍음風韻을 띤 춘풍春風의 대나무요, 향香을 태우곤 밤 들어 글 읽도다.
29 목란木蘭은 실재 인물이라는 설이 많으나 북위北魏 시대의 시인이 만들어 낸 가공의 인물임. 고악부古樂府에 〈목란사木蘭辭〉가 있음. 목란이 아버지를 대신하여 전쟁에 나가 영웅적인 활약을 보였는데, 12년을 그녀와 같이 있으면서도 사람들이 그녀가 여자인 줄 몰랐다 함.
30 누추한 곳에 욕되게 오셨다는 겸손의 말.

15. 탐화봉접探花蜂蝶

도련임 그 말 한 마듸여 말 궁기[1*]가 열이엿제,

"그럴 이가 웨 잇난가. 우연偶然이 광한누의셔 춘향을 잠간 보고 연ㄷ戀戀이 보ᄂᆡ기로 탐화봉접探花蜂蝶[2] 취醉한 마음 오날 밤의 오난 ᄯᅳ션 춘향 어모 보려 왓건이와 자ᄂᆡ ᄯᆞᆯ 춘향과 ᄇᆡᆨ연언약百年言約을 ᄆᆡᆺ고자 하니 자ᄂᆡ의 마음이 엇더한가."

춘향 어모 엿자오되,

"말삼은 황송惶悚하오나 드려보오. 자학紫霞[3]골 셩 참판成參判 영감令監[4]이 보후補後[5]로 남원의 좌졍坐定하여실 ᄯᆡ, 소리ᄀᆡ을 ᄆᆡ로 보고[6] 슈청守廳[7]을 들나하옵기로 관장官長의 영을 못 어긔여 모신지 삼삭三朔만의 올나가신 후로 ᄯᅳᆺ박그 보ᄐᆡ抱胎하야 나은 겨 져거시라. 그 연유緣由로 고목告目[8]하니 젓쥴 ᄯᅥ러지면 다려갈난다 하시던니 그 양반이 불힝不幸하야 셰상을 바리시니, 보ᄂᆡ들 못 하옵고 져거슬 질너닐 졔, 어려셔 잔병조차 그리 만코 칠셰七歲의 《소학小學》[9] 일켜 슈신졔가修身齊家[10] 화순심和順心을 난낫치 가라치니 씨가 잇난 자식이라 만사萬

1* 뚫어지거나 파낸 자리, 구멍이라는 뜻. 전북 방언.

2 꽃을 찾는 벌과 나비.

3 서울 자하문紫霞門 밑의 동리 이름.

4 정3품과 종2품 관리의 호칭. 때로는 남편이나 늙은이의 호칭으로도 쓰임.

5 서울에서 직책을 맡기 전에 임시로 지방에서 벼슬을 하는 것.

6 소리개를 매로 보고. 별로 좋지 않은 것을 좋은 것으로 잘못 보았다는 뜻.

7 높은 벼슬아치 밑에서 시중을 드는 일.

8 아랫사람이 상급자에게 드리는 글.

9 주희朱熹가 편編한 아이들을 깨우치기 위한 책. 《소학小學》 〈제서題序〉에 "옛날 학교에서는 청소하고, 응대하고, 나가고 물러서는 절도와 부모를 사랑하고, 어른을 공경하며, 스승을 접대하고, 친구를 사귀는 도리를 가르쳤다(古者小學 敎人以灑掃應對進退之節 愛親敬長隆師親友之道)."

10 몸을 닦고 가지런히 함. 《대학大學》에 "옛날 천하에 밝은 덕을 밝히고자 하는 사람은 먼저 그 나라를 다스리고, 그 나라를 다스리고자 하는 사람은 먼저 그 집을 가지런히 하고, 그 집을 가지런히 하고자 하는 사람은 먼저 그 몸을 닦는다(古之欲明明德於天下者 先治其國 欲治其國者 先齊其家 欲齊其家者 先修其身)."

事를 달통達通이요, 삼강힝실三綱行實[11] 뉘라셔 닋 딸리라 ᄒᆞ리요. 가셰家勢가 부족不足하니 직상가宰相家 부당不當이요, 사士 · 셔인庶人[12], 상하불급上下不及 혼인婚姻이 느져가믹 쥬야晝夜로 걱정이나 도련님 말삼은 잠시暫時 춘향과 빅연기약百年期約한단 말삼이오나 그런 말삼 마르시고 노르시다 가옵소셔."

이 마리 참 마리 안이라 이 도련임 춘향을 엇는다 하니 닋뒤사來頭事[13]을 몰나 뒤을 늘너[14] 하난 말리엿다. 이 도령 기가 믹켜,

"호사好事의 다마多魔로셰.[15] 춘향도 미혼젼未婚前이요, 나도 미장젼未丈前이라. 피차언약彼此言約이 ᄃ러하고[16] 육예六禮[17]난 못할망졍 양반으 자식이 일구이언一口二言을 할 이 잇나."

춘향 어모 이 말 듯고,

"쏘 닋 말 드르시요. 고셔古書의 하여스되, "지신知臣은 막여쥬莫如主요, 지자知子는 막여부莫如父'[18]라 하니 지여知女는 모母안인가. 닋 딸 심곡心曲[19] 닋가 알졔. 어려부텀 절곡[20]한 쓰시 잇셔 힝여 신셰를 그릇칠가 으심疑心이요, 일부종사一夫從事하려 하고 사ᄃ事事이 하는 힝실行實 철셕鐵石갓치 구든 쓰시 청송靑松

11 삼강三綱에 대한 행실. 삼강은 임금과 신하, 부모와 자식, 남편과 아내 사이에 마땅히 지켜야 할 도리를 말함.
12 사족士族과 서인庶人.
13 앞으로 닥쳐올 일.
14 뒤를 눌러 놓아, 예방하여.
15 좋은 일에는 장애가 많다는 뜻.
16 '하' 자字 한 자가 더 들어감.
17 혼인할 때 치르는 여섯 가지의 예식. 납채納采·문명問名·납길納吉·납징納徵·청기請期·친영親迎.
18 신하를 아는 사람은 임금만한 사람이 없고 아들을 아는 사람은 아버지만한 사람이 없음. 《한비자韓非子》에 "지신막약군知臣莫若君 지자막약부知子莫若父."
19 마음 속.
20 결곡. 마음씨가 깨끗하고 곧은 것.

녹죽綠竹, 젼나무 사시절四時節을 닷토난 듯, 상젼벽ᄒᆡ桑田碧海[21] 될지라도 ᄂᆡ ᄯᆞᆯ 마음 변할손가. 금은金銀 옥촉지ᄇᆡᆨ吳蜀之帛[22]이 적여구산積如丘山[23]이라도 밧지 안이 할 터이요, ᄇᆡᆨ옥白玉갓탄 ᄂᆡ ᄯᆞᆯ 마음 청풍淸風인들 밋칠리요. 다만 고으古義를 회칙效則고자[24] 할 ᄲᆞᆫ이온ᄃᆡ, 도련임은 욕심慾心부려 인연因緣을 ᄆᆡ자ᄶᅡ가, 미장젼未丈前 도련임이 부모 몰이 집픈 사랑 금석金石갓치 ᄆᆡ자ᄶᅡ가 소문所聞 어려[25] 바리시면 옥결갓탄 ᄂᆡ ᄯᆞᆯ 신셰 문ᄎᆡ文采 조흔 ᄃᆡ모玳瑁 진주眞珠 고은 구실 군역노리[26] ᄭᆡ어진듯, 청강淸江으 노든 원낭조鴛鴦鳥가 짝 한나를 일어슨들 어이 ᄂᆡ ᄯᆞᆯ 갓틀손가. 도련임 ᄂᆡ정內情 이 말과 갓털진ᄃᆡ 심양深量하여 ᄒᆡᆼ行하소셔."

21 뽕밭이 푸른 바다로 변한다는 의미로 세상의 변천이 심한 것을 말함. 여선女仙 마고麻姑의 고사故事. 갈홍葛洪의 《신선전神仙傳》에 "마고가 왕방평에게 말하기를, '접대한 이래로 동해가 세 번 변하여 바다가 되었다'라고 했다(麻姑謂王方平曰 自接待以來見東海三變爲桑田)."

22 오촉지백의 잘못. 오吳와 촉蜀은 좋은 비단이 나는 곳.

23 언덕이나 산과 같이 많이 쌓여 있음. 많은 모양.

24 옛 도의를 본받고자.

25 남의 소문이 두려워서.

26 구멍놀이. 구멍이 뚫린 노리개.

16. 주반등대酒盤等待

도련임 더옥 답ㄷ沓沓하야

"그난 두 번 염예念慮할나 말소. 닉 마음 셰아린니 특별간절特別懇切 구든 마음 흉즁胸中의 가득한이 분으分義[1]난 달을망정 제와 닉와 평싱기약平生期約 믹질 제 젼안奠雁[2], 납폐納幣[3] 안니한들 창파滄波갓치 집픈 마음 춘향 사정事情 몰을손가."

이러타시 이갓치 셜화說話하니 청실홍실 육예六禮 갓촤 만난듸도 이 우의 더 쐬족할가."

"닉 져를 초취初娶갓치 예길터니 시하侍下[4]라고 염예 말고 미장젼未丈前도 염예 마소. 듸장부大丈夫 먹난 마음 박듸힝실薄待行實 잇슬손가. 허락만 허여쥬소."

춘향 어모 이 말 듯고 이윽키 안져던이 몽조夢兆가 잇난지라 연분緣分인 줄 짐작하고 흔연欣然이 허락하며,

"봉鳳이 나믹 황凰이 나고[5], 장군將軍 나믹 용마龍馬 나고, 남원의 춘향 나믹 이화춘풍李花春風 솟다웁다. 상단香丹아 주반등듸酒盤等待하엿난냐."

"예."

듸답하고 주효酒肴를 차일 적기 안주安酒 등물等物 볼작시면 고음식[6]도 졍결淨

1 분수에 맞는 도리.
2 혼인 때 신랑이 나무로 만든 기러기를 가지고 신부 집에 가서 상 위에 놓고 절하는 것.
3 육례六禮의 한 가지로 납징納徵. 혼인 때 신랑 집에서 신부 집으로 푸른 비단과 붉은 비단을 보내는 일.
4 부모나 조부모가 살아 있어 모시고 있는 사람.
5 속담. 봉鳳은 봉황새의 암컷, 황凰은 봉황새의 수컷. 봉황은 전설상의 상서로운 새. 성인이 이 세상에 나오면 이에 응하여 나타난다고 함.
6 괴임새, 고임질. 그릇에 음식을 높이 담는 것.

潔하고, ᄃᆡ양판大胖板[7] 가리찜[8], 소양판小胖板[9] 제육猪肉찜, 풀ㄷ 쒸난 ᄉᆞᆼ어秀魚찜, 포도동 나는 ᄆᆡ초리[10]탕湯의 동ᄂᆡ東萊 · 울산蔚山 ᄃᆡ젼복大全鰒[11] ᄃᆡ모장도玳瑁粧刀[12] 드난 칼노 ᄆᆡᆼ상군孟嘗君[13]의 눈셥 쳬로 어ᄉᆞᆨ비ᄉᆞᆨ 오려 노코, 염통 산젹散炙[14] 양胖 복기와 춘치자명春雉自鳴[15] ᄉᆡᆼ치生雉 다리 적벽赤壁 ᄃᆡ졉大接[16] 분안기分院器[17]의 ᄂᆡᆼ면冷麵조차 비벼 노코, 성율生栗 숙율熟栗, 잣ᄉᆞᆼ이며 호도胡桃, ᄃᆡ초大棗, 석유石榴, ㄷ자柚子, 준시蹲枾[18], 잉도櫻桃, 탕기湯器 갓튼 청슬이靑實梨[19]를 칫슈잇게 고야난듸, 술병甁 치레 볼작시면, 틔결[20*] 업난 ᄇᆡᆨ옥병白玉甁과 벽ᄒᆡ슈상碧海水上 산호병珊瑚甁과 엽낙금정葉落金井[21] 오동병梧桐甁과 목 진 황ᄉᆡ병, 자ᄅᆡ병, 당화병唐畵甁[22], 쇄금병鎖金甁[23], 소상동정瀟湘洞庭[24] 죽절병竹節甁,

7 소의 밥통 고기.
8 갈비찜.
9 돼지의 밥통 고기.
10 메추리.
11 경상남도 울산과 동래에서 큰 전복이 남.
12 거북이 등껍데기로 장식한 장도칼.
13 중국 제齊나라의 유명한 공자公子. 식객食客이 수천 명이었다는 것으로 유명함.
14 염통 고기를 넓게 저며 양념을 해서 꼬챙이에 꿰어 구운 것.
15 봄에 꿩이 스스로 우는 것. 제 허물을 제 스스로 드러내 남이 알게 된다는 말.
16 경기도 장단長湍의 적벽에서 나는 대접.
17 경기도 광주廣州의 분원에서 나는 사기그릇.
18 꼬챙이에 꿰지 않고 그냥 말린 감.
19 청술레. 푸른빛의 우리나라 토종배. 청실네, 청실리靑實梨 또는 청리靑梨라고도 함.
20* 전북 방언으로 티와 먼지를 이르는 말.
21 금정金井은 중국에 있는 우물 이름. 이백의 시에 "오동잎은 금정에 떨어지고 잎새 하나 은상 위로 난다(梧桐落金井 一葉飛銀床)."
22 중국 그림을 그린 병.
23 금으로 장식한 병. 쇄금鎖金 혹은 쇄금灑金.
24 소상은 중국 호남湖南 영릉현零陵縣 북쪽에 있는 지명. 얼룩진 무늬가 있는 대나무의 산지로 유명함. 소상반죽瀟湘班竹.

그 가온ᄃᆡ 쳔은天銀 알안자[25], 젹동자赤銅子[26], 쇄금자鎖金子[27]를 차례로 노와난 ᄃᆡ 구비具備함도 가질시고, 술 일홈를 일을진ᄃᆡ 이젹션李謫仙[28] 포도쥬葡萄酒[29]와 안기ᄉᆡᆼ安期生[30] 자하쥬紫霞酒[31]와 살임쳐사山林處士 송엽쥬松葉酒[32]와 과하쥬過夏酒[33], 박문쥬方文酒[34], 천일쥬千日酒[35], ᄇᆡᆨ일쥬百日酒[36], 금노쥬金露酒[37], 팔ᄃ 쒸난 화쥬火酒[38], 약쥬藥酒, 그 가온ᄃᆡ ᄒᆡᆼ기香氣로운 연엽쥬蓮葉酒[39] 골나ᄂᆡ여 알안자 가득 부어 청동화로靑銅火爐 ᄇᆡᆨ탄白炭 불의 남비 ᄂᆡᆼ슈冷水 ᄭᅳᆯ난 가온ᄃᆡ 알안자 둘너 불한불열不寒不熱 데여 ᄂᆡ여 금잔金盞, 옥잔玉著, ᄋᆡᆼ무ᄇᆡ鸚鵡杯[40]를

25 천은으로 만든 알안자. 천은天銀은 품질이 제일 좋은 은. 알안자는 주전자를 말함.
26 구리 주전자.
27 금으로 장식을 한 주전자.
28 이태백.
29 악사樂史의 《양태진외전楊太眞外傳》에 이태백이 청평악사淸平樂詞 세 편을 지어 올리니 임금 이 포도주를 내어 주었다는 이야기가 있음.
30 유향劉向의 《열선전列仙傳》에 "안기생은 동해에서 약을 팔았는데 사람들이 모두 천세옹이라고 불렀다. 진시황이 동해에 놀러갔다가 그를 청해 보고 3일 밤낮을 그와 더불어 이야기하고 그에게 금과 옥을 주니 모두 놓고 가면서 편지를 남겼는데 그 편지에 몇 년 후에 봉래산에서 나를 찾으라고 했다(安期先生者 賣藥於東海邊 時人皆言千歲翁 秦始皇東遊請見 與語三日三夜 賜金璧 皆置去 留書爲報曰 後數年 求我於蓬萊山)."
31 신선들이 먹는 술.
32 《본초本草》에 "솔잎으로 만든 술은 질병을 고치는 데 효험이 있다(松葉爲酒 能已疾)."
33 요주燒酒와 약주藥酒를 섞어 빚어 여름을 경과한 술.
34 비방문秘方文에 의하여 특별한 물건을 넣어 만든 술.
35 담근 후 1000일 만에 먹는 술. 장화張華의 《박물지博物志》에 한 번 마시면 1000일 동안 취하는 술에 관한 이야기가 있음.
36 특별한 재료로 빚어서 100일이 지난 술.
37 당시에 유명한 술인 듯함.
38 소주나 배갈같이 알코올 도수가 높은 증류주.
39 찹쌀과 누룩을 버무려 연잎에 싸서 빚은 술.
40 앵무새 부리 모양으로 만든 자개 잔. 이백의 〈양양가襄陽歌〉에 "노자작 앵무배에 100년 3만 6000일을 매일 300잔을 마시세(鸕鶿杓鸚鵡杯 百年三萬六千日 一日須傾三百杯)."

그 가온ᄃᆡ ᄃᆡ여스니, 옥경玉京[41] 연화蓮花 피난 ᄭᅩᆺ시 ᄐᆡ을션여太乙仙女 연엽션蓮葉船[42] ᄯᅴ듯, ᄃᆡ광보국大匡輔國 영으정領議政[43] 파초션芭蕉扇[44] ᄯᅴ듯, 둥덩실 ᄯᅴ여 노코 권쥬가勸酒歌 한 곡조曲調의 일ᄇᆡᄃᄃ부일ᄇᆡ一杯一杯復一杯[45]라. 이 도령 일은 마리,

“금야今夜의 하는 졀차節次 본니 관쳥官廳이 안이여던 어이 그리 구비한가.”

41 옥황상제가 사는 곳.

42 태을선인이 연잎을 탔다는 이야기가 있음. 한구韓駒의 시 〈제태을진인연엽도題太乙眞人蓮葉圖〉에 “태을진인은 연엽주를 타고 건을 벗은 머리에 찬바람 부네(太乙眞人蓮葉舟 脫巾露髮寒颼颼).”

43 영의정은 정1품 대광보국숭록대부大匡輔國崇祿大夫.

44 삼정승이 외출할 때 낯을 가리던 파초 잎 모양의 큰 부채. 여기서는 부채가 아니라 파초선芭蕉船으로 생각한 듯함.

45 이백의 〈산중대작山中對酌〉에 “두 사람이 산꽃 핀 곳에서 대작을 하는데 한 잔 한 잔 또 한 잔(兩人對酌山花開 一杯一杯復一杯).”

17. 일희일비一喜一悲

춘향 모 엿자오딕,

"닉 쌀 춘향 곱계 길너 요조숙여窈窕淑女 군자호귀君子好逑[1] 가리여셔 금실우지琴瑟友之[2] 평싱동낙平生同樂하올 젹기, 사랑舍廊의 노난 손임 영웅, 호걸, 문장文章들과 쥭마고우竹馬故友[3] 벗임닉 쥬야로 길기실 졔, 닉당內堂의 하인下人 불너 밥상 술상 직촉할 졔, 보고 빅호지 못하고는 어이 곳 등딕等待하리. 닉자內子[4]가 불민不敏하면 가장家長 나셜 씩기미라[5]. 닉 싱젼生前 심써 갈쳐 아모쪼록 본바다 힝하라고 돈 싱기면 사 모와셔 손으로 만드러셔 눈의 익고 손의도 익키랴고 일시一時 반 씩 노지 안코 시긴 바라. 부족不足다 마르시고 구미口味딕로 잡슈시요."

잉무빅 술 가득 부어 도련임계 드리오니 도령 잔 바다 손의 들고 탄식嘆息하여 하는 마리,

"닉 마음딕로 할진딕는 육예六禮를 힝할터나 그러털 못 하고 기구녁셔방書房[6]으로 들고 보니 이 안이 원통冤痛하라. 이 익 춘향아, 그러나 우리 두리 이 술을 딕례大禮[7] 술노 알고 묵자."

일빅쥬一盃酒 부어 들고

"네 닉 말 드러셔라. 쳐치 잔은 인사쥬人事酒요, 두치 잔는 합환쥬合歡酒[8]라. 이

1 《시경詩經》〈관저關雎〉에 "아름다운 아가씨는 군자의 좋은 배필이다."

2 《시경》〈관저〉에 "아리따운 아가씨 금슬로써 벗삼도다[窈窕淑女 琴瑟友之]."

3 어릴 때부터의 동무. 죽마는 어린아이들의 놀이기구. 장화張華의 《박물지博物志》에 "어린아이가 5세가 되면 구차놀이를 하고, 7세가 되면 죽마놀이를 한다[小兒五歲 鳩車之戱 七歲 竹馬之戱]."

4 옛날에는 경卿, 대부大夫의 본부인을 일컫는 말이었으나, 뒤에 아내의 통칭이 되었음.

5 낯을 깎임이라.

6 합법적으로 예식을 치러 아내를 본 것이 아니라 개구멍 드나들 듯이 몰래 드나들며 계집을 보는 것.

7 혼례婚禮를 말함.

8 혼례 때 신랑 신부가 절을 하고 술잔을 나누는 것.

술이 다른 술 아니라 근원근본根源根本 사무리라. ᄃᆡ순大舜의 아황娥皇, 여영女英[9] 귀히ㄷㄷ 만난 연분 지즁至重타 ᄒᆞ엿스되 월노月老[10]의 우리 연분, 삼ᄉᆡᆼ三生[11] 가약佳約 ᄆᆡ진 연분, 쳔말년千萬年이라도 변치 안이할 연분, ᄃᆡㄷ代代로 삼ᄐᆡ三台[12] 육경六卿 자손子孫이 만이 번셩繁盛ᄒᆞ야 자손, 징손曾孫, 고손高孫이며 무릅 우의 안쳐 노코 죄암 ㄷㄷ 달강 ㄷㄷ ᄇᆡᆨ셰상슈百歲上壽[13]하다가셔 한날 한시 마조 누워 션후先後 업시 죽거드면 쳔하의 제일 가난 연분이졔."

술잔 들어 잡순 후의,

"상단아, 술 부어 너의 마루ᄅᆡ[14]계 드려라."

"장모丈母, 경사慶事 술인이 한 잔 먹소."

춘향 어모 술잔 들고 일히일비一喜一悲하난 마리,

9 순舜임금의 두 부인.

10 월하노인月下老人. 부부의 인연을 맺어주는 전설상의 노인. 이복언李復言의《정혼점定婚店》에 "두릉의 이고가 송성에 여행을 갔는데 기울어 가는 달이 아직 밝았다. 한 노인이 보따리에 기대어 계단에 앉아 달을 향해 책을 펼쳐 살펴보고 있었다. 이고가 보니 그 글자를 알 수 없어 무슨 책을 보느냐고 물었다. 노인이 웃으며 이 세상 혼인에 관한 것이라고 했다. 보따리 안의 것은 무엇이냐고 물으니, 노인이 말하기를, '붉은 끈인데 이것으로 부부가 될 사람의 발을 묶으면 그들이 살아 있는 동안에는 몰래 묶여 지는데, 비록 원수 사이건 귀하고 천함의 차이가 심하건 신분의 차이가 있건 서로 멀리 떨어져 있건 이 끈으로 한 번 묶으면 끝내 달아날 수 없다. 그대의 다리도 이미 이 끈에 묶였다'라고 했다(杜陵李固 旅次宋城南店 斜月尙明 有老人倚布囊 坐於階上 向月檢書 固步覘之 不識其字 因問曰 老父所尋者何書 老人笑曰 天下之婚牘耳 因問囊中何物 曰赤繩子耳 以繫夫妻之足 及其生 潛用相繫 雖讎敵之家 貴賤懸隔 天涯從宦 吳楚異鄉 此繩一繫 終不可逭 君之脚已繫於彼矣)."

11 전생前生, 현생現生, 후생後生.

12 삼태三台는 영의정·좌의정·우의정. 육경六卿은 이吏·호戶·예禮·병兵·형刑·공工. 육조六曹의 장관인 육판서六判書.

13 100살까지 오래 사는 것. 장주莊周의《장자莊子》〈도척盜跖〉에 "사람이 가장 오래 사는 것은 100살이다(人上壽百歲)."

14 마누라. 여기서는 나이 많이 먹은 여자에 대한 존칭.

"오나리 여식女息의 ᄇᆡᆨ연지고락百年之苦樂[15]을 ᄆᆡᆨ기는 날리라. 무삼 실품 잇슬 잇가만은 져거슬 질너닐 제 ᄋᆡ비 업시 셜이 질너 잇ᄃᆡ을 당하오니 영감令監[16] ᄉᆡᆼ각이 간절懇切하야 비창悲倉하여이다."

도련임 일은 마리,

"이왕지사已往之事 ᄉᆡᆼ각말고 술리나 먹소."

춘향 모 슈삼ᄇᆡ數三盃 먹은 후의 도련임 통인 불너 상 물여 쥬면셔,

"너도 먹고 방ᄌᆡ도 먹여라."

통인, 방ᄌᆡ 상 물여 먹은 후의 ᄃᆡ문大門 중문中門 다 닷치고 춘향 어모 상단이 불너 자리 보젼鋪陳시길 제, 원낭금침鴛鴦衾枕 잣베ᄀᆡ[17]와 ᄉᆡ별갓탄 요강溺釭 ᄃᆡ양[18] 자리 보젼을 정淨이 하고,

"도련임, 평안平安이 쉬옵소셔."

"상단아, 나오너라. 나하고 함기 자ㄷ."

두리 다 건네 갓구나.

15 평생의 고락. 백거이의 〈태행로太行路〉에 "사람으로 태어나려거든 여자로 태어나지 말아라. 평생의 고락이 다른 사람으로 말미암는다(人生莫作 婦人身 百年苦樂由他人)."

16 남편.

17 잣 베개. 잣과 모양이 같게 장식한 베개.

18 대야.

18. 녹수원앙綠水鴛鴦

춘향과 도련임과 마조 안져 노와스니 그 이리 엇지 되것난야. 사양斜陽을 바드면셔 삼각산三角山 제일봉第一峰 ㄷ학鳳鶴 안자 춤 츄난 듯, 두 활ㄱ기를 에구부시[1] 들고 춘향의 셤ㄷ옥슈纖纖玉手 바드ㄷ시 검쳐 잡고[2] 으복衣服을 공교工巧하게 벽기난듸, 두 손길 셕 놋턴이 춘향 가은 허리을 담숙 안고,

"나상羅裳을 버셔라."

춘향이가 쳠음 이릴[3] 쎤 안이라 북그러워 고ㄱ기을 슈겨 몸을 틀 제, 이리 곰슬 져리 곰실 녹슈綠水에 홍연화紅蓮花 미풍微風 맛나 굼이난 듯, 도련임 초ㅁ 벽겨 졔쳐노코 바지, 속옷 벽길 적의 무한無限이 실난詰難된다. 이리 굼실 져리 굼실 동히東海 청용靑龍[4]이 구부를 지난듯,

"아이고, 노와요. 좀 노와요."

"에라, 안 될 마리로다'

실난詰難 중中 옷 슨 씔너 발가락으 싹 걸고셔 씌여안고 진드시 눌으며 지ㄷㄱ기 쓰니 발길 아릐 써러진다. 오시 활싹 버셔지니 형신荊山의 빅옥白玉쩡니 이 우에 비比할소냐. 오시 활신 버셔지니 도련임 거동을 보려하고 실금이 노으면셔,

"아차, 손 쌔졋다."

춘향이가 침금枕衾 속으로 달여든다. 도련임 왈칵 조차 들어 누어 져고리을 벽겨니여 도련임 옷과 모도 한틔다 둘ㄷ 뭉쳐 한 편 구셕의 던져두고 두리 안고 마조 누워슨니 그딗로 잘 이가 잇나. 골집骨汁[5] 닐 제, 삼승三升[6] 이불 춤을 추고, 식별 요강은 장단長短을 마추워 쳥그릉 징ㄷ爭爭, 문고루난 달낭ㄷㄷ, 등잔燈盞

1 에굽어. 조금 휘우듬하게 굽은 모양.
2 바듯하게 겹쳐 잡고.
3 처음 일.
4 푸른 용. 상서물祥瑞物을 의미함.
5 뼈에서 즙汁이 난다는 말. 이 말은 남녀의 성교性交 때 남자의 사정射精을 나타냄.
6 몽고蒙古에서 나는 무명의 한 가지.

불은 가물ㄷㄷ 마시 잇게 잘 자고 낫구나. 그 가온ᄃᆡ 진ㄷ津津[7]한 이리야 오직하랴. 하로 잇틀 지ᄂᆡ간이 어린 것더리리라 신마시[8] 간ㄷ間間 ᄉᆡ로와 북그럼은 차ㄷ 머러지고 그졔는 기롱譏弄도 허고 우순 말도 잇셔 자연自然 사랑가ㄷ 되야구나. 사랑으로 노난ᄃᆡ 쏙 이 모양으로 노던 거시엿ᄯᅡ.

사랑 ㄷㄷ ᄂᆡ 사랑이야
동경칠ᄇᆡᆨ洞庭七百[9] 월하초月下初의 무산巫山갓치 노푼 사랑
목단무변目斷無邊[10] 슈水의 여쳔如天[11] 창ᄒᆡ槍海갓치 집푼 사랑
오산玉山 젼顚[12] 달 발근ᄃᆡ 츄산쳔봉秋山千峰 원월翫月 사랑
진경한무曾經學舞[13] 하올 적 차문취소借問吹蕭 하던 사랑
유ㄷ낙일悠悠落日 월염간月簾間의 도리화ᄀᆡ桃李花開[14] 비친 사랑
셤ㄷ초월纖纖初月 분ᄇᆡᆨ粉白한ᄃᆡ 함소함ᄐᆡ含笑含態 숏한 사랑[15]
월하月下의 삼ᄉᆡᆼ三生 연분緣分[16] 너와 나와 만난 사랑

7 맛이 있거나 재미가 좋은 모양.
8 새로운 맛이.
9 동정호洞庭湖의 둘레가 700리.
10 눈이 미치지 않을 만큼 가없이 먼.
11 ‘슈여쳔의’가 잘못된 듯함. 수여천水如天. 물과 하늘이 마주 닿아 물이 하늘 같음.
12 옥산전玉山顚은 옥산의 꼭대기. 옥산은 군옥산群玉山. 곽박郭璞의 《산해경山海經》 주注에 “군옥산은 서왕모가 사는 곳이다(群玉山 西王母所居者).”
13 노조린盧照隣의 시 〈장안고의長安古意〉에 “빌어 묻노니 피리 불어 자주빛 연기를 향하고 일찍이 춤을 배워 방년을 지냈는가(借問吹簫向紫烟 曾經學舞度芳年)?”
14 아득히 해는 지고 달빛 사이로 도리화桃李花가 핌.
15 노조린의 〈장안고의〉에 “흘러가는 구름은 깨끗이 머리를 빗고 깨끗한 초승달은 눈썹을 칠했네. 희게 분칠한 미인이 수레 밖으로 나오니 교태를 머금은 정은 하나만이 아니네(片片行雲著蟬鬢 纖纖初月上鴉黃 鴉黃粉白車中出 含嬌含態情非一).” 섬섬초월纖纖初月은 초생달. 분백粉白은 미인. 함교함태含嬌含態는 미인의 자태. 숏한 사랑은 숱하게 많은 사랑.
16 월하노인月下老人의 이야기.

허물 업난 부ㄷ夫婦 사랑

화우동산花雨東山 목단화牧丹花갓치 펑퍼지고 ㄷ은 사랑

영평延坪 바ᄃᆡ 그무갓치[17] 얼키고 밋친 사랑

은하銀河 직여織女 직금織錦갓치 올ㄷ리 이은 사랑

청누미여靑樓美女[18] 침금枕衾갓치 혼술[19]마다 감친 사랑

세ᄂᆡ가 슈양垂楊갓치 청쳐지고 느리진 사랑

남창북창南倉北倉[20] 노젹露積갓치 다물ㄷㄷ[21] 싸인 사랑

은장銀臟, 옥장玉臟[22] ㄷ식妝飾갓치 모ㄷ이[23] 잠긴 사랑

영산홍노映山紅綠[24] 봄바람의 넘노난이 황봉빅졉黃蜂白蝶 꼿슬 물고 질긴 사랑

녹슈청강綠水淸江 원낭조격鴛鴦鳥格으로 마조 둥실 ᄯᅥ 노난 사랑

년ㄷ칠월칠셕야年年七月七夕夜의 견우牽牛 직여織女 만난 사랑

육관ᄃᆡ사六觀大師[25] 셩진性眞[26]이가 팔션여八仙女[27]와 노난 사랑

역발산力拔山 초ᄑᆡ왕楚霸王이 우미인虞美人을 만난[28] 사랑

17 서해西海의 연평도延坪島. 연평 바다의 그물.

18 청루靑樓는 노는 계집의 집. 창가娼家 또는 기생집.

19 혼솔. 홈질한 옷의 솔기.

20 남·북의 창고에 쌓아 놓은 곡식.

21 무더기 무더기.

22 은과 옥으로 장식한 옷장.

23 모서리마다.

24 영산홍.

25 김만중金萬重의 《구운몽九雲夢》에 등장하는 서역西域에서 당唐나라로 온 고승高僧.

26 《구운몽》의 남주인공이 인세人世에 내려오기 전의 이름.

27 《구운몽》에 등장하는 여덟 명의 여자 주인공.

28 초패왕楚霸王 항우項羽가 해하垓下의 싸움에서 지고 나서 부른 노래. "힘은 산을 뽑을 수 있고 기운은 세상을 덮을 수 있도다. 시절이 불리함이여 오추마가 가지 않는다. 오추마가 가지 않음이여 어찌 할 것인가. 우미인이여 우미인이여 어찌할 것인가(力拔山兮 氣蓋世 時不利兮 騅不逝 騅不逝兮 可奈何 虞兮虞兮 奈若何)."

당唐나라 당명왕唐明王[29]이 양구비楊貴妃[30] 만난 사랑
명사심이ᄒᆡ당화明沙十里海棠花[31]갓치 연ᄃᆞ娟娟[32]이 고은 사랑
네가 모도 사랑이로구나
어화[33] 둥ᄃᆞ ᄂᆡ 사랑아
어화 ᄂᆡ 간ᄃᆞ衎衎[34] ᄂᆡ 사랑이로구나

여바라 춘향아
져리 가거라 가는 ᄐᆡ도을 보자
이만금 오느라 오는 ᄐᆡ도을 보자
쌩긋 웃고 아장 ᄃᆞᄃᆞ 거러라 걸는 ᄐᆡ도 보자
너와 나와 만난 사랑
연분緣分을 파자한들 팔 고시 어듸 잇셔
ᄉᆡᆼ젼生前 사랑 이러하고
엇지 사후기약死後期約 업슬손야

너난 죽어 될 것 잇다
너난 죽어 글자 되ᄃᆞ
싸 지 자地字 그늘 음 자陰字 아ᄂᆡ 쳐 싸妻字 계집 여 싸女字 변邊이 되고
나는 죽어 글ᄍᆞ 되ᄃᆞ

29 당명황唐明皇은 당나라 현종玄宗.
30 당현종의 귀비貴妃. 귀비는 황후 다음 가는 직위. 양귀비는 처음 여도사女道士였으나 현종의 총애를 받아 귀비가 되었음. 후에 안록산安祿山의 난 때 죽었음.
31 10리나 되는 고운 모래밭에 핀 해당화. 우리나라에서는 함경남도 원산元山의 명사십리가 유명함.
32 아름다운 모양.
33 즐거운 마음을 표하는 뜻으로 가사歌辭 위에 쓰는 감탄사. '어와'와 같음.
34 기쁜 모양.

하날 쳔 짜天字 하날 건乾 제인비 부夫 사나 남男 아들 자子 몸이 되야 계집 여女 변의다 짝 붓치면 조을 호 쪼好字로 만나 보자

사랑 ㄷㄷ ᄂᆡ 사랑

쏘 너 죽어 될 것 잇다

너는 죽어 물이 되ㄷ

은하수銀河水, 폭포수爆布水, 만경창히수萬頃滄海水, 쳥계수淸溪水, 옥계수玉溪水, 일ᄃᆡ장강一帶長江[35] 더져두고 칠연ᄃᆡ한七年大旱[36] 가물 ᄯᅵ도 일싱日常 진ㄷ津津 쳐져[37] 잇난 음양수陰陽水[38]란 무리 되고

나는 죽어 ᄉᆡ가 되ㄷ

두견조杜龍鳥[39]도 될나 말고

요지瑤池[40] 일월日月 쳥조靑鳥, 쳥학靑鶴, 빅학白鶴이며 ᄃᆡ붕조大鵬鳥[41] 그린 ᄉᆡ가 될나 말고

쌍거쌍ᄂᆡ雙去雙來 ᄯᅥ날 줄 모르난 원앙조鴛鴦鳥란 ᄉᆡ가 되야

녹수綠水의 원앙격格으로 어화 둥ㄷ ᄯᅥ 놀거든 날인 줄을 알여 무나

사랑ㄷㄷ ᄂᆡ 간ㄷ ᄂᆡ 사랑이야.

35 장강은 중국에서 가장 긴 양자강揚子江을 말함.

36 7년 동안 큰 가뭄이 든 일. 탕湯임금 때 7년 동안 비가 오지 않았다는 이야기가 있음.

37 젖어 또는 추져.

38 끓는 물에 찬물을 탄 물. 여기서는 성적性的인 묘사를 한 속어俗語인 듯함.

39 소쩍새. 〈성도기成都記〉에 "촉나라 망제가 죽어서 새가 되었는데 그 이름이 두견, 또는 자규라고도 한다(望帝化爲鳥 名曰 杜鵑 亦曰子規)."

40 주목왕周穆王이 서왕모西王母와 함께 잔치하던 곳.

41 상상 속의 큰 새. 《장자》〈소요유逍遙遊〉에 "북쪽 바다에 그 크기가 수천 리나 되는 곤이라는 고기가 있다. 이것이 새로 변하면 그 이름을 붕이라고 하는데 붕의 등은 그 크기가 몇천 리인지 알 수 없다(北冥有魚 其名爲鯤 鯤之不知其幾千里也 化而爲鳥 其名爲鵬 鵬之背不知其幾千里也)."

19. 정자타령情字打鈴

“안이 그건도 나 안이 될나요.”

그러면 너 죽어 될 것 잇다
너는 죽어 경쥬慶州 인경人定[1]도 될나 말고
젼주全州 인경도 될나 말고
송도松都 인경도 될나 말고
장안長安[2] 종노鐘路[3] 인경 되고
나는 죽어 인경 마치[4] 되야
삼십삼쳔三十三天 이십팔숙二十八宿을 응應하야
질마직[5] 봉화烽火 세 자루 써지고
남산南山[6] 봉화 두 자루 써지면
인경 첫 마듸 치난 소릐
그져 뎅ㄷ 칠 듸마닥
다른 사람 듯기여는
인경 소릐로만 알어도
우리 속으로는

1 신라 혜공왕惠恭王 때 만든 봉덕사奉德寺의 종鐘. 에밀레종. 현재 경주 국립박물관 안에 있음. 인경은 인정人定을 잘못 쓴 것인데 큰 종이라는 뜻.
2 한漢나라 수도인 장안長安을 수도首都의 범칭泛稱으로 쓴 것. 서울이라는 의미.
3 서울 종로에 있는 보신각普信閣 종. 이태조李太祖 4년에 종을 만들어 운종가雲從街에 달았으며 세종世宗 때 루樓를 세웠음. 이 누각이 임진왜란 때 불에 타서 없어져 다른 종을 옮겼고, 고종高宗 때 중건重建하여 보신각普信閣이라고 함.
4 망치.
5 서울 서대문구에 있는 고개. 서대문에서 홍제동으로 넘어가는 고개. 안현鞍峴 또는 무악재라고도 함. 이곳에 봉화가 있었음.
6 서울의 남산. 목멱산木覓山이라고도 함. 남산의 봉화는 전국에서 올라오는 봉화를 모두 받았음.

춘향 뎅 도련임 뎅이라
맛나 보자구나
사랑ㄷㄷ ᄂᆡ 간ㄷ ᄂᆡ 사랑이야.

"안이 그것도 나는 실소."

그러면 너 죽어 될 것 잇다
너는 죽어 방ᄋᆡ 확[7]이 되고
나는 죽어 방ᄋᆡ 고[8]가 되야
경신연庚申年 경신월庚申月 경신일庚申日 경신시庚申時의 강ᄐᆡ공姜太公 조작造作방ᄋᆡ[9]
그져 썰구덩 ㄷㄷㄷ 찍커들난 날린 줄 알여무나
사랑ㄷㄷ ᄂᆡ 사랑 ᄂᆡ 간ㄷ 사랑이야.

춘향이 하난 마리,
"실소. 그것도 ᄂᆡ 안이 될나요."
"엇지하야 그 마린야."
"나는 항시恒時 엇지 이싱이나 후싱後生이나 밋트로만 될난인씨 ᄌᆡ미滋味 업셔 못 쓰거소."
"그러면 너 주거 우로 가게 하마. 너는 죽어 독ᄆᆡ[10] 웃짝이 되고 나는 죽어 밋

7 절구의 아가리로부터 밑바닥까지의 구멍.
8 방아공이.
9 우리 습속習俗에 방아를 만들면, 동티나는 것을 막기 위해 방아의 왼쪽이나 오른쪽 잘 보이는 곳에 '庚申年庚申月庚申日庚申時姜太公造作'의 17자와 아래 위에 귀龜, 용龍의 두 글자를 썼음. 강태공은 주周나라 재상宰相. 본성本姓은 강姜씨. 그가 위수渭水에서 낚시질을 하며 문왕文王이 부르기를 기다렸다고 해서 태공太公이라고 함.
10 맷돌.

짝 되야 이팔청춘二八靑春 홍안미식紅顔美色[11]더리 셤ㄷ옥수纖纖玉手로 밋씩[12]을 잡고 슬ㄷ 두루면 쳔원지방격天圓地方格[13]으로 휘ㄷ 도라가거던 나린 줄을 알여무나."

"실소. 그것도 안이 될나요. 우의로 싱긴 거시 부익 나게만[14] 싱기엿소. 무슨 연의 원슈寃讐로셔 일싱一生 한 구먹이 더 하니 아무것도 나는 실소."

그러면 너 죽어 될 것 잇다
너는 죽어 명사십이히당화明沙十里海棠花가 되고
나는 죽어 나부 되야
나는 네 쏫숭이 물고
너는 닉 수염鬚髥 물고
춘풍이 건듯 불거던
너울ㄷㄷ 춤을 추고 노라보자
사랑ㄷㄷ 닉 사랑이야
닉 간ㄷ 사랑이지

이리 보와도 닉 사랑
져리 보와도 사랑
이 모도 닉 사랑 갓틔면
사랑 걸여 살 슈 잇나
어허 둥ㄷ 닉 사랑
닉 에쎄[15] 닉 사랑이야

11 16세의 청춘 남녀.
12 맷손. 맷돌을 돌리는 손잡이.
13 하늘은 둥글고 땅은 모가 난 격格으로 아주 자연스럽게.
14 부아가 나게만.
15 예쁜이.

방긋ㄷㄷ 웃는 거슨
화중왕花中王[16] 모란화牧丹花가
하로밤 세우細雨 뒤에 밤만 피고자ᄒᆞᆫ 듯
아물리 보아도 ᄂᆡ 사랑
ᄂᆡ 간ㄷ이로구나

“그러면 엇져잔 마린야. 너와 나와 유정有情하니 졍 ᄶᆞ情字로 노라보자. 음상동音相同하여[17] 정 짜情字 노릐나 불너보ᄉᆡ.”
“드릅시다.”

ᄂᆡ 사랑아 들러셔라
너와 나와 유졍하니 어이 안니 다졍多情하리
담ㄷ장강슈擔擔長江水 유ㄷ悠悠의 원ᄀᆡᆨ졍遠客情[18]
하교河橋의 불상송不相送 강슈원함졍江樹遠含情[19]
송군남포送君南浦 불승졍不勝情[20]
무인불견無人不見 송하졍送我情[21]

16 모란을 꽃 가운데 왕이라고 하였음.
17 같은 음音을 취하여.
18 위승경韋承慶의 시 〈남행별제南行別弟〉에 “맑고 맑은 장강의 물이요 머나 먼 원객의 정이라, 낙화는 서로의 한을 주는데 한 번 가니 소식이 없도다(澹澹長江水 悠悠遠客情 落花相與恨 到地無一聲).”
19 송지문宋之問의 시 〈별두심언別杜審言〉에 “병들어 누웠으니 사람발길 끊어지는데, 슬프다 그대는 만리 길을 떠나도다. 하수의 다리 위에서 서로 보내지 못하니 다만 강가의 나무가 멀리 정 머금었도다(臥病人事絶 嗟君萬里行 河橋不相送 江樹遠含情).”
20 남포南浦에서 님을 보내니 정情을 이길 수 없다는 뜻. 정지상鄭知常의 시詩에 “남포에서 님 보내며 슬픈 노래 부르네(送君南浦動悲歌).”
21 아무도 보이지 않는 곳에서 님을 보내는 정情.

한ᄐᆡ조漢太祖[22] 히우정喜雨亭[23]

삼ᄐᆡ三台 육경六卿 ᄇᆡᆨ관조정百官朝廷

도량道場[24] 청정淸淨

각시閣氏[25] 친정親庭

친고통정親故通情[26] 난세평정亂世平定

우리 두리 쳔연인정千年人情

월명성하月明星稀 소상瀟湘 동정洞庭[27]

세상만물世上萬物 조화정造化定[28]

근심 격정 소지所志[29] 원정原情[30]

쥬워 인정人情 음식飮食 투정

복福 업는 져 방정

송정訟庭[31] 관정官庭

ᄂᆡ정內情 외정外情

22 한고조漢高祖 유방劉邦을 말함.

23 희우정喜雨亭은 소식蘇軾이 지은 정자. 이 정자가 세워졌을 때 마침 기다리던 비가 왔기 때문에 희우정이라고 했음. 한고조의 사수정泗水亭과 희우정을 혼동함. 사수정은 한고조 유방이 젊어서 관리를 했던 곳의 이름. 진秦나라 때는 10리마다 정亭을 두었음.

24 불교나 도교의 수도장. 도장道場은 '도량'으로 읽음.

25 젊은 여자, 갓 시집온 여자.

26 친구끼리 마음이 통함.

27 조조曹操의 〈단가행短歌行〉에 "달은 밝고 별은 드문데 까마귀는 남으로 날도다(月明星稀 烏鵲南飛)."

28 세상 만물의 조화는 정해짐.

29 소장訴狀. 관청에 하소연하기 위해 내는 글.

30 억울한 사정을 하소연하는 것.

31 송사를 처리하는 곳. 재판정.

ᄋᆡ송졍愛松亭[32] 쳔양졍穿楊亭[33]

양구비楊貴妃 침힝졍沈香亭[34]

이비二妃의 소상졍瀟湘亭[35]

한송졍寒松亭[36]

ᄇᆡᆨ화만발百花滿發 호춘졍好春亭[37]

기린토월麒麟吐月[38] ᄇᆡᆨ운졍白雲亭[39]

너와 나와 만난 졍情

일졍一情 실졍實情 논지論之하면

ᄂᆡ 마음은 원元 · 형亨 · 이利 · 졍貞[40]

네 마음은 일편탁졍一片託情

이갓치 다졍다가

만일萬一 직卽 파졍破情하면

복통결졍腹痛絶情 걱정되니

진졍眞情으로 원졍原情하잔 그 정 짜情字다.

32 정자의 이름. 출전出典 미상未詳.

33 활 쏘는 정자. 천양穿楊은 양유기養由基란 사람이 100걸음 뒤에서 버드나무 잎사귀를 백발백중으로 맞춘 이야기에서 온 것임.

34 당나라 궁전에 있던 정자. 이 정자에서 당현종이 양귀비와 놀았음.

35 순임금의 두 비妃인 아황과 여영이 죽은 곳.

36 강원도 강릉 동쪽 15리에 있는 정자.

37 정자의 이름. 출전 미상.

38 완산팔경完山八景의 하나로 기린봉麒麟峰 위에 솟는 달. 기린봉은 전라북도 전주 북쪽 6리에 있음.

39 기린봉麒麟峰 밑에 있는 정자.

40 《역경》에 "건은 크고 통달하고 알맞고 올곧다(乾元亨利貞)."

20. 궁자잡담宮字雜談

춘향이 조와라고 하는 마리,

"정情 쏙은 도져到底하오. 우리 집 직슈財數 잇게 〈안틱경安宅經〉[1]이나 좀 일거 쥬오."

도련임 허ㄷ 웃고,

"그뿐인 줄 아는야. 또 잇지야. 궁 짜宮字 노릐을 드러 보와라."

"이고, 얄굿고 우습다. 궁 짜 노릐가 무어시요."

"네 드러 보와라. 조흔 마리 만한이라."

조분 천지天地 기틱궁開胎宮[2]

뇌셩벽역풍우雷聲霹靂風雨 속의 셔기瑞氣 삼광三光[3] 풀여 잇난 염장嚴莊하다 창합궁閶闔宮[4]

셩덕聖德이 너부시사 조림照臨[5]이 어인일고 쥬지긱酒池客[6]

운셩雲盛하던 은왕殷王[7]의 딕경궁大庭宮[8]

진씨황秦始皇 아방궁阿房宮[9]

1 택신宅神 안정安定과 재수財數 형통亨通을 위하여 읽는 경문經文.

2 개태開胎는 여자가 처음으로 아이를 낳는 것.

3 반고班固의 《백호통白虎通》에 "하늘에 세 가지 빛이 있으니 해·달·별이다(天有三光 日月星)."

4 하늘나라의 궁전. 창합閶闔은 그 궁전의 대문. 굴평屈平의 〈이소離騷〉에 "내가 문지기에게 문을 열라고 하니 대문에 기대어 나를 기다리도다(吾令帝閽開關兮 倚閶闔而望予)."

5 임금이 백성에게 임하는 것.

6 호화로운 잔치에 손님이 구름같이 모임. 은殷나라 주紂임금의 이야기. 여망呂望의 《육도六韜》에 "주임금이 술로 못을 만들고 배를 띄웠는데, 술찌게미는 산 같고 술을 많이 마시는 사람이 3000여 명이었다(紂爲酒池廻船 糟丘而牛飮者 三千餘人爲輩)."

7 은殷나라 주紂임금.

8 대정씨大庭氏의 궁. 정庭은 고대 국가의 이름.

9 진시황이 지은 궁전. 섬서陝西 장안현長安縣 서북쪽에 있음. 매우 호화로운 궁전.

문쳔하득問天下得[10]하실 적기 한ᄐᆡ조漢太祖 할양궁咸陽宮[11]

그 겨틔 장낙궁長樂宮[12]

반첩여班捷抒[13]의 장신궁長信宮

당명황제唐明皇帝 상춘궁賞春宮[14]

이리 올나 이궁離宮[15] 져리 올나셔 벽궁別宮

용궁龍宮 속의 수졍궁水晶宮[16]

월궁月宮 속의 광한궁廣寒宮[17]

너와 나와 합궁合宮하니[18] 한평ᄉᆡᆼ 무궁無窮이라

이 궁 져 궁 다 바리고 네 양각兩脚 ᄉᆡ 슈룡궁水龍宮[19]의 ᄂᆡ의 심쥴 방망치[20]로 질을 ᄂᆡ자구나.

춘향이 반만 웃고,

"그런 잡담雜談은 마르시요."

10 천하를 얻게 된 원인을 물음. 사마천의 《사기》 〈고조본기高祖本紀〉에 "고조가 낙양의 남궁에서 술자리를 베풀고 다음과 같이 말했다. '여러 제후와 장수들은 나를 속이지 말고 모든 것을 말하라. 내가 천하를 얻은 것은 무엇 때문이며 항우가 천하를 잃은 것은 무엇 때문인가를'(高祖置酒雒陽南宮 高祖曰 列侯諸將無敢隱朕 皆言其情 吾所以有天下者何 項氏之所以失天下者何)."

11 낙양雒陽의 남궁南宮.

12 한漢나라의 궁전. 반고班固의 《한서漢書》에 "한나라 7년에 장락궁이 이루어졌다. 제후와 군신의 조회를 여기서 받았다(漢七年長樂宮成 諸侯群臣朝)."

13 →6.~(9)

14 궁전의 이름. 출전 미상.

15 행궁行宮. 제왕帝王이 거동할 때 중간에 머무는 곳.

16 바닷속 용궁에 수정으로 장식한 궁전.

17 달나라에 있는 궁전.

18 남녀 사이의 성교性交.

19 여자의 성기性器를 상징한 말.

20 남자의 성기性器를 상징한 말.

"그계 잡담 안이로다. 춘향아, 우리 두리 어붐지리나 하여 보자."

"이고, 참 잡셩 시러워라. 어붐질을 엇써케 ᄒᆞ여요."

어붐질 여러 번 한셩 부르계[21] 말하던 거시엿다.

"어붐질 쳔하天下 쉽이라. 너와 나와 활신 벗고, 업고 놀고, 안고도 놀면 그계 어붐질이졔야."

"이고, 나는 북그러워 못 벗것소."

"에라, 요 겨집아히야, 안 될 마리로다. ᄂᆡ 먼져 버스마."

보션, 단임, 허리듸, 바지, 져고리赤古里 훨신 버셔 한편 구셕의 밀쳐 놋코 웃둑 셔니, 춘향이 그 거동을 보고 쌩긋 웃고 도라셔며 하는 마리,

"영낙 업난 낫돗ᄎᆡ비[22] 갓소."

"오냐 네 말 조타. 쳔지만물天地萬物이 짝 업난 계 업난이라. 두 돗차비 노라 보자."

"그러면 불이나 ᄭᅳ고 노사이다."

"불리 업시면 무슨 ᄌᆡ미 잇것는야. 어셔 버셔라 ㄷㄷ ㄷㄷㄷ."

"이고, 나는 실어요."

도련임 춘향 오슬 벅기려 할 졔 넘놀면셔 어룬다. 만첩청산萬疊青山 늘근 범이 살진 암ᄏᆡ를 무러다 노코 이는 업셔 먹든 못하고 흐르릉 ㄷㄷㄷ 아웅 어루난 듯, 북ᄒᆡ北海 흑용黑龍[23]이 여의쥬如意珠[24]를 입으다 물고 ᄎᆡ운간彩雲間의 늠노난 듯, 단산丹山 봉황鳳凰[25]이 죽실竹實 물고 오동梧桐 속[26]으 늠노난 듯, 구ㄷ九皐[27]

21 해 본 것처럼.

22 낮도깨비.

23 검은 용. 《삼진기三秦記》에 "용수산은, 옛날에 흑룡이 남산을 따라 나와서 위수를 마시고 지나가는 길에 토산이 생겼으므로 얻은 이름이다(龍首山 昔有黑龍從南山出 飲渭水 其行道成土山 故因以爲名)."

24 용龍의 턱 밑에 있는 구슬. 이 구슬을 갖고 있으면 무슨 일이든지 소원대로 됨.

25 단혈산丹穴山. 《산해경山海經》에 "단혈산에 새가 있는데 모양은 학같이 생겼고 오색 무늬가 있다. 이 새를 봉鳳이라고 한다(丹穴之山有鳥 狀如鶴 五色之文 名曰鳳)."

26 한영韓嬰의 《한시외전韓詩外傳》에 "황제가 즉위하니 봉황이 황제의 동쪽 정원에 머물

청학青鶴이 난초蘭草을 물고셔 오송간古松間의 늠노난 듯, 춘향의 가는 허리를 후리쳐다 담숙 안고 지ᄃᆞ기 아드득 떨며 귀쌥[28]도 쏙ㄷ 빨며 입셔리[29]도 쏙ㄷ 빨면서 주홍朱紅갓턴 셔을[30] 물고 오ᄉᆡᆨ단청五色丹靑 순금장純金欌 안의 쌍거쌍ᄂᆡ雙去雙來 비들키갓치 쑥쑹 쑹ㄷ 으흥거려 뒤로 돌여 담쏙 안고 져셜 쥐고 발ㄷ 떨며 져고리, 초ᄆᆡ, 바지, 속것까지 활신 벽겨 노니, 춘향이 북그려워 한편으로 잡치고[31] 안져슬 졔, 도련임 답ㄷ하여 가만이 살펴보니 얼골이 복짐ᄒᆞ야[32] 구실쌈이 송실ㄷㄷ 안자ᄉᆞ나.

렀다. 이들은 오동나무에 모여 대나무 열매를 먹었다(黃帝卽位 鳳乃止帝東園 集梧樹食竹實)."

27 구고九皐는 먼 소택沼澤 지대라는 뜻. 《시경》〈소아小雅 학명鶴鳴〉에 "저기 먼 연못에서 학이 울고 울음소리 들에 퍼지네(鶴鳴于九事 聲聞于野)."

28 귓밥. 귓불. 귀의 밑부분에 도톰한 부분.

29 입술.

30 혀를.

31 다리를 겹쳐 포개고 앉아 있는 것.

32 부끄럽고 흥분하여 얼굴이 붉어지는 것.

21. 비금비옥非金非玉

“이 ᄋᆡ 춘향아, 이리와 업피거라.”

춘향이 북그려ᄒᆞ니,

“북그렵기는 무어시 북그러워. 이왕已往의 다 아난 ᄇᆡ니 어셔 와 업피거라.”

춘향을 업고 취기시며,

“업다, 그 계집아히 똥집 장이 무겁다. 네가 ᄂᆡ 등의 업피인ᄀᆡ 마음이 엇더ᄒᆞ냐.”

“한슷나계 좃소이다.”

“존야.”

“조와요.”

“나도 조타. 조흔 말을 할 거시니 네가 ᄃᆡ답만 하여라.”

“말삼 ᄃᆡ답하올 터니 하여 보옵소셔.”

“네가 금金이지야.”

“금이란이 당치 안소 팔연풍진八年風塵 초한楚漢 시절[1]의 육출기계六出奇計 진평陳平[2]이가 범아부范亞父[3]를 자부랴고 황금 사 만四萬[4]을 헛터쓴니 금이 어이 나물잇가.”

“그러면 진옥眞玉이냐.”

“옥이란이 당치 안소. 만고영웅萬古英雄 진씨황秦始皇이 형산荊山의 옥을 어더 이사李斯[5]의 명필名筆노 ‘슈명우천受命于天 기슈영창旣壽永昌’[6]이라 옥쇄玉璽[7]를

1 한漢나라와 초楚나라가 8년 동안 치른 전쟁.

2 진평陳平은 한漢나라의 승상丞相으로 초나라를 치기 위해 여섯 차례 기이한 계책을 꾸며냈음.

3 범아보范亞父는 항우項羽의 신하 범증范增. 항우는 범증을 높여 아보亞父라고 부름.

4 진평은 항우와 범증의 사이를 이간하기 위해 한왕漢王 유방으로부터 황금 4만 근을 얻어 가지고 여기저기 뇌물을 쓰고 이간책을 써서 결국 항우와 범증 사이를 갈라놓았음. 《사기》〈진승상세가陳丞相世家〉 참고.

5 진秦나라의 승상丞相. 진시황을 도와 천하를 통일하는 데 공을 세웠음.

6 진나라 옥새에 새겨진 글. “명命을 하늘에서 받았으니 이미 수壽하여 길이 번창할지어다.”

만드러셔 만셰유젼萬世流傳을 하여쓰니 옥이 어이 되올잇가."

"그러면 네가 무어시냐. ᄒᆡ당화海棠花냐."

"ᄒᆡ당화란이 당치 안소. 명사십이明沙十里 안이녀든 ᄒᆡ당화가 되오릿가."

"그러면 네가 무어시냐. 밀화蜜花, 금ᄑᆡ錦貝,[8] 호박琥魄(珀魄)[9], 준쥬眞珠냐."

"안이 그거도 당치 안소. 삼ᄐᆡ三台 육경六卿 신지상臣宰相 팔도八道 방ᄇᆡᆨ方伯[10], 슈守·령令임네 갓ᄉᆞᆫ, 풍잠風簪[11] 다하고셔 나문 거슨 경ᄒᆡᆼ京鄕으 일등명기一等名妓 지환指環 벌[12] 허다許多이 다 만든니 호박, 준쥬 부당不當하오."

"네가 그러면 ᄃᆡ모玳瑁[13], 산호珊瑚냐."

"아니 그것도 ᄂᆡ 안니요. ᄃᆡ모 간間 큰 병풍屛風 산호로 난간闌干하야 광ᄒᆡ왕廣利王[14] 상양문上梁文[15]의 수궁보물水宮寶物 되야슨니 ᄃᆞ모, 산호ᄀᆞ 부당이요."

"네가 그러면 반달[16]인야."

"반달이란이 당치 안소. 금야今夜 초ᄉᆡᆼ初生 안이여든 벽공碧空의 도든 명월明月 ᄂᆡ가 엇지 기올잇가."

"네가 그러면 무어시냐. 날 홀여 먹난 불여수[17]냐. 너 어만이 너을 나셔 곰도곱계 질너ᄂᆡ여 날만 홀여 먹그랴고 ᄉᆡᆼ겨는야. 사랑 ㄷㄷ 사랑이야 ᄂᆡ 간ㄷ ᄂᆡ 사랑

7 천자天子의 도장. 〈옥새보玉璽譜〉에 의하면 옥새는 진시황이 처음 만들었다고 함.

8 밀화, 금패는 모두 호박의 일종.

9 보석의 한 가지. 호박은 나무의 진이 땅 속에 묻혀 굳은 광물. 장화의 《박물지》에 "송진이 땅 속에 스며들어 천 년이 지나면 복령이 되고 복령이 천 년이 지나면 호박으로 화한다(松脂淪入地千年 化爲茯笭 茯笭千歲 化爲虎魄)."

10 방백方伯은 관찰사觀察使, 수守는 군수郡守, 령令은 현령縣令.

11 망건網巾의 당에 다는 장식. 깃이 여기 걸려 바람에 날아가지 않게 해 줌.

12 짝을 이루는 물건을 세는 말.

13 큰 거북. 또는 이 거북의 등껍데기. 등껍데기는 장식으로 씀.

14 광리왕의 잘못. 한유韓愈의 〈남해신묘비南海神廟碑〉에 "이로부터 남해의 신을 높여서 광리왕이라고 했다(由是冊尊南海神 爲廣利王)."

15 들보를 올릴 때 송축頌祝하는 글.

16 반달 같은 미인美人이란 말이 있음.

17 털이 붉은 여우. 흔히 수다스럽거나 남자를 홀리는 여자를 말함.

이야. 네가 무어슬 먹으랴는야. ᄉᆡᆼ율生栗 숙율熟栗을 먹으랴는야. 둥굴ㄷㄷ 수박 웃봉지[18] ᄃᆡ모장도玳瑁粧刀[19] 드난 칼노 쑥 쎄고 강능江陵 ᄇᆡᆨ청白淸[20]을 두루부어 은수제銀匙箸 반간지[21]로 불근 졈點 한 졈을 먹으란야."

"안이 그것도 ᄂᆡ사 실소."

"그러면 무어슬 먹으랴는야. 시금 털ㄷ ᄀᆡ살구를 먹으란야."

"안이 그것도 ᄂᆡ사 실소."

"그러면 무어슬 먹으란야. 돗 자바 쥬랴. ᄀᆡ 자바 쥬랴. ᄂᆡ 몸통차 먹으랴는야."

"여보 도련임, ᄂᆡ가 사람 자바 먹는 것 보와소."

"예라, 요것 안 될 마리로다. 어화 둥ㄷ ᄂᆡ 사랑이지."

18 윗봉우리.

19 대모로 장식한 장도.

20 강원도 강릉에서 나는 꿀이 유명함. 백청은 흰 꿀.

21 반간자 숟가락. 간자 숟가락은 두껍고 고은 숟가락. 반간자는 조금 못한 것.

22. 여차장관如此壯觀

"이 익, 그만 닉리려무나. 빅사만사百事萬事가 다 품아시[1]가 잇난이라. 닉가 너을 어버슨이 너도 나를 어버야지."

"이고, 도련님은 기운이 셰여셔 나를 어버건이와 나는 기운이 업셔 못 업것소."

"업난 슈가 잇난이라. 나을 도두 어불나[2] 말고 발리 쌍의 자운ㄷㄷ 하기 뒤로 자진 듯하게[3] 업어다고."

도련님을 업고 툭 츄워 노니 딕종이 틀여구나.

"이고, 잡셩시러워라."

이리 흔들 져리 흔들,

"닉가 네 등의 업펴노니 마음이 어더한야. 나도 너을 업고 조흔 말을 하엿시니, 너도 날을 업고 조흔 말을 하여야졔."

"조흔 말을 하오리다. 드르시요.

부여리傅說[4]를 어분 듯

녀싱呂尙[5]이을 어분 듯

흉중딕략胸中大略 품어쓰니. 명만일국名滿一國 딕신大臣되야 주셕지신柱石之臣 보국輔國 충신忠臣 모도 셰아린이

사육신死六臣[6]을 어분 듯

싱육신生六臣[7]을 어분 듯

1 힘든 일을 서로 번갈아 도와주는 것.
2 돋우쳐 업으려.
3 발이 땅에 닿을까 말까 하게 뒤로 젖혀진 듯하게.
4 은나라 황제 무정武丁이 꿈에서 성인聖人을 보고 찾아낸 인물. 무정 황제를 도와 은나라를 중흥中興시켰음. 《사기》〈은본기殷本紀〉 참고.
5 강태공姜太公.
6 조선조 단종端宗의 복위를 꾀하다가 죽은 여섯 사람. 박팽년朴彭年·성삼문成三問·이개李塏·하위지河緯地·류성원柳誠源·유응부兪應孚.
7 세조世祖의 왕위 찬탈을 미워하여 절개를 지키고 벼슬을 하지 않은 여섯 사람. 김시습金時習·조려趙旅·남효온南孝溫·이맹전李孟專·성담수成聃壽·원호元昊.

일션싱日先生, 월션싱月先生, 고운션싱孤雲先生[8]을 어분 듯

졔봉霽峰[9]을 어분 듯

요동빅遼東伯[10]을 어분 듯

졍송강鄭松江[11]을 어분 듯

충무공忠武公[12]을 어분 듯

우암尤庵[13], 퇴계退溪[14], 사계沙溪[15], 명지明齋[16]를 어분 듯

닉 셔방書房 이제 닉 셔방 알들 간ᄃ 닉 셔방. 진사進士[17], 급제及第 딕臺 밧쳐[18] 직부주셔直赴注書[19], 할임학사翰林學士[20] 이러타시 된 연후然後, 부승지副承旨,

8 최치원崔致遠. 고운孤雲은 그의 자. 신라 말기의 학자. 당나라에 유학하여 그곳에서 과거에 합격하여 벼슬을 하다가 고국에 돌아왔으나 쓰이지 못했음.

9 고경명高敬命. 제봉霽峰은 그의 호. 임진왜란 때 전라도 장흥에서 의병을 일으킨 의병장義兵將. 금산錦山의 왜병을 공격하다 아들과 함께 전사함.

10 김응하金應河. 조선조 광해군 때 조선은 명明을 도와 만주(청淸)를 쳤는데 이때 출병하여 만주에서 싸우다 죽음. 명明나라에서 그에게 요동백遼東伯을 주었음.

11 정철鄭澈. 송강松江은 그의 호. 정치가로서 서인西人의 거물이었던 그는 시조와 가사를 많이 지어 국문학에 많은 기여를 했음.

12 이순신李舜臣의 시호諡號.

13 송시열宋時烈. 우암尤庵은 그의 호. 정치가로서 노론老論의 우두머리였으며 많은 저술이 있음.

14 이황李滉. 퇴계退溪에 살았으므로 이것으로 호를 삼았음. 유학자儒學者로 주자朱子의 학설을 받아들였으나 독자적 철학을 발전시킴. 한국 유학儒學의 최고봉.

15 김장생金長生. 사계沙溪는 그의 호. 조선 중기의 학자. 송시열宋時烈의 스승.

16 윤증尹拯. 명재明齋는 그의 호. 소론少論의 우두머리.

17 소과小科의 초장初場에 합격한 사람.

18 진사進士한 뒤에 급제한 것. 진사로 대臺를 바쳤다는 뜻.

19 급제한 뒤 다른 직책을 거치지 않고 바로 주서注書에 부임하는 것. 주서는 승정원承政院의 정7품 벼슬.

20 고려 시대의 직책이나 조선 시대에도 예문관藝文館을 한림원翰林院이라고 하여 예문관藝文館의 학사學士를 한림학사翰林學士라고도 했음.

좌승지左承旨, 도승지都承旨[21]로 당상堂上[22]하야 팔도八道 방빅方伯 지닌 후, 닉직內職으로 각신閣臣[23], 딕괴待敎[24], 복상卜相[25], 딕제학大提學[26], 딕사셩大司成[27], 판셔判書[28], 좌상左相, 우상右相, 영상領相,[29] 귀장각奎章閣[30] 하신 후의 닉 삼쳔內三千 외 팔빅外八百[31] 주셕지신柱石之臣, 닉 셔방 알들 간ᄃ 닉 셔방이졔."

ᄃ 손조 농집農汁 나게[32] 문질너ᄯᅳ나.

"춘향아, 우리 말노림이나 좀 하여 보자."

"ᄋᆞ고, 참 우수워라. 말노림이 무어시요."

말노림 만이 하여 본셩 부르게[33],

"쳔하天下 쉽지야. 너와 나와 버신 짐의 너은 온 방바닥을 기여 단여라. 나는 네 궁둥이여 ᄯᅡᆨ 붓터셔 네 허리를 잔ᄯᅳᆨ ᄡᅵ고 볼기짝을 닉 손바닥으로 탁 치면셔

21 조두순趙斗淳의 《대전회통大典會通》에 "승정원은 왕명의 들어오고 나감을 맡아본다. 여기에는 도승지·좌승지·우승지·좌부승지·우부승지·동부승지 각 한 명을 두는데 이들은 정3품이다(承政院 掌出納王命 都承旨·左承旨·右承旨·左副承旨·右副承旨 同副承旨 各一員 正三品)."

22 당상관堂上官. 정3품 이상의 벼슬을 이르는 말.

23 규장각奎章閣의 관원.

24 규장각의 정9품에서 정7품 사이의 벼슬.

25 새로 정승이 될 사람을 뽑는 일.

26 홍문관弘文館과 예문관藝文館의 정2품 관원.

27 성균관成均館의 우두머리. 정2품.

28 6조曹의 장관. 정2품.

29 조선조 최고 행정기관인 의정부議政府의 영의정領議政·좌의정左議政·우의정右議政. 모두 정1품.

30 정조 원년元年에 설치하여 역대 임금의 글과 글씨, 고명顧命 등과 영조의 초상화, 글, 글씨 등을 보관하던 곳.

31 조선 시대 서울에 있는 벼슬자리는 3000자리이고 지방은 800자리였음.

32 손수 짙은 즙이 나게.

33 하여본 것처럼.

'이리' 하거든 '호홍' 그려 퇴금질[34]노 물너시며 쒸여라. 알심[35] 잇게 쒸거드면 탈승 짜乘字 노릐가 잇난이라."

타고 노자 ㄷㄷ ㄷㄷ

헌원씨軒辕氏 십용간과習用干戈 능작듸무能作大霧 치우蚩尤 탁녹야琢鹿野의 사로잡고[36] 승젼고勝戰鼓을 울이면셔 지남거指南車[37]를 놉피 타고

하우씨夏禹氏 구연지수九年之水 다살릴 졔 육힝승거陸行乘車 놉피 타고[38]

젹송자赤松子[39] 구룸 타고

여동빈呂洞賓[40] 븩노白鷺 타고[41]

이젹션李論仙 고릐 타고[42]

밍호연孟浩然 나구 타고[43]

틱을션인太乙仙人 학鶴을 타고

34 퇴기는 짓. 힘을 모았다가 갑자기 탁 놓아 뻗치는 것.

35 속에 들어 있는 야무진 힘.

36 헌원씨軒轅氏는 중국 고대 오제五帝의 하나인 황제黃帝. 습용간과習用干戈는 군기軍器를 사용하는 연습을 하는 것. 능작대무能作大霧는 요술로 안개를 만드는 것. 치우蚩尤는 황제 때의 제후로 황제에게 대항하다가 탁록涿鹿 들판의 싸움에서 황제에게 패해 죽었다. 《사기》 〈오제본기五帝本紀〉에 "黃帝者 姓公孫 名曰軒轅……軒轅乃習用干戈……與蚩尤戰於涿鹿之野 逐禽殺蚩尤."

37 황제가 치우와 싸울 때 탁록의 들에서 탔던 수레. 수레의 앞에 지남철指南鐵을 놓았음.

38 우禹임금이 9년이나 계속된 홍수를 다스렸음. 육행승거陸行乘車는 우임금이 물에서는 수레를 탔다는 말로 나라일을 열심히 본 것을 이야기함. 《사기》 〈하본기夏本紀〉 참조.

39 중국 고대의 신선.

40 여암객呂巖客. 동빈은 그의 자. 당나라의 선인仙人.

41 여동빈이 동정호洞庭湖에서 놀았으므로 그가 백로를 탔다고 했음.

42 마존馬存의 시 〈연사정燕思亭〉에 "이백이 고래를 타고 하늘로 올라가니 강남의 풍월이 오랫동안 한가롭도다(李白騎鯨飛上天 江南風月閑多年)."

43 당나라 시인 소식蘇軾의 시 〈증사진하수재贈寫眞何秀才〉에 "그대는 또한 보지 못하였는가 눈 오는데 나귀를 탄 맹호연을, 눈썹을 찌푸리며 시를 읊는데 어깨는 산처럼 움직이도다(又不見雪中騎驢孟浩然 皺眉吟詩肩聳山)."

듸국쳔자大國天子[44] 쇠코리 타고

우리 젼하殿下는 연輦[45]을 타고

삼졍승三政丞은 평교자平橋子[46]을 타고

육판셔六判書는 초한軺軒[47] 타고

훌련듸장訓鍊大將[48]은 수릐 타고

각읍各邑 수守·령令은 독교獨轎[49] 타고

남원부사南原府使는 별연別輦[50]을 타고

일모장강日暮長江 어옹漁翁들은 일렵편주一葉扁舟 도ㄷ 타고

나는 탈 것 업셔신니

금야今夜 삼경三更 깁픈 밤의

춘향 빅[51]를 넌짓 타고

홋이불노 도슬 다라

닉 기겨器械[52]로 노櫓를 져어

오목셤[53]을 드러가되

순풍順風의 음양슈陰陽水를

실음 업시 건네갈 졔

말을 삼어 타량이면

44 옛날 사대주의事大主義에 의해 우리나라에서 중국의 제왕帝王을 가리킨 말.
45 임금이 타는 수레.
46 종1품 이상과 기로소耆老所의 당상관堂上官이 타는 가마. 앞뒤 각 2명씩 메게 돼 있음.
47 종2품 이상이 타는 수레. 바퀴가 달렸음.
48 훈련도감訓鍊都監의 대장大將. 종2품.
49 소 등에 가마를 싣고 가마 뒤채를 소 모는 사람이 잡고 가는 가마. 또는 말 한 마리가 끄는 수레.
50 임금이 타는 연輦과 다르게 만든 연.
51 배(舟)와 배(腹)는 동음이의어同音異意語.
52 남자의 성기性器를 상징한 말.
53 여자의 성기를 상징한 말.

거름거리 업슬손야
마부馬夫는 ᄂᆡ가 되야
네 구정[54*]얼 는지시 잡아
구졍 거림 반부ᄉᆡ[55]로
화장으로 거러라[56]
기총마騎驄馬 쒸듯 쒸여라.

온갓 작난作亂을 다 ᄒᆞ고 보니 이런 장관壯觀이 또 잇시랴. 이팔二八 ㄷㄷ 두리 맛나 밋친 마음 셰월 가는 줄 모르던가부더라.

54* 구종驅從. 벼슬아치를 모시고 따라다니는 하인, 또는 말을 타고 갈 때 고삐를 잡고 앞에서 끌거나 뒤에서 따르는 하인.

55 말이 조금 거칠게 닫는 것.

56 화장걸음. 뚜벅뚜벅 걷는 걸음.

23. 흥진비래興盡悲來

잇써 쓧박그 방자 나와,

"도련임, 사또계옵셔 부릅시오."

도련임 드러가니 사또 말삼하시되,

"여바라, 셔울셔 동부승지同副承旨 괴지敎旨[1]가 ᄂᆡ려왓다. 나는 문부사졍文簿查定[2]하고 갈 거시니, 너는 ᄂᆡ힝內行[3]을 ᄇᆡ힝陪行ᄒᆞ야 명일明日노 써나거라."

도련임 부교父敎 듯고, 일은 반갑고 일변은 춘향을 ᄉᆡᆼ각한이 흉중胸中이 답ㄷ하야 사지四支의 ᄆᆡᆨ脈이 풀이고 간장肝腸이 녹난 듯, 두 눈으로 더운 눈물이 펄ㄷ 소사 옥면玉面을 젹시거늘 사또 보시고,

"너 웨 우는니. ᄂᆡ가 남원을 일ᄉᆡᆼ一生 살 줄노 알아썬야. ᄂᆡ직內職으로 승차陞差[4]된이 셥ㄷ니 ᄉᆡᆼ각 말고 금일부텀 치힝등졀治行等節[5]을 급피 차려 명일 오젼午前으로 써나거라."

게우 ᄃᆡ답ᄒᆞ고 물너나와 ᄂᆡ하內衙의 들어가, 사람이 무론毋論 상· 즁· 하ㄷ고 모친게난 허무리 져근지라, 춘향의 마를 울며 쳥하다가 ᄭᅮ종만 실컷 듯고 춘향의 집을 나오난듸, 셔름은 기가 막키나 노상路上으셔 울 수 업셔 참고 나오난듸, 속의셔 두부장豆腐醬 썰틋 하난지라. 춘향 문젼門前 당도하니 통桶치, 건데기치, 보褓치 왈칵 쏘다져 노니,[6]

"업푸 ㄷㄷ 어허."

춘향이 깜짝 놀ᄂᆡ여 왈칵 뛰여 ᄂᆡ다라,

"ᄋᆡ고 이계 웬 일리요. 안으로 드러가시더니 ᄭᅮ종을 드르셧소, 노상路上의 오

1 4품 이상의 벼슬아치에게 주는 사령장辭令狀.
2 문서와 장부를 살펴서 정리함.
3 부녀자들의 여행.
4 승차陞差는 벼슬이 오르는 것. 승陞은 승진陞進, 차差는 일을 맡기는 것.
5 길 떠날 준비를 차리는 여러 가지 일.
6 설움을 몽땅 쏟아 놓은 것.

시다가 무삼 분忿함 당하겨소, 셔울셔 무슨 기별奇別[7]리 왓짜던니 즁복重服[8]을 입어겨소, 졈잔하신 도련임이 ㄷ거시 웬 이리요."

춘향이 도련임 목을 담숙 안고 초미 자락을 거더 잡고 옥안玉顏의 흐로난 눈물 이리 씃고 져리 씃시면셔,

"우지 마오 ㄷㄷ ㄷㄷ."

도련임 기가 막켜, 우룸이란 계 말이 난 사람이 잇시면 다 우던 거시엿다. 춘향 홰을 닋여,

"ㄷ보, 도련임. 아굴지[9] 보기 실소. 그만 울고 닋력來歷 말리나 ᄒᆞ오."

"사또계옵셔 동부승지同副承旨 하게시단다."

춘향이 조와하여,

"ᄃᆡᆨ宅의 경사慶事요. 그레셔, 그러면 웨 운단 마리요."

"너을 바리고 갈 터인니 닋 안이 답ㄷ한야."

"언졔는 남원 쌍으셔 평싱平生 사르실 줄노 알어겟소. 날과 엇지 함기 가기를 바ᄅᆡ리요. 도련임 먼져 올나가시면 나는 예셔 팔 것 팔고 추후追後에 올나갈 거시니 아무 걱졍 마르시요. 닋 말ᄃᆡ로 ᄒᆞ엿스면 군속窘塞[10]잔코 졸 거시요. 닋가 올나가드ᄅᆡ도 ㄷ련임 큰 ᄃᆡᆨ宅으로 가셔 살 수 업슬 거시니, 큰 ᄃᆡᆨ 각가이 조구만 한 집 방이나 두엇되면 족하오니 연탐廉探ᄒᆞ여 사 두소셔. 우리 권구眷口[11] 가더ᄅᆡ도 공空 밥 먹지 아니할 터이니, 그렁 져렁 지닋다가 도련임 날만 밋고 장가 안이 갈 수 잇소. 부귀富貴 영춍榮寵 지상가宰相家의 요조숙여窈窕淑女 가리여셔 혼정신셩昏定晨省[12]할지라도 아주 잇든 마옵소셔. 도련임 과거科擧하야 벼살 놉

7 승정원承政院에서 처리한 일을 아침마다 널리 알리던 일. 소식을 전한다는 의미로 쓰임.
8 대공大功 이상의 상복喪服. 대공은 9개월 동안 상복을 입는 것.
9 아가리.
10 군색.
11 한집에 사는 식구.
12 아침저녁으로 부모의 안부를 물어서 살핌. 혼정昏定은 저녁에 부모님 잠자리를 보아 드리는 것. 신성晨省은 아침에 부모님께서 밤새 편안한가 살핌.

파 외방外方[13] 가면 실ᄂᆡ新來[14] 마ᄃᆞ媽媽[15] 치힝治行할 제, 마ᄃᆞ로 ᄂᆡ세우면 무삼 마리 되오릿가. 그리 아라 조쳐措ᄒᆞ오

“그게 일를 말인야. 사정事情이 그리켜로 네 말을 사쏘게난 못 엿주고 ᄃᆡ부인大夫人 젼前 엿자오니, ᄉᆞ종이 ᄃᆡ단大端하시며 양반의 자식子息이 부형父兄싸라 하힝下鄕의 왓다 화방작쳡花房作妾[16]하야 다려간단 마리 젼 졍程으도 고이怪異하고 조졍朝廷으 드러 벼살도 못 한다던구나. 불가불不可不 이벼離別리 될 박그 수 업다.”

13 외직外職.

14 과거에 급제하여 처음으로 임소任所에 가는 사람.

15 높은 벼슬아치의 첩을 높여 부르는 말.

16 기생첩妓生妾. 화류방花柳房에서 첩을 봄.

24. 비가자탄悲歌自嘆

춘향이 ㄷ 말을 듯더니 고닥기[1] 발연勃然 변식變色[2]이 되며, 요두졀목搖頭轉目[3]으 불그락 푸르락 눈을 간잔조롬하게 쓰고[4], 눈셥이 쏙숏하여지면셔 코가 발심ㄷㄷᄒᆞ며, 이를 쏘도독 ㄷㄷㄷ 갈며, 온몸을 쑤순입[5] 틀덧하며, ᄆᆡ 쮱 ᄎᆡ난듯ᄒᆞ고 안던이,

"허ㄷ, 이게 웬 말이요."

왈칵 쒸여 달여들며 초ᄆᆡ 자락도 와드득 좌루욱 씨져 바리며 머리도 와드득 쥐여 쓰더 싹ㄷ 비벼 도련임 압푸다 던지면셔,

"무어시 엇져고 엇제요. 이것도 쓸듸 업다."

명경明鏡, 쳬경體鏡, 산호죽졀珊瑚竹節[6]을 두르 처 방문房門 박그 탕ㄷ 부듯치며 발도 동ㄷ 굴너 손벽 치고 도라안자 ㄷ탄가自嘆歌로 우난 마리,

셔방書房 업난 춘향이가
셰간사리 무엇하며
단장丹粧하여 뉘 눈의 괴일고
몹슬 연으 팔자八字[7]로다
이팔쳥춘二八青春 졀문 거시
이별 될 줄 엇지 알야
부질업신 이 ᄂᆡ 몸을 허망虛妄하신 말삼으로

1 고대. 지금 막, 바로의 뜻.
2 왈칵 성을 내며 얼굴색이 변함.
3 머리를 흔들고 눈을 굴림.
4 눈시울이 처지게 가늘게 눈을 뜨는 모양.
5 수숫잎.
6 산호로 만든 대나무 마디 모양의 비녀.
7 정해진 운명. 사람의 태어난 년年, 월月, 일日, 시時의 간지干支 여덟 글자를 말함.

전경前程 신셰 바려구나
ᄋᆡ고 ㄷㄷ ᄂᆡ 신셰야.

텬연天然이 도라 안져,

"여보 도련임, 인자 막 하신 말삼 참말이요 농弄말이요. 우리 두리 쳐음 만나 ᄇᆡᆨ연언약百年言約 ᄆᆡ질 적의 ᄃᆡ부인, 사또게옵셔 시기시던 일리온잇가. 빙자憑藉[8]가 웬 일이요. 광한누셔 잠간 보고 ᄂᆡ 집의 차져와계 침ㄷ沈沈[9] 무인無人 야삼경夜三更의 도련임은 져기 안고 춘향 나는 여기 안져 날다려 하신 말삼, 구망부려천망丘盟不如天盟이요 신망부려천망山盟不如天盟[10]이라고 젼연前年 오월 단오야五月端午夜의 ᄂᆡ 손질 부어잡고 우둥퉁ㄷ 박그 나와 당즁堂中의 웃뚝 셔ㄷ 경ㄷ耿耿이[11] 말근 하날 쳔 번이나 가르치며 만 번이나 ᄆᆡᆼ세盟誓키로 ᄂᆡ 정영丁寧미더던니, 말경末境의 가실 ᄯᆡ는 톡 ᄶᅦ여 바리시니 이팔청춘二八靑春 졀문 거시 낭군郞君 업시 엇지 살고. 침ㄷ沈沈 공방空房 추야장秋夜長[12]의 실음 상사相思 어이할고. ᄋᆡ고 ㄷㄷ ᄂᆡ 신셰야. 모지도 ㄷㄷㄷ, 도련임이 모지도다. 독毒하도다 ㄷㄷㄷㄷ, 셔울 양반[13] 독하도다. 원수로다 ㄷㄷㄷㄷㄷ, 존비귀천尊卑貴賤 원수로다. 쳔하의 다정多情한 게 부ㄷ정夫婦情 유별有別컨만 이럿텃 독한 양반이 셰상의 또 잇슬가. ᄋᆡ고 ㄷㄷ ᄂᆡ 이리야. 여보 도련임, 춘향 몸이 쳔賤타고 함부로 바려셔도 그만인 줄 아지마오. 쳡지박명妾之薄命[14] 춘향이가 식불감食不甘[15] 밥 못 먹고, 침

8 핑계를 대는 것. 말막음으로 내세우는 것.
9 쓸쓸한 모양.
10 미상未詳.
11 불빛이 반짝반짝하는 모양.
12 긴긴 가을밤에 님 없는 방에서 쓸쓸히 홀로 있어.
13 이 도령이 서울 사람이기 때문에 서울 양반이라고 했음.
14 첩의 기구한 운명.
15 식불감미食不甘味. 먹어도 단맛을 모름.

불안寢不安[16] 잠 못 자면 몃치리나 살 ᄯᅳᆺ하오. 상사相思로 병이 들러 ᄋᆡ통哀痛하다 죽거듸면, ᄋᆡ원哀怨한 ᄂᆡ 혼신魂神 원귀怨鬼가 될 거신이 존즁尊重하신 도련임이 근들 안이 ᄌᆡ양災殃이요 사람으 ᄃᆡ졉待接을 그리마오. 인물人物 거쳔擧薦[17] 하는 법이 그런 법 웨 잇슬고. 죽고지거 ㄷㄷㄷㄷ 잉고 ㄷㄷ 셔룬지거."

16 침불안석寢不安席. 잠을 자도 자리가 편치 않음.

17 어떤 일이나 사람에게 관계하기를 시작하는 것.

25. 장모발악丈母發惡

한참 이리 자진自盡[1]하야 셔리 울 제, 춘향 모는 물식物色[2]도 모르고,

"인고 져것들 쏘 사랑 쌈이 낫구나. 어, 참 안이꼽다. 눈 구셕 쌍雙 가릐톳[3] 셜일 만이 볼네."

하고 아모리 드러도 우룸이 장차 질구나. 하던 일을 밀쳐 노코 춘향 방 영창映窓 박그로 가만ㄷㄷ 드러가며 아무리 드러도 이별離別이로구나.

"허ㄷ, 이것 별일 낫다."

두 손벽 쌍ㄷ 마조 치며,

"허ㄷ, 동뉘洞內 사람 다 드러보오. ㄷ늘날노 우리 집의 사람 둘 죽심네."

어간 마루 셥젹 올나 영창 문을 쑤다리며 우루룩 달여드러 주먹으로 젼우면셔[4],

"이연 ㄷㄷ, 쎡 죽거라. 사러셔 쓸듸 업다. 너 죽은 신체尸體라도 져 양반이 지고 가게. 젼 양반 올나가면 뉘 간장肝腸을 녹일난야. 인연 ㄷㄷ, 말 듯거라. 닉 일상日常 이르기을, 후회後悔되기 쉽는이라 도ㄷ한 마음 먹지 말고 여렴閭閻 사람 가리여셔 형셰形勢 지체地處 네와 갓고 직주才操 인물人物리 모도 네와 갓한 봉황鳳凰의 짝을 어더 닉 압푸 노난 양樣을 닉 안목眼目으 보와쓰면 너도 좃코 나도 좃체. 마음이 도고하야[5] 남과 별노 다르더니 잘되고 잘되얏다."

두 손벽 쌍ㄷ 마조치면셔 도련임 아푸 달여드러,

"날과 말 좀 하여봅시다. 닉 쌀 춘향을 바리고 간다 하니 무삼 죄로 그러시요. 춘향이 도련임 모신 제 가준[6] 일 년一年 되야스되 힝실行實이 그르던가, 예절禮節리 그르던가, 침션針線이 그르던가, 언여言語가 불순不順턴가, 잡시런 힝실 가

1 스스로 잦아들어.
2 물건의 빛깔, 또는 사정事情.
3 쌍으로 선 가래톳.
4 겨누면서.
5 '도도하여'의 잘못.
6 거진.

져 노류장화路柳牆花 음난淫亂턴가[7], 무어시 그르던가. 이 봉변逢變이 웬 이린가. 군자君子 숙여淑女 바리난 법 칠거지악七去之惡[8] 안이며는 못 바리난 줄 모로난가. ᄂᆡ ᄯᆞᆯ 춘향 어린 거슬 밤나지로 사랑할 졔, 안고, 셔고, 눕고, 지며 ᄇᆡᆨ연삼만육쳔일百年三萬六千日으 ᄯᅥ나 사지 마자 ᄒᆞ고 주야장쳔晝夜長天 어루더니, 말경末境의 가슬 졔는 ᄯᅮᆨ ᄯᅦ여 바리시니, 양유쳔만산楊柳千萬絲[9]들 간는 춘풍春風 어이하며 낙화落花 낙엽落葉 되거드면 어느 나부가 다시 올가. ᄇᆡᆨ옥白玉 갓튼 ᄂᆡ ᄯᆞᆯ 춘향 화요신花容身[10]도 부득이不得已 세월歲月리 장차 늘거져 홍안紅顔이 ᄇᆡᆨ수白首되면 시호ㄷㄷ부ᄌᆡᄂᆡ時乎時乎不再來[11]라 다시 졈던 못 하난니, 무슨 죄가 진중珍重하야 허송ᄇᆡᆨ년虛送百年하올잇가. 도련임 가신 후의 ᄂᆡ ᄯᆞᆯ 춘향 임 기를 졔[12], 월정명月正明 야삼경夜三更의 쳡ㄷ수심疊疊愁心 어린 거시 가장家長 ᄉᆡᆼ각 졀노 나셔 초당젼草堂前 화계상花階上 담부 피여 입부다 물고 이리 져리 단이다가 불쏫갓탄 실음 상사相思 흉즁胸中으로 소사나 손드러 눈물 쓰고 후유 한숨 질게 쉬고 북편北偏을 가르치며 한양漢陽 게신 도련임도 날과 갓치 기루신지 무정無情하야 아조 잇고 일장편지一張片紙 안니 하신가. 진 한숨으 듯난[13] 눈물 옥안홍상玉顔紅裳 다 젹시고 제으 방으로 드러가셔 의복도 안이 벗고 외로운 베

7 기생이나 창부娼婦처럼 음란한가.

8 여자가 결혼 후 쫓겨날 수 있는 일곱 가지 악행. 《소학》에 "여자를 내쫓는 일곱 가지 이유가 있으니, 부모에게 불순한 것, 자식이 없는 것, 음란한 것, 투기가 있는 것, 나쁜 병이 있는 것, 말이 많은 것, 도둑질하는 것이다(婦有七去 不順父母去 無子去 淫去 妒去 有惡疾去 多言去 竊盜去)."

9 오리梧里 이원익李元翼의 시조 초장初章.

10 꽃다운 얼굴과 몸.

11 때는 두 번 다시 오지 않는다라는 뜻. 《사기》〈회음후열전淮陰侯列傳〉에 "대저 공이란 이루기는 어렵지만 망치기는 쉽고 때라는 것은 얻기는 어렵지만 잃기는 쉽다. 때여 때는 다시 오지 않는 것(夫功者難成而易敗 時者難得而易失也 時乎時不再來)."

12 그리워할 때.

13 떨어지는. 고어古語 '듯다'는 '떨어지다'라는 뜻.

ᄀᆡ 우의 벽壁만 안고 도라 누어 주야장탄晝夜長嘆 우난 거슨 병病 안니고 무어시요. 실음 상사相思 집피 든 병, ᄂᆡ 구치 못하고셔 원통이 죽거드면, 칠십당연七十當年 늘근 거시 ᄡᆞᆯ 일코 사외 일코 ᄐᆡᄇᆡᆨ산太白山 갈가무ᄀᆡ[14] 게발 무러다 던지다시 혈ᄃᆞ단신孑孑單身[15] 이 ᄂᆡ 몸이 뉘을 믯고 사잔 말고. 남 못 할 일 그리 마오. ᄋᆡ고 ᄃᆞᄃᆞ 셔룬지고. 못 하지요. 몃 사람 신셰身勢을 맛치랴고 안이 다려가오. 도련임, ᄃᆡ가리가 둘 돗쳣소. ᄋᆡ고 무셔라. 이 쇠ᄯᅳᆼᄃᆞ[16]아."

14 갈까마귀.
15 의지할 곳 없는 외로운 홀몸.
16 쇠로 뭉쳐서 만든 뭉텅이가 튼튼한 덩어리. 이 도령의 무심함을 비유한 말.

26. 천수만한千愁萬恨

왈칵 쒸여 달여드니, 이 말 만일萬一 사또게 드러가면 큰 야단惹端이 나것거던,

"여보소 장모丈母, 춘향만 다려갓스면 그만두건네."

"그레, 안이 다려가고 견데닐가."

"너머 것세우지 말고[1] 여기 안져 말 좀 듯소. 춘향을 다려간ᄃᆡ도 가ᄆᆡ駕馬, 쌍교雙橋[2], 말을 ᄐᆡ여 가자 하니 필경畢竟의 이 마리 날 거신직則 달이는 변통變通할 수 업고, ᄂᆡ 이 기氣가 ᄆᆡᆨ케난 즁의 쇠 한나를 ᄉᆡᆼ각하고 잇네만는 이 마리 입 박그 ᄂᆡ셔는 양반 망신亡身만 하난 계 안이라 우리 션조先祖 양반이 모도 망신를 할 마리로시."

"무슨 마리 그리 좟든[3] 마리 잇단 마린가."

"ᄂᆡ일來日 ᄂᆡ힝內行이 나오실 졔 ᄂᆡ힝 뒤의 사당祠堂이 나올 턴니 ᄇᆡ힝陪行은 ᄂᆡ가 하것네."

"글ᄒᆡ셔요."

"그만하면 알졔."

"나는 그 말 모로것소."

"신쥬神主는 모셔 ᄂᆡ여 ᄂᆡ 창옷[4] 소ᄆᆡ예다 모시고, 춘향은 요ㄷ腰輿[5]의다 ᄐᆡ와 갈 밧그 슈가 업네. 걱정 말고 염예念慮 말소."

1 빽빽하게 우기지 말고.

2 두 마리의 말이 각각 앞뒤에서 채를 메는 가마. 쌍가마, 쌍마교雙馬轎. 《대전회통大典會通》에 "관찰사 및 종2품 이상의 관원은 성 밖에서 쌍가마를 탄다. 또 승지를 지낸 사람은 수령이라도 탈 수 있고, 의주와 동래의 부윤府尹은 변신邊臣이지만 또한 탈 수 있다(觀察使及從二品以上官 城外則乘雙馬轎 曾經承旨者 雖守令許乘 義州東萊 則以邊臣 亦許乘)."

3 좌뜨는. 큰소리치며 옳은 것처럼 버티는.

4 소창옷. 관원官員이나 처사處士가 평상복으로 입던 웃옷. 두루마기와 같은데 소매가 좁고 무가 없음.

5 요여의 잘못. 혼백魂帛이나 신주神主를 모시는 작은 가마.

춘향이 그 말 듯고 도련임를 물그럼이 바ᄅᆡ던이,

"마소. 어만이, 도련임 너머 조르지 마소. 우리 모녀母女 평ᄉᆡᆼ신세平生身勢 도련임 장즁掌中의 ᄆᆡ여쓰니 알어하라 당부나 ᄒᆞ오. 이번는 아마도 이별離別할 박그 슈가 업네. 이왕已往의 이별리 될 바는 가시난 도련임을 웨 조르잇가만는, 우션于先 각갑하여 그러하졔. ᄂᆡ 팔자八字야. 어만이, 건는 방으로 가옵소셔."

"ᄂᆡ일來日은 이별리 될턴가보. ᄋᆡ고 ㄷㄷ ᄂᆡ 신세야. 이별을 엇지할고. 여보, 도련임."

"웨야."

"여보, 참으로 이별을 할터요."

촉불을 도ㄷ 키고 두리 셔로 마조 안져, 갈 이를 ᄉᆡᆼ각하고 보낼 이를 ᄉᆡᆼ각ᄒᆞ니, 졍신이 아득 한숨질 눈물제워 경ㄷ오열哽哽嗚咽[6]ᄒᆞ야 얼골도 ᄃᆡ여 보고 수족手足도 만져 보며,

"날 볼 날리 몃 밤이요. ᄋᆡ달나 ㄷ쑨[7] 수작酬酌 오날 밤이 망종亡終이니 ᄂᆡ의 셔룬 원졍原情[8] 드러보오. 연근육순年近六旬 ᄂᆡ의 모친 일가친쳑一家親戚 바이업고 다만 독여獨女 나 한나라. 도련임계 으탁依託ᄒᆞ야 영귀榮貴할가 바ᄅᆡ던니, 조무造物리 시기猜忌ᄒᆞ고 귀신鬼神이 작ᄒᆡ作害하야 이 지경地境이 되야고나. ᄋᆡ고 ㄷㄷ ᄂᆡ 이리야. 도련임 올나가면 나는 뉘을 밋고 사오릿가. 쳔수만한千愁萬恨 ᄂᆡ의 회포懷抱 주야晝夜 ᄉᆡᆼ각 어이하리. 이화梨花, 도화桃花 만발滿發할 제 수빈ᄒᆡᆼ낙水濱行樂[9] 어이ᄒᆞ며, 황국黃菊 단풍丹楓 느져 갈 졔 고졀승상孤節崇尙[10] 어이할고. 독숙공방獨宿空房 진ㄷ 밤의 젼ㄷ반칙輾轉反側 어이하리. 쉬난이 한숨이요, 쑤리난 눈물이라. 젹막강산寂寞江山 달 발근 밤의 두견셩杜鵑聲을 어이하리.

6 슬픔에 목이 막혀 껄떡이며 우는 모양.
7 나쁠 뿐. 양이 차지 않을 뿐.
8 억울한 사정을 호소함.
9 배꽃과 복숭아꽃이 만발한 때 물가에 놀러 감.
10 국화는 서리가 내린 뒤에도 꽃을 피우므로 절개를 상징함.

상풍고절霜風高潔 말이변里邊의 짝 찻난 져 홍안성鴻雁聲[11]을 뉘라셔 금하오며, 춘하추동 사시절四時節의 첩ㄷ疊疊이 싸인 경물景物, 보난 것도 수심愁心이요, 듯난 것도 수심이라."

11 바람은 하늘 높이 불고 서리는 깨끗한데 하늘 높은 곳에서 짝 찾는 기러기 울음소리.

27. 청아석별淸娥惜別

 익고ㄷㄷ 셜이 울 졔 이 도령 이른 마리,

“춘향아, 우지 마라. 보수소관쳡졔의夫戍蕭關妾在吳[1]라 소관蕭關의 부소夫戍들과 옷吳나르 졍부征婦[2]덜도 동셔東西 임 기루워셔[3] 귀즁심쳐閨中深處 늘거 잇고, 졍긱관산노기즁征客關山路幾重의 관산關山의 졍긱征客이며[4], 녹수부용綠水芙蓉[5] 치련여採蓮女[6]도 부ㄷ신졍夫婦新情 극즁極重타가 추월강산秋月江山 젹막寂寞한 듸 연을 키여 상사相思하니, 나 올나간 뒤라도 창젼窓前의 명월明月커든 쳘이상사千里相思 부듸 마라. 너을 두고 가는 늬가 일ㄷ평분一日平分 십이시十二時[7]을 닌들 어이 무심無心하랴. 우지 마라 ㄷㄷㄷㄷ.”

 춘향이 쏘 우는 마리,

“도련임 올나가면 힝화춘풍杏花春風 거리ㄷㄷ 취醉하난 계 장신주長時酒[8]요, 청누미쇡靑樓美色 집ㄷ마닥 보시나니 미쇡美色이요 쳐ㄷ處處의 풍악風樂 소릐 간 곳마닥 화월花月이라. 호싁好色ᄒᆞ신 도련임이 주야 호강 노르실 졔, 날 갓탄 하방쳔쳡花房賤妾[9]이야 손톱 만치나 싱각하올잇가. 익고 ㄷㄷ 늬 이리야.”

“춘향아, 우지 마라. 한양성 남북촌南北村의 옥여玉女 가인佳人 만컨만은 귀중

1 왕하王賀의 시詩에 “님은 소관에 수자리 살고 첩은 오에 있도다(夫戍蕭關妾在吳).” 소관은 감소甘肅 고원현固原縣 동남東南에 있는 관문.
2 싸움터에 나아간 군인의 아내.
3 그리워하여서.
4 왕발의 〈채련곡採蓮曲〉에 “서로 묻노니 한강 천 리 밖 관산에 계신 님은 머나먼 길이 얼마던고(共問寒江千里外 征客關山路幾重).” 관산關山은 변방의 수자리. 정객征客은 출전한 님.
5 왕발의 〈채련곡〉에 “연을 따가지고 돌아오니 푸른 물에 연꽃이 가득하도다(採蓮歸 綠水芙蓉衣).”
6 연밥 캐는 아가씨.
7 하루를 12지支에 의하여 12등분으로 나눈 것.
8 한없이 마시는 술.
9 화류계花柳界의 천한 첩妾. 화방花房은 혹은 먼 지방의 의미로 하방천첩遐方賤妾.

심쳐閨中深處 집픈 졍情 너 박그 업셔쓰니 닉 아무리 딕장분大丈夫들 일각一刻이나 이질소냐.”

셔로 피차彼此 기가 막켜 연ㄷ戀戀 이별 못 떠날지라. 도련임 모시고 갈 후빅사령後陪使令[10]이 나올 젹의 헐덕 ㄷㄷ 드러오며,

“도련임, 어셔 힝차行次 ᄒᆞ옵소셔. 안으셔 야단惹端 낫소. 사또계옵셔 도련임 어딕 가셔는야 하옵기여 소인小人이 엿잡기을, 노던 친고親故 작별차作別次로 문 박기 잠간 나가겨노라 하여싸오니 어셔 힝차하옵소셔.”

“말 다령待令하엿난야.”

“말 맛침 딕령하엿소.”

빅마욕거장시白馬欲去長撕하고, 쳥아셕별거니靑娥惜別牽衣[11]로다. 말은 가자고 네 굽을 치난듸 춘향은 마루 아릐 툭 떠러져 도련임 다리을 부여잡고,

“날 죽기고 가면 가지 살리고는 못 가고 못 가느니.”

말 못하고 기졀ᄒᆞ니 춘향 모 달여드러,

“상단香丹아, 참물 어셔 써오너라. 차(茶)을 다려 약藥가라ㄷ. 네 이 몹슬 연아, 늘근 어미 엇졀나고 몸을 이리 상傷하는야.”

춘향이 졍신精神 차려,

“ᄋᆡ고 각갑ᄒᆞ여라.”

춘향의 모 기가 막켜,

“여보, 도련임, 남우 싱쐬갓탄[12] 자식子息을 이 지경地境이 웬 이리요. 졀곡[13]한 우리 춘향 ᄋᆡ통哀痛하여 쥭거드면 혈ㄷ단신 이 닉 신셰 뉘를 밋고 사잔말고.”

도련임 어이업셔,

10 뒤에 모시고 따르는 사령.
11 옛날 노래의 한 구절. 장시長嘶는 긴 소리로 움. “백마白馬는 떠나자고 할 때 길이 울고 미인美人은 이별이 안타까워 옷을 잡아끌도다.”
12 생때같은. 아무 탈 없는.
13 결곡. 마음이 깨끗하고 곧은 것.

"이바 춘향아, 네가 이게 웬 이린야. 날을 영ㄷ永永 안 보란야. 한양낙일수운기河梁落日愁雲起[14]는 소통국蘇通國의 모자母子 이별離別,[15] 정긔관산노기즁征客關山路機重의 오히월여五姬越女[16] 부ㄷ夫婦 이별, 편삽수유소일인遍挿茱萸少一人[17]은 용산龍山[18]의 형졔兄弟 이별, 셔출양관무고인西出陽關無故人[19]은 위셩渭城의 붕우朋友 이별, 그런 이별만 하여도 소식消息 드를 쎄가 잇고 싱면相面할 나리 잇셔스니, ᄂᆡ가 이졔 올나가셔 장원壯元[20] 급졔及第 출신出身[21]하야 너를 다려갈 거시니 우지 말고 잘 잇거라. 우룸을 너머 울면 눈도 붓고 목도 쉬고 골머리도

14 "하수河水의 다리에 해가 지는데 쓸쓸한 구름은 일어난다." 하량河梁은 하수河水의 다리. 이 다리에서 이별을 많이 함. 이릉李陵의 시 〈여소무與蘇武〉에 "하수의 다리 위에서 이별하니 나그네는 날 저문데 어디로 가나(携手上河梁 游子暮何之)."

15 《한서漢書》 〈소무전蘇武傳〉 참고. 한漢나라 소무蘇武가 흉노에 있을 때 그곳에서 아들을 낳았는데 이 아들의 이름이 통국通國. 후에 소통국이 어머니를 이별하고 흉노에서 한나라로 왔음.

16 왕발의 〈채련곡〉에 "밤이 깊도록 연꽃을 캘 제……남쪽나라 여인들은 어이 그리 예쁘고(採蓮夜未歇……吳姬越女何手茸)."

17 왕유王維의 시 〈구월구일억산동형제九月九日憶山東兄弟〉에 "타향에 홀로 있으니 명절이 되면 가족 생각이 더욱 나도다. 형제들은 높은 곳에 올라 모두 수유를 머리에 꽂았으나 나 하나만이 꽂지 않은 것을 멀리서라도 알겠구나(獨在異鄕爲異客 每逢佳節倍思親 遙知兄弟登高處 徧挿茱萸少一人)." 수유茱萸는 나무 이름. 9월 9일 중양절重陽節에 높은 곳에 올라가 수유 열매를 머리에 꽂으면 마귀를 쫓을 수 있다고 믿음.

18 호북湖北 강릉현江陵縣에 있음. 맹가孟嘉의 9월 9일 용산고사龍山故事를 왕유의 〈구월구일억산동형제〉 내용과 혼용混用함. 《진서晋書》 〈맹가전孟嘉傳〉에 "맹가가 환온의 참군이 되었는데 환온이 매우 귀하게 여겼다. 9월 9일에 환온이 용산에서 잔치를 베풀었는데 보좌하는 사람들이 모두 모였다(爲征西桓溫參軍 溫甚重之 九月九日 溫燕龍山 寮佐畢集)."

19 왕유의 시 〈송원이사안서送元二使安西〉에 "위성의 아침비는 티끌을 적시는데 객사의 버들은 더욱 푸르도다. 그대에게 다시 한 잔 술을 권하노니 서쪽으로 양관을 나서면 아는 이 없으리라(渭城朝雨浥輕塵 客舍靑靑柳色新 勸君更進一杯酒 西出陽關無故人)." 위성渭城은 섬서陝西 장안현長安縣 서쪽에 있음. 양관陽關은 감숙甘肅 돈황현敦煌縣에 있음.

20 과거를 볼 때 갑과甲科에서 1등으로 급제하는 것.

21 벼슬길에 나아가는 것.

압픈이라. 돌기라도 망두셕望頭石[22]은 쳔말연千萬年이 지ᄂᆡ가도 광셕壙石될 줄 몰나 잇고, 남기라도 상사목相思木[23]은 창 박그 웃둑 셔ᄃᆞ 일연춘졀一年春節 다 지ᄂᆡ되 입이 필쥴 몰나 잇고, 병이라도 회심병毁心病[24]은 오ᄆᆡ불망寤寐不忘 죽나니라. 네가 나을 보랴거든 셜워 말고 잘 잇거라."

22 망주석望柱石은 무덤 앞에 세운 한 쌍의 돌기둥. 광석壙石은 무덤 속에 묻힌 지석誌石.

23 간보干寶의 〈수신기搜神記〉에 "송나라 강왕의 신하 한빙이 하씨를 처로 얻었는데 예뻤다. 강왕이 그 처를 뺏으니 한빙은 자살하고 그 처는 대에서 뛰어내려 죽었다. 동네 사람이 묻어 주었는데 무덤이 서로 보였다. 얼마 있다가 큰 가래나무가 두 무덤의 끝에서 나왔다. 원앙 한 쌍이 항상 각 나무에 있으며 서로 슬프게 울어 그 울음소리가 사람들을 감동시켰다. 송나라 사람들이 슬퍼하여 드디어 그 나무를 상사수想思樹라고 하였다(宋康王舍人韓憑 娶妻何氏美 康王奪之憑自殺 妻投臺而死 里人埋 之 冢相望也 宿昔有梓木 生於二冢之端 有鴛鴦各一 恒棲樹上 交頸悲鳴 音聲感人 宋人哀之 遂號其木曰 相思樹)."

24 마음을 상하는 병. 즉 상사병相思病.

28. 광풍편운狂風片雲

춘향이 할 길 업셔,

“여보 도련임, ᄂᆡ 손의 술리나 망종亡終 잡수시요. ᄒᆡᆼ찬行撰[1] 업시 가실진ᄃᆡ ᄂᆡ의 찬한饌盒 갈마다가[2] 숙소참宿所站 잘 자리에 날 본다시 잡수시오. 상단香丹아, 찬합饌盒 술병 ᄂᆡ 오너라.”

춘향이 일ᄇᆡ주一盃酒 가득 부어 눈물 셕거 드리면셔 하난 마리,

“한양셩 가시난 질으 강수江樹 쳥ㄷ靑靑 푸르거든 원함졍遠含情[3]을 ᄉᆡᆼ각ᄒᆞ고, 쳔시가졀天時佳節 ᄯᆡ가 되야 셰우細雨가 분ㄷ紛紛커든 노상ᄒᆡᆼ인욕단혼路上行人欲斷魂[4]이라. 마상馬上의 곤핍困乏하야 병이 날가 염어온니 방초芳草, 우초茂草[5] 져문 날의 일직 드러 지무시고, 아참 날 풍우상風雨牀[6]의 늣게야 ᄯᅥ나시며, 한ᄎᆡ쪽 쳘이마千里馬[7]의 모실 사람 업싸오니 부ᄃᆡ ㄷㄷ 쳔금귀체千金貴體 시사時仕[8] 안보安保ᄒᆞ옵소셔. 녹수진경도綠樹秦京道[9]의 평안平安이 ᄒᆡᆼ차行次하옵시고 일자엄신一字音信 듯사이다. 둉ㄷ種種 편지片紙나 하옵소셔.”

도련임 하난 마리,

1 길을 가다가 먹는 음식의 반찬.
2 갈무리하다, 잘 간수하다라는 뜻.
3 강가의 푸르른 나무들이 멀리 정을 머금었는데. 송지문의 시詩 〈별두심언〉 가운데 한 구절. →19.~(19).
4 두목杜牧의 시 〈청명淸明〉에 “청명 때 비는 어지럽게 오는데 길 가는 행인은 추심이 많도다. 빌어 묻노니 술집은 어디메뇨, 목동이 멀리 행화촌을 가리키도다(淸明時節雨紛紛 路上行人欲斷魂 借問酒家何處在 牧童遙指杏花村).”
5 무초의 잘못인 듯함. 무성한 풀. 혹은 우초雨初라 하나 뜻이 통하지 않음.
6 풍상風牀, 우상雨牀. 아침 일찍 떠나야 하는데 비바람이 쳐서 침상에서 늦게 일어나는 것.
7 하루에 천 리를 달리는 말.
8 현직現職에 있는 것.
9 송지문의 시 〈조발소주早發韶州〉에 “푸른 나무는 진나라 서울 가는 길에 있고, 푸른 구름은 낙수의 다리에 걸려 있도다. 고향 길이 눈에 삼삼한데 혼은 떠나 부를 수가 없구나(綠樹秦京道 靑雲洛水橋 故園長在目 魂去不須招).”

"소식 듯기 걱정마라. 요지瑤地[10]의 셔황모西王母도 주목왕周穆王을 만나랴고 일쌍一雙 청조靑鳥[11] 자ᄅᆡ自來하여 수쳘이數千里 먼ㄷ 길의 소식전송消息傳送ᄒᆞ여 잇고, 한무졔漢武帝[12] 즁낭장中郎將은 상임원上林苑 군부젼君父前의 일쳑금셔一尺錦書 보와시니 ᄇᆡᆨ안白雁[13], 청조靑鳥 업슬망졍 남원 인편人便 업슬소냐. 실어 말고 잘 잇거라."

말을 타고 하직ᄒᆞ니 춘향 기가 막켜 하는 마리,

"우리 도련임이 가네 ㄷㄷ ᄒᆞ여도 거진말노 알아던이, 말 타고 도라션이 차무로 가는구나."

춘향이가 마부馬夫 불너,

"마부야, ᄂᆡ가 문 박그 나셜 수가 업난턴니 말을 붓드러 잠간 지체遲滯하여셔라. 도련임게 한말삼만 엿줄난다."

춘향이 ᄂᆡ다라,

"여보 도련임, 인제 가시면 언제나 오시랴오. 사졀四節 소식消息 ᄭᅳᆫ어질 졀絶, 보ᄂᆡ난니 아조 영졀永絶, 녹죽綠竹 창송蒼松 ᄇᆡᆨ이伯夷 · 숙졔叔齊[14] 만고츙졀萬古

10 서왕모가 주목왕을 만나 요지에서 잔치를 하였음.

11 청조는 소식을 전하는 새. 이 이야기는 한무제의 이야기인데 여기서는 주목왕의 이야기로 착각했음. →7.~(3)

12 한무제 때 소무蘇武를 중랑장中郎將(한漢나라의 벼슬)의 벼슬을 주어 흉노匈奴로 사신을 보냈는데, 흉노에서는 그를 감금하고 19년이나 지난 뒤에야 소무가 돌아왔음. 소무는 흉노에 있으면서 비단에 쓴 편지를 기러기 발에 묶어서 보냈는데 마침 천자가 궁전인 상림원上林苑에서 이 기러기를 쏘아 그 소식을 알았음. 《한서漢書》〈소무전蘇武傳〉 참조. 일처금서一尺錦書는 기러기 발에 매단 비단 편지.

13 소무의 편지를 전한 기러기.

14 은나라 말기의 절개 있는 선비. 백이伯夷와 숙제叔齊는 고죽국孤竹國의 왕자였는데 왕위를 사양하고 서백西伯 창昌(무왕武王의 아버지. 문왕文王이라고 했음)에게 갔음. 서백이 죽자 그 아들이 스스로 무왕武王이라고 하고 주紂를 쳤는데 이때 백이와 숙제는 신하로서 임금을 치는 것은 부당하다고 하며 말림. 그러자 무왕의 신하는 이들을 죽이려 했는데 강태공姜太公이 백이와 숙제를 구해 줌. 그들은 주무왕이 주紂를 치는

忠節, 쳔산千山의 조비절鳥飛絶[15], 와병臥病의 인사절人事絶[16], 죽절竹節, 송절松節, 츈하츄동 사시절四時節, 끈어져 단절斷絶, 분절分節, 헤절毀節, 도련임은 날바리고 박절迫切리 가시니, 속절업난 ㄴ|의 정절貞節, 독숙공방獨宿空房 수절守節할 제 언으 씩에 파절破節할고. 첩妾의 원정寃情 실푼 고절苦節, 주야晝夜 싱각미절未絶할 제, 부듸 소식 돈절頓絶마오."

듸문 박그 썩꾸러져 셤ㄷ纖纖한 두 손길노 쌍을 꽝ㄷ 치며,

"이고 ㄷㄷ, ㄴ|의 신세야."

이고 일성一聲 흐난 소릐 하히산망풍소식黃埃散漫風蕭索[17]이요 졍기무광일식박旌旗無光日色薄이라. 업써지며 잡바질 제 셔운찬케 가량이면 몃날 몃칠 될 줄 모를네라. 도련임 타신 말은 준마가편駿馬加鞭 이 안인야. 도련임 낙누落淚하고 훗기약을 당부하고 말을 치쳐 가는 양樣은 광풍狂風의 편운片雲일네라.

춘향전春香傳 상종上終

것을 보고 무도無道한 주周나라의 곡식은 먹지 않겠다고 하며 수양산에 들어가 살았는데 고사리를 캐어 먹다가 굶어 죽음. 《사기》 〈백이열전伯夷列傳〉 참고.

15 유종원柳宗元의 시 〈강설江雪〉에 "모든 산에 새는 날지 않고 모든 길에 사람의 발자취는 끊겼는데, 의로운 배에 삿갓 쓴 늙은이 홀로 외롭게 눈 내린 강에서 낚시질 하누나(千山鳥飛絶 萬逕人縱滅 孤舟蓑笠翁 獨釣寒江雪)."

16 병들어 누우니 인사人事가 끊기도다. 송지문의 시 〈별두심언〉의 한 구. →19.~(19).

17 '황애산만풍소삭'의 잘못. 백거이의 〈장한가〉에 "누른 티끌은 흩어지며 바람은 쓸쓸한데 까마득한 잔교는 휘돌아 검각으로 오른다. 아미산 아래 행인은 드문데 깃발은 빛이 없고 햇빛은 엷도다(黃埃散漫風蕭索 雲棧縈紆登劍閣 蛾嵋山下少人行 旌旗無光日色薄)." 양귀비의 고사故事.

춘향전
하권

춘향전 하권이라

29. 독수공방獨宿空房

잇ᄯᆡ 춘향이 하릴업셔 자든 침방寢房으로 드러가셔,

"상단香丹아, 주렴珠簾 것고 안셕案席 밋ᄐᆡ 벼ᄀᆡ 놋코 문 다더라. 도련임을 ᄉᆡᆼ시生時난 만나보기 망연茫然ᄒᆞ니 잠이나 들면 ᄭᅮᆷ으 만나보자. 예로붓터 이르기를 ᄭᅮᆷ의 와 보이난 임은 신이信義 업다[1]고 일너건만 답ㄷ이 기를진ᄃᆡ[2] ᄭᅮᆷ 안이면 어이 보리. ᄭᅮᆷ아 ㄷㄷ 네 오너라. 수심愁心 쳡ㄷ疊疊 한恨니 되야 몽불셩夢不成의 어이하랴. ᄋᆡ고 ㄷㄷ ᄂᆡ 이리야. 인간人間 이별離別 만사즁萬事中의 독숙공방獨宿空房 어이하리. 상사불견想思不見 ᄂᆡ의 신정心情 게 뉘라셔 아러주리. 밋친 마음 이렁 져렁 헛터러진 근심 후리쳐 다 바리그 자나 누나 먹고 ᄭᆡ나 임 못 보와 가삼 답ㄷ, 어린 양기[3] 고은 소ᄅᆡ 귀의 징ㄷ琤琤 보고지거 ㄷㄷㄷㄷ, 임의 얼골 보고지거. 듯고지거 ㄷㄷㄷㄷ, 임의 소ᄅᆡ 듯고지거. 젼ᄉᆡᆼ前生의 무삼 원수로 우리 두리 ᄉᆡᆼ계나셔 기린[4] 상사想思 한ᄐᆡ 맛나 잇지마자 쳐음 ᄆᆡᆼ셰盟誓, 죽지 말고 한ᄐᆡ 잇셔 ᄇᆡᆨ연기약百年期約 ᄆᆡ진 ᄆᆡᆼ셰, 쳔금주옥千金珠玉 ᄭᅮᆷ 박기요 셰사일관世事一款 ㄷ게關係ᄒᆞ랴. 근원根源 흘너 물이 되고 집고 ㄷㄷ 다시 집고, 사랑 뫼와 뫼〔山〕가 되야 놉고 ㄷㄷ 다시 놉파 ᄭᅳᆫ어질 줄 모로거던 무어질 줄[5] 어이 알이. 귀신鬼神이 작ᄒᆡ作害ᄒᆞ고 조물造物리 시기猜忌로다. 일조一朝 낭군郎君 이별ᄒᆞ니 언느 날의 만나보리. 쳔수만한千愁萬恨 가득ᄒᆞ야 슷ㄷ치 늑기워라. 옥안玉

1 명옥明玉의 시조에 "ᄭᅮᆷ에 뵈ᄂᆞᆫ 님이 신의信義업다 ᄒᆞ건마는, 탐탐貪貪이 그리울 제 ᄭᅮᆷ 아니면 어이 보리, 져 님아 ᄭᅮᆷ이라 말고 ᄌᆞ로ᄌᆞ로 뵈시쇼."

2 그리워 할진대.

3 양기는 양자樣子인 듯함. 즉 눈에 어리는 모습.

4 그리는.

5 무너질 줄.

顔[6] 운빈雲鬢[7] 공노空老한이 일월日月리 무졍無情이라. 오동추야梧桐秋夜[8] 달 발근 밤은 어이 그리 더듸 ᄉᆡ며, 녹음방초綠陰芳草 빗긴 고ᄃᆡ ᄒᆡ는 어이 더듸 간고. 이 상사想思 알으시면 임도 날을 기루련만 독숙공방獨宿空房 홀노 누어 다만 한숨 버시 되고 구곡간장九曲肝腸[9] 구비 썩어 소사나니 눈물리라. 눈물 뫼와 바ᄃᆡ 되고 한숨지여 청풍淸風되면 일엽주一葉舟 무어[10] 타고 한양낭군漢陽郞君 차지련만 어이 그리 못 보난고. 우수憂愁 명월明月 달 발근 ᄶᅵ 셜심도군爇心竈君[11] 늑기오니 소연昭然한 쑴이로다. 현야월懸夜月[12] 두우셩杜宇聲[13]은 임 계신 곳 빗치런만 심즁心中으 안진 수심愁心 나 혼자쁜이로다. 야ᄉᆡᆨ夜色 창망滄茫[14]한ᄃᆡ 경ㄷ耿耿이 빗치난 게 창외窓外의 형화螢火로다. 밤은 집퍼 삼경三更인ᄃᆡ 안자쓴들 임이 올가, 누워슨들 잠이 오랴. 임도 잠도 안이 온다. 이 이를 어이하리. 아ᄆᆡ도 원수로다. 흥진비ᄅᆡ興盡悲來[15] 고진감ᄂᆡ苦盡甘來[16] 예로부텀 잇건만은, 지달임도 젹지 안코 기룬 졔도 오ᄅᆡ건만 일촌간장一寸肝腸 구부ㄷㄷ[17] 미친 한恨을 임 안이면 뉘라 풀고. 명쳔明天은 하감下鑑ᄒᆞ사 수이 보게 ᄒᆞ옵소셔. 미진인

6 아름다운 얼굴.
7 여자의 탐스러운 귀밑머리를 함박동이 같은 구름에 비유한 것.
8 오동나무 잎이 떨어지는 가을 밤.
9 굽이굽이 사무친 마음속.
10 배를 만들어.
11 심향心香을 태우면서 사명司命 조군竈君께 비는 것. 허진군許眞君의 《옥갑기玉匣記》에 "모년 모일에 신의있는 제자 모모는 감히 심향을 태우며 사명 조군께 고하나이다〔維某年某日 信士弟子某某 敢爇心香 昭告於司命 竈君之神〕."
12 높이 걸린 달.
13 두견새의 울음소리.
14 아득한 모양.
15 왕발王勃의 〈등왕각서滕王閣序〉에 "흥겨움이 다 지나가면 슬픔이 오는 것이니 차고 비는 것이 모두 정해져 있다는 것을 알았다〔興盡悲來 識盈虛之有數〕."
16 괴로움이 다 지나가면 기쁨이 온다는 뜻.
17 굽이굽이.

경未盡人情 다시 만나 빅바白髮리 다 진盡토록 이별 업시 살고지거. 뭇노라 녹수청산綠水靑山 우리 임 초최憔悴[18] 힝식行色 의연俄然이 닐별후一別後의 소식조차 돈졀頓絶ᄒᆞ다. 인비목셕人非木石 안일진ᄃᆡ 임도 응당應當 늣기이라. ᄋᆡ고 ᄃᆞᄃᆞᆫ 신세야."

앙천자탄仰天自嘆으 셰월歲月을 보ᄂᆡ는듸, 잇ᄯᅢ 도련임은 올나갈 졔 숙소宿所마닥 잠 못 일워 보고지거 ᄂᆡ의 사랑, 보고지거 주야불망晝夜不忘 우리 사랑, 날 보ᄂᆡ고 기룬 마음 속키 만나 푸르리라. 일구월심日久月深 굿게 먹고 등과登科 외방巍榜[19] 바ᄅᆡ더라.

18 얼굴이 초라함. 굴평屈平의 〈어부사漁父辭〉에 "굴원이 죄없이 버림을 받고 깊은 강가에 할 일 없이 놀 때, 연못가를 거닐며 슬픈 노래를 읊조리네. 얼굴은 시름으로 해쓱해지고 초라한 모습은 바싹 말랐네(屈原旣放 游於江潭 行吟澤畔 顔色樵悴 形容枯槁)."

19 괴방魁榜. 과거 갑과甲科에 첫째로 급제하는 것.

30. 신관위의新官威儀

잇ᄃᆡ 수삭數朔만의 신관新官 사ᄯᅩ 낫시되, 자학골[1] 변학도卞學道라 하는 양반이 오난ᄃᆡ, 문필文筆도 유여有餘ᄒᆞ고, 인물풍ᄎᆡ人物風采 활달豁達ᄒᆞ고[2], 풍유風流 속의 달통達通ᄒᆞ야 외입外入 속이 넝넉ᄒᆞ되, 한갓 흠險이 셩졍性情 괴ᄑᆡᆨ乖愎한 즁의 삿징邪症[3]을 겸하야 혹시或時 실덕失德도 ᄒᆞ고 외결誤決[4]ᄒᆞ난 이리 간다間多[5] 고故로 셰상의 안는 사람은 다 고집불통固執不通이라 하것다. 신연新延[6] 하인下人 션신現身[7]할 졔,

"사령등使令等 션신이요."

"이방吏房[8] 이요."

"감상監床[9] 이요."

"수ᄇᆡ首陪[10]요."

"이방 불르라."

"이방이요."

"그ᄉᆡ 너의 골의 이리나 업는야."

"예, 아직 무고無故ᄒᆞᆸᄂᆡ다."

"너 골 괄노官奴가 삼남三南의 졔일이라졔."

1 자하紫霞골. 서울 자하문紫霞門 밖의 동리 이름.
2 도량度量이 넓은 모양.
3 멀쩡하다가 때때로 미친 듯이 행동하는 것.
4 정사政事를 그릇 결단하는 것.
5 사이사이 많은 까닭에.
6 도道나 군郡의 장교將校나 이속吏屬이 새로 임명된 감사監司·수守·령令을 나아가 맞이하는 것.
7 하인下人이 상전上典에게 처음으로 뵈는 것.
8 이전吏典에 관한 사무를 맡아보던 지방 관아 육방六房의 하나.
9 귀한 사람에게 바치는 음식상을 감사監査하는 구실아치.
10 벼슬아치가 행차할 때 뒤를 따르는 후배後陪 사령使令의 우두머리.

"예, 부림직 하옵ᄂᆡ다."

"ᄯᅩ 네 골의 춘향春香리란 계집이 ᄆᆡ우 ᄉᆡᆨ色[11]이라지."

"예."

"잘 잇야."

"무고하옵ᄂᆡ다."

"남원이 예셔 몃 인里고."

"육ᄇᆡᆨ삼십 이六百三十里로소이다."

마음이 밧분지라,

"급피 치ᄒᆡᆼ治行하라."

신연 하인 물너ᄂᆞ와,

"우리 골으 일이 낫다."

잇ᄯᆡ 신관新官 사ᄯᅩ 출ᄒᆡᆼ出行 날을 급피 바다 도임ᄎᆞ到任次로 ᄂᆞ려올 제, 위의威儀도 장壯할시고. 구룸갓튼 벌연別輦[12], 독교獨轎[13], 좌우左右 청장靑杖[14] 썩 벌이고, 좌우편 부축[15] 급창及唱[16] 물ᄉᆡᆨ物色 진한 모수 철육天翼[17], ᄇᆡᆨ주젼ᄃᆡ白手戰帶[18] 고[19]를 느려 엇비시기 눌너ᄆᆡ고, ᄃᆡ모관자玳瑁貫子[20] 통령統營 가슬[21] 이ᄆᆡ 눌

11 미색美色. 아름다움.

12 제왕帝王이 타는 성聲과 다르게 만든 수레.

13 종2품 이하의 관원이 타는 수레. 독마교獨馬轎.

14 사령이 갖고 다니는 의장儀仗의 일종.

15 곁부축의 줄인 말. 부액扶掖.

16 군아郡衙에 딸린 노복. 속되게 '급장이'라고 함.

17 모시로 만든 철릭. 절릭(天翼)은 허리에 주름을 잡고 큰 소매가 있는 공복公服의 일종.

18 흰 모시로 만든 전대戰帶. 전대는 군복에 매던 띠.

19 옷고름이나 노끈 등을 잡아 멜 때 풀리지 않도록 한 가닥을 조금 빼어 고리처럼 맨 것.

20 대모玳瑁로 만든 관자貫子. 대모는 거북의 껍데기. 관자는 망건이 흘러내리지 않게 망건줄을 조여서 줄을 꿰는 고리.

21 갓 중에는 통영에서 나는 갓이 제일 유명함. 통영은 경상남도 충무의 옛 이름.

너 수겨 쓰고, 청장 줄 검쳐 잡고,

"에라, 둘너 셧다[22] 나이거라[23]."

혼금閽禁[24]이 지엄至嚴ᄒᆞ고 좌우 구졍驅從[25] 진졍마[26]의 뒤치치비[27] 심 써라. 퇴인通引 한 쌍雙 칙策[28] 졀입戰笠[29]의 힝ᄎᆡᄇᆡ힝行次陪行 뒤를 쌀코, 수ᄇᆡ首陪, 감상監床, 공방工房[30]이며 신연新延 이방 가션[31]하다. 뇌지奴子 한 쌍雙, 사령使令 ᄒᆞᆫ 쌍, 익산日傘 보죵步從[32] 젼ᄇᆡ前陪[33]하야 ᄃᆡ로변大路邊으 갈ᄂᆞ 셔고, ᄇᆡᆨ방수주白方水紬[34] 익산 복판腹辦 남수주藍水紬[35] 션線을 둘너 주셕朱錫 고리 얼는 ㄷㄷ 호기豪氣 잇게 ᄂᆡ려올 졔, 젼후前後의 혼금 소ᄅᆡ 쳥산靑山이 상응相應하고 권마셩勸馬聲[36] 놉픈 소ᄅᆡ ᄇᆡᆨ운白雲이 담ㄷ澹澹[37]이라.

22 물렀거라. 물러나 있거라.
23 나가 있거라.
24 임금이나 관官 또는 지방 장관이 밖에 나갈 때 주위를 경비하는 것. 관청에서 잡인雜人의 출입을 금지하는 것.
25 구종의 잘못.
26 긴 경마. 의식에 쓰는 말의 왼쪽에 달린 긴 고삐.
27 뒤채잡이. 가마의 뒤채를 잡은 사람.
28 채찍의 잘못.
29 군인이 쓰던 벙거지. 갓벙거지 또는 전립氈笠.
30 공전工典에 관한 사무를 맡아 보던 지방 관아 육방의 하나.
31 쌍꺼풀진 눈시울의 주름진 금. 구실아치들의 위엄 있는 풍채를 말함.
32 일산日傘을 들고 걸어서 따라오는 종. 일산은 자루가 긴 양산으로 감사나 유수 또는 수령이 부임할 때 받음. 흰 바탕에 남빛 선을 둘렀음.
33 상전의 앞에서 모시는 것.
34 백방사白方絲로 짠 수화주水禾紬. 흰색의 질 좋은 비단.
35 남빛 물을 들인 수화주水禾紬.
36 임금이 말이나 가교駕轎를 탔을 때, 또는 봉명고관奉命高官이나 수守, 령令 또는 그 부인이 쌍교를 탔을 때 위세를 더하기 위해 도중에서 가는 목청을 길게 빼서 부르는 소리. 임금이 탔을 때는 사업司僕들이 부르고 다른 때는 역졸驛卒이 부름.
37 맑고 맑아.

젼주全州의 득달得達하야 경기젼慶其殿[38] 긱사客舍[39] 연명延命[40]하고, 영문營門의 잠간 단여 조분목[41] 썩 닉다라 만마관萬馬關[42] 노구바우[43] 너머 임실任實[44] 얼든 지닉여, 오수獒樹[45] 들러 중화中火[46]하고 직일도임卽日到任할식, 오리졍五里亭[47]으로 드러갈 제, 쳔총千總[48]이 영솔領率하고 육방六房[49] 하인下人 쳥노도淸路道[50]로 드러올 제, 청도淸道[51] 한 쌍雙, 홍문기紅門旗[52] 한 쌍, 주작朱雀[53] 남동각南

38 전주의 남문 근처에 있는 건물. 조선 태조太祖의 초상화를 모셔 놓았음.
39 각 지방 관아에 왕명을 받고 오르내리는 벼슬아치들이 묵던 집. 여기에 궐패闕牌를 모셔 놓음.
40 감사나 수령 등이 부임할 때 궐패 앞에서 왕명王命을 전파하던 의식. 궐패는 객사 안에 있는 '궐闕' 자를 새긴 나무 패.
41 전주 남쪽 5리쯤에 있는 지명. 좁은 산山목장.
42 전주와 임실任實 사이에 있는 큰 고개.
43 노구암爐口巖. 만마관과 임실 사이에 있는 지명.
44 전라좌도全羅左道에 속한 현縣. 전주와 남원 사이에 있음.
45 임실과 남원 사이에 있는 지명. 김개인金盖仁이란 사람이 술에 취해 길에서 자는데 들불이 일어났는데, 이때 데리고 다니던 개가 개울에 가서 몸에 물을 묻혀와 김개인 근처의 풀을 적셔 주인을 살리고 개는 기진하여 죽었음. 김개인이 개를 장사 지내주고 지팡이를 꽂아 놓았는데 이 지팡이가 큰 나무가 되었음. 그래서 이 마을 이름을 오수獒樹라고 함. 《보한집補閑集》 참고.
46 길을 가다가 도중에서 먹는 점심.
47 남원 동북쪽 5리에 있는 역정驛亭. 송객정送客亭이라고도 함.
48 영문營門의 장교將校.
49 승정원承政院과 각 지방 관아에 두었던 이방吏房·호방戶房·예방禮房·병방兵房·형방刑房·공방工房을 육방이라고 함.
50 깨끗이 청소한 길.
51 임금이나 대관大官의 행차 때 도로의 청소를 감독하는 것. 여기서는 청도기淸道旗의 준말. 청도기는 행군할 때 선두에 세우는 깃발. 청도淸道 두 자를 썼음.
52 깃발의 이름.
53 주작기朱雀旗. 주작을 그려 넣은 깃발. 주작은 남쪽을 지키는 신령.

東角 남셔각南西角, 홍초紅綃 남문藍紋[54] 한 쌍, 청용靑龍[55] 동남각東南角 셔남각西南角 남초藍綃[56] 한 쌍, 현무玄武[57] 북동각北東角 북셔각北西角 흑초黑綃[58] 홍문紅紋 한 쌍, 동사騰蛇[59] 순씨巡視[60] 한 쌍, 영기令旗[61] 한 쌍, 집사執事[62] 한 쌍, 기픿관旗牌官[63] 한 쌍, 굴노軍奴 열두 쌍, 좌우가 요란擾亂하다. 힝군行軍[64] 취틱吹打[65] 풍악風樂 소릭 셩동城東의 진동震動하고, 삼인육각三絃六角[66] 권마셩勸馬聲은 원근遠近의 낭자狼藉한다.

광할누廣寒樓의 보젼鋪陳하야 긱복改服하고 긱사客舍[67]의 연명차延命次로 나메藍輿[68] 타고 드러갈시, 빅셩百姓 소시所視 엄숙嚴肅하게 보이랴고 눈을 벼랑別樣 궁

54 붉은 비단에 남빛 무늬. 주작기朱雀旗의 색.
55 청룡기靑龍旗. 청룡을 그려 넣은 깃발. 청룡은 동쪽을 지키는 신령.

56 남빛 비단. 청룡기는 푸른 바탕에 흑색 무늬로 돼 있음.
57 현무기玄武旗. 현무를 그려 넣은 깃발. 현무는 북쪽을 지키는 신령.
58 흑색 비단에 붉은색 무늬. 현무기는 흑색 바탕에 가장자리는 흰색으로 돼 있음.
59 등사기騰蛇旗. 황색 바탕에 나는 뱀을 그려 넣은 깃발. 진영陣營의 한가운데 세우는 깃발.
60 순시기巡視旗. 대장이 군중軍中을 순시할 때 세우던 깃발로 '순시巡視' 두자를 깃폭에 썼음.
61 깃폭에 '령令'자를 쓴 군령軍令을 전하던 깃발.
62 지방 관아에서 군무軍務에 종사하던 장교將校의 하나.
63 장교의 하나.
64 군대의 행진.
65 각角과 라螺를 불고 북을 치는 군악軍樂.
66 삼인은 삼현의 잘못. 삼현三玄은 거문고·가야금·향비파鄕琵琶. 육각六角은 북·장고·해금·피리·태평소 한 쌍을 합쳐서 말함.
67 남원의 객사는 용성관龍城館 조선 숙종 때 지은 200간의 건물. 6·25때 불타 없어졌음.
68 앉는 자리가 의자와 비슷하고 뚜껑이 없는 작은 가마.

글ㄷㄷ. 긱사客舍의 연명하고 동헌東軒[69]의 좌기坐起ᄒᆞ고 도임상到任床[70]을 잡순 후,

"힝슈行首[71] 문안問安이요."

힝슈行首 군관軍官 집예執禮[72] 밧고, 육방六房 관속官屬 션신現身 밧고, 사또 분부하되,

"수로首奴 불너 기싱妓生 졈고點考[73]하라."

69 지방 관아에 있어서 감사·병사·수사水使·수守·령令 들이 공사公事를 처리하는 대청마루.

70 지방관地方官이 도임할 때 잘 차려서 대접하던 음식상.

71 항수行首가 변한 말. 항오行伍의 우두머리.

72 예식을 주장하는 사람.

73 명부에 일일이 점을 찍어가며 사람 수를 낱낱이 조사하는 것.

31. 기생점고妓生點考

호장戶長[1]이 분부 듯고 기싱안칙妓生案冊[2] 드려 놋코 호명呼名을 차례次例로 부르난듸, 낫ㄷ치 글귀句로 부르든 거시엿다.

"우후雨後 동산東山 명월明月이."

명월이가 드러을 오난듸, 나군羅裙 자락을 거듬 ㄷㄷ 거더다가 셰료흉당細腰胸膛[3]의 딱 붓치고 아장 ㄷㄷ 들러을 오더니, 졈고 맛고,

"나오."

"어쥬축수이산춘漁舟逐水愛山春[4]의 양편 난만爛漫 고은 춘식春色이 ㄷ 안인야. 도홍桃紅이."

도홍이가 드러를 오난듸, 홍상紅裳 자락을 거더 안고 아장 ㄷㄷ 조촘 거러 드러을 오더니, 졈고 맛고,

"나오."

"단산丹山[5]의 져 봉鳳이 짜을 일코 벽오동碧梧桐의 깃듸린니 산수지영山水之靈이요, 비충지졍飛蟲之精이라.[6] 기불탁속飢不琢粟[7] 구든 졀긔節槪 만수문젼萬壽門前[8] 칙봉彩鳳이."

칙봉이가 드러오난듸, 나운羅裙을 두른 허리 밉시 잇게 거더 안고 연보蓮步[9]를

1 고을 아전의 우두머리.
2 기생의 명부名簿.
3 버드나무와 같이 가는 허리, 가슴 한복판.
4 왕유王維의 〈도원행桃源行〉에 "고기잡이 배는 물을 따라 봄의 산을 사랑하고 강 언덕의 복숭아꽃은 나루를 끼고 있도다(漁舟逐水愛山春 兩岸桃花夾去津)."
5 단혈산丹穴山. 봉鳳이 사는 산.
6 산수山水의 신령함이요, 날벌레의 정기라.
7 이백李白의 시詩에 "봉황은 굶어도 좁쌀은 쪼아 먹지 않고 다만 먹는 것은 낭간뿐이다(鳳餓不啄粟 所食惟琅玕)." 낭간琅玕은 옥玉같이 생긴 돌멩이.
8 출전 미상.
9 여인의 아름다운 걸음걸이. →8.~(15).

졍正이 옴겨 아장 거러 드러와 졈고 맛고, 좌부左符 진퇴進退[10]로,

"나오."

"청졍지연淸淨之蓮[11] 부기졀不改節의 뭇노라 져 연화蓮花, 어여쁘고 고흔 티도態度 화중군자花中君子[12] 연심蓮心이."

연심이가 드러오난듸, ᄂᆞ상羅裳을 거더 안고 나말羅襪[13], 수혜繡鞋[14] 끌면서 아장 거러 가만 ㄷㄷ 드러오더니, 좌부 진퇴로, "나오."

"화씨和氏[15]갓치 발근 달 벽히碧海의 드럿난니 형산빅옥荊山白玉 명옥明玉이."

명옥이가 드러오난듸, 기하상綺霞裳[16] 고흔 티도 이힝履行[17]이 진즁珍重한듸, 아장 거러 가만 ㄷㄷ 드러을 오더니, 졈고 맛고 좌부 진퇴로,

"나오."

"운담풍경근오쳔雲淡風輕近午天[18]의 양유편금楊柳片金의 잉ㄷ鶯鶯이."

잉ㄷ이가 드러오난듸, 홍상紅裳 자락을 에후리쳐 셰류흉당細柳胸膛의 딱 붓치고 아장 거러 가만 ㄷㄷ 드러오더니, 졈고 맛고 좌부 진퇴로,

"나오."

10 손을 앞으로 모으고 뒷걸음질 쳐서 왼쪽으로 물러나는 것.

11 맑고 깨끗한 연.

12 주돈이周敦頤의 〈애련설愛蓮說〉에 "나는, 국화는 꽃 가운데 은둔자요, 모란은 부귀자요, 연은 군자라고 생각한다(予謂菊花之隱逸者 牧丹花之富貴者 蓮花之君子者也)."

13 비단 버선.

14 수단繡緞으로 울을 댄 신발.

15 화씨和氏의 옥玉과 같이 밝은 달. 초楚나라 사람인 변화卞和가 좋은 옥을 얻었는데 이 옥을 임금에게 바쳤으나 돌이라고 하여 한쪽 다리가 잘리는 형벌을 받음. 다음 임금이 즉위하자 또 바쳤으나 또 돌이라고 하여 나머지 다리도 잘림. 후에 문왕文王이 즉위하자 비로소 이 옥의 가치를 알고 이를 다듬어 보물로 삼았음. 《한비자韓非子》 참조.

16 저녁 노을빛 치마와 같이 아름다운 모양.

17 행동이 신중한데.

18 정호程顥의 시 〈춘일우성春日偶成〉에 "구름은 엷고 바람은 가벼워 때는 오시에 가까운데 꽃 찾아 버들 따라 앞 내를 건너도다(雲淡風輕近午天 訪花隨柳過前川)."

사또 분부하되,

“자쥬 부르라.”

“예.”

호장戶長이 분부 듯고 넉 자[19] 화도[20]로 부르난듸,

“광한전廣寒殿 놉푼 집의 현도獻桃[21]하던 고흔 션비仙妃[22] 반기 보니 계힝桂香이.”

“예, 등ᄃᆡ等待하여소.”

“송하松下의 져 동자童子야, 뭇노라 션싱先生 소식消息 수쳡청산數疊靑山의 운심雲深이.”[23]

“예, 등ᄃᆡ하여소.”

“월궁月宮의 놉피 올나 게화桂花을 썩거 ᄋᆡ져리愛折이.”[24]

“예, 등ᄃᆡ하와소.”

“차문주가하쳐지借問酒家何處在오 목동요지牧童遙指 힝화杏化.”[25]

“예, 등ᄃᆡ하와소.”

“ᄋᆡ미산월발윤추蛾眉山月半輪秋 영입평강影入平羌의 강션江仙이.”[26]

19 네 글자.

20 화두話頭의 잘못인 듯함. 노래 부를 때 먼저 문자文字를 쓰는 것을 ‘화도調’라고 함.

21 복숭아(蟠桃)를 드리던.

22 션비의 잘못. 광한전廣寒殿은 달에 있는 궁전이니 월궁月宮의 선녀仙女를 가리킴. 계향桂香은 달나라에 계수桂樹나무가 있다는 말과 상응相應.

23 가도賈島의 시 〈방도자불우訪道者不遇〉에 “소나무 밑에서 동자에게 물으니 동자는 말하기를 선생은 약초 캐러 산으로 가서 다만 산중에는 있으나 구름이 깊어 어디 있는지 모르겠노라(松下問童子 言師採藥去 只在此山中 雲深不知處).”

24 달 속에 계수나무가 있다는 전설이 있음.

25 두목杜牧의 시 〈청명淸明〉의 한 구절. “빌어 묻노니 주가酒家가 어디메 있나뇨. 목동이 멀리 행화촌을 가리키도다.” →28.~(4).

26 이백李白의 〈아미산월가峨眉山月歌〉에 “아미산 달은 반륜만 뵈는 가을에 그 그림자는 평강의 강물에 흐르는구나(峨眉山月半輪秋 影入平羌江水). 반륜半輪은 아미산이 높기 때문에 달이 전체가 보이지 않고 반만 보인다는 뜻. 평강平羌은 지명.

"예, 등ᄃᆡ하엿소."

"오동梧桐 복판 거문고 타고 나니 탄금彈琴이."

"예, 등ᄃᆡ하와소."

"팔월八月 부용芙蓉 군자君子 용容[27]은 만당추수滿塘秋水 홍연紅蓮이."

"예, 등ᄃᆡ하엿소."

"주홍당사朱紅唐絲[28] 가진 ᄆᆡ답 차고 나니 금낭錦囊이."

"예, 등ᄃᆡ하와소."

사ᄯᅩ 분부하되,

"한숨의 열 두셔넛씩 부르라."

호장이 분부 듯고 자조 부르난듸,

"양ᄃᆡ션陽臺仙, 월중션月中仙, 화중션花中仙이."

"예, 등ᄃᆡ하와소."

"금션錦仙이, 금옥錦玉이, 금연錦蓮이."

"예, 등ᄃᆡ하엿소."

"농옥弄玉이, 난옥蘭玉이, 홍옥紅玉이."

"예, 등ᄃᆡ하엿소."

"바람 마진 낙춘落春이."

"예, 등ᄃᆡ 드러을 가오."

낙춘이가 드러을 오난듸 졔가 잔득 ᄆᆡᆸ시 잇게 드러오난 체하고 드러오난듸, 시면素面[29]한단 말은 듯고 이마ᄡᅡᆨ의셔 시작ᄒᆞ야 귀 뒤ᄭᅡ지 파 ᄌᆡ치고, 분셩젹紛成赤[30]

27 얼굴은.

28 주홍색의 당팔사唐八絲.

29 얼굴을 아름답게 하는 것.

30 얼굴 화장을 하는데 연지 같은 것을 많이 쓰지 않고 분으로 담박하게 꾸미는 것.

한단 말은 드러던가 ᄀᆡ분[31] 셩三 양 일곱 돈엇치을 무지금[32]하고 사다가, 셩城 갓트[33] 회칠灰漆하듯 반죽하야 온 낫스다 ᄆᆡᆨ질[34]하고 드러오난듸, 키난 사그ᄂᆡ沙斤乃[35] 장승長丞만 헌 연이 초ᄆᆡ 자락을 훨신 추워다 틱 밋트 싹 붓치고 무논의[36] 곤이[37] 거름으로 찔눅 쩡중ㄷㄷ 엉금셥젹 드러오더니 졈고 맛고,

"나오."

31 개분. 좋지 않은 분을 뜻함.

32 값을 묻지 않고, 비싼 값에.

33 겉에.

34 매흙질. 벽 거죽에 마지막으로 곱고 부드러운 흙을 바르는 것.

35 경기도 과천果川에서 수원水原으로 가는 도중에 있는 시내. 사근내 장승 만하다는 말은 키가 크다는 뜻.

36 물이 있는 논.

37 고니. 백조.

32. 육방소동六房騷動

연ㄷ娟娟[1]이 고은 기싱 그즁의 만컨만는, 사또계옵셔난 근본 춘향의 말을 놉피 드러는지라 아무리 드르시되 춘향 일홈 업난지라 사또 수로首奴 불너 뭇난 말리,

“기싱 점고點考 다 되야도 춘향은 안 부르니 퇴기退妓야.”

수로首奴 엿자오되,

“춘향 모는 기싱이되 춘향은 기싱이 안입니다.”

사또 문왈問曰,

“춘향이가 기싱이 안니면 엇지 귀즁閨中의 잇난 아히 일홈이 놉피 난다[2].”

수로 엿자오되,

“근본 기싱의 쌀리옵고 덕식德色이 장壯한 고故로 권문세족權門世族 양반네와 일등지사一等才士 할양閑良[3]들과 닉려오신 등닉等內[4]마닥 귀경求景코자 간쳥懇請하되, 춘향 모여母女 불쳥不聽키로 양반 상하上下 물논勿論하고 익닉지간額內之間[5] 소인등小人等도 십연十年 일득딕면一得對面ᄒᆞ되 언어수작言語酬酌 업삽더니, 텬졍天定하신 연분緣分인지 구관舊官 사또 자졔子弟 이 도련임과 빅연기약百年期約 밋싸읍고 도련임 가실 썩의 입장후入壯後[6]의 다려 가마 당부ᄒᆞ고 춘향이도 그리 알고 수절守ᄒᆞ여 잇삽닉다.”

사또 분忿을 닉여,

“이놈, 무식無識한 상놈인들 그게 엇더한 양반이라고 엄부시하嚴父侍下요, 미장젼未丈前 도련임이 하방花房의 작쳡作妾ᄒᆞ야 사자할고. 이놈, 다시는 그런 말을 입 박그 닉어셔난 죄을 면치 못하리라. 이무 닉가 져 한나를 보랴다가 못 보

1 아름다운 모양.
2 났느냐.
3 벼슬을 하지 못한 호반虎班. 여기서는 돈 잘 쓰고 놀기를 좋아하는 사람을 말함.
4 벼슬아치가 그 벼슬에 있는 동안.
5 한집안 사람. 같은 부류에 속하는 사람.
6 장원壯元한 뒤에.

고 그져 말아[7]. 잔말 ㄷ고 불너오라."

춘향을 부르란 쳥영廳令[8]이 나는듸 이방吏房 호장戶長이 엿자오되,

"춘향이가 기싱도 안일뿐 안이오라 구등舊等[9] 사또 자졔子弟 도련임과 밍약盟約이 즁重ᄒᆞ온듸 연치年齒난 부동不同이나 동반同班[10]의 분의分義로 부르라기 사또 졍치政體[11]가 손상損傷할가 져어ᄒᆞ옵ᄂᆡ다."

사또 ᄃᆡ로大怒하야,

"만일萬一 춘향을 시각지체時刻遲滯하다가는 공형公兄[12] 이하以下로 각쳥두목各廳頭目을 일병一勒 ᄐᆡ가汰去[13]할 거시니 쌜이 ᄃᆡ령待令 못 시길가."

육방六房이 소동騷動, 각쳥 두목이 넉실 일러,

"김 번수金番手[14]야, 이 번수李番手야, 일런 별別 이리 쏘 잇난야. 불상不祥하다 춘향 졍절貞節 가련可憐커 되기 쉽다. 사또 분부 지엄至嚴ᄒᆞ니 어셔 가자, 밧비 가자."

사령使令 괄노官奴 뒤셕겨셔 춘향 문젼門前 당도하니, 잇ᄯᅴ 춘향이난 사령이 오난지 굴노가 오난지 모르고 주야로 도련임만 ᄉᆡᆼ각ᄒᆞ야 우난듸, 망칙罔測한 환患을 당하랴거던 소ᄅᆡ가 화평和平할 수 잇시며 한 ᄯᅥ라도 공방空房사리 할 게집아히라 목셩으 쳥셩이 ᄶᅵ여[15] 자연自然 실푼 ᄋᆡ원셩哀怨聲이 되냐, 보고 듯난 사람의 심장心腸인들 안이 상傷할소냐. 임 길워[16] 셔룬 마음 식불감食不甘 밥 못 먹어

7 그저 그만두라.
8 관청의 명령.
9 구舊 등내等內, 전前 등내等內. 등等은 등내等內의 줄임말.
10 동등同等한 양반.
11 지방관으로서 행정行政하는 사람의 체모.
12 삼공형三公兄의 준말. 각 고을의 호장·이방·수형리의 세 관속.
13 죄나 잘못으로 인하여 벼슬에서 물러나는 것.
14 김씨 성을 가진 번수. 번수番手는 번갈아 가며 호위하는 사람.
15 청승이 끼어.
16 그리워.

침불안셕寢不安席 잠 못 자고 도련임 싱각 젹상積傷[17]되야 피골皮骨[18]리 모도 다 상연相連이라. 양기陽氣가 쇠진衰盡ᄒᆞ야 진양조盡陽調[19]란 우룸이 되야,

"갈까부다, ㄷㄷㄷㄷ 임을 따라 갈까부다. 쳘이千里라도 갈까부다, 말이萬里라도 갈까부다. 풍우風雨도 쉬여 넘고 날찐[20], 수진水陳[21], ᄒᆡ동창海東靑[22], 보릭미[23]도 쉬여 넘난 고봉졍상高峰頂上 동셜영洞仙嶺[24] 고ᄀᆡ라도 임이 와 날 차지면 나는 발 버셔 손의 들고 나는 아니 쉬여 가졔. 한양漢陽 계신 우리 낭군郎君 날과 갓치 기루 난가[25]. 무졍無睛하야 아조 잇고 ᄂᆡ의 사랑 옴계다가 다른 임을 고이 난가."

한참 이리 셜이 울 졔, 사령등使令等이 춘향의 ᄋᆡ원셩을 듯고 인비목셕人非木石 아니녀던 감심感心 아니 될 수 잇냐. 육쳔六千마듸 사ᄃᆡ삭시니[26] 낙수洛水[27] 춘빙春氷 어름 녹듯 탁 풀이여,

"ᄃᆡ쳬 이 아니 참 불상하냐. 이 ᄋᆡ 외입外入한[28] 자식子息더리 져른 계집을 추왕推仰[29] 못ᄒᆞ면은 사람이 아니로다."

17 걱정이 쌓여 마음이 아픔.
18 몹시 여위어서 뼈와 가죽이 맞붙은 것 같음.
19 창악唱樂의 장단 중 하나. 가장 느린 박자로 애연조哀然調가 깃들어 있고 서정적임.
20 날찐. 길들이지 않은 야생의 매.
21 수지니. 길들인 매나 새매.
22 매. 《이명기異名記》에 "등주 해안에 매 같은 새가 있는데 고려로부터 날아와 해안을 건넌다. 그 이름을 해동청이라고 한다(登州海岸有鳥如鶻自高麗 飛度海岸 名海東靑)."
23 어미를 떠난 지 얼마 안 된 새끼를 잡아 길들여 사냥에 사용하는 매.
24 황주黃州의 남쪽 20리에 있는 동선관洞仙關.
25 그리워하는가.
26 사대四大삭신. 사대육신四大肉身의 모든 삭신. 사대육신은 팔, 다리, 머리, 몸뚱이의 온몸. 삭신은 몸의 근육과 골절.
27 낙수落水 또는 낙동강洛東江의 물.
28 이 아이(춘향이) 외입한.
29 높이 받들어서 연모戀慕함.

33. 일편단심一片丹心

잇ᄯᆡ예 ᄌᆡ촉 사령 ᄂᆞ오면서,

"오너냐."[1]

웨난 소ᄅᆡ에 춘향이 ᄶᅡᆷ짝 놀ᄂᆡ여 문틈으로 ᄂᆡ다 보니 사령, 굴노 나와구나.

"아차ㄷ, 이젓네. 오나리 기 삼일졈고三日點考[2]라 하더니 무삼 야단惹端이 난나부다."

밀창문 열달이며,

"허ㄷ, 번수番手임네 이리오소 ㄷㄷㄷㄷ. 오시기 ᄯᅳᆺ박기네. 이번 신연新延길의 노독路毒이나 안이 나며, 사ᄯᅩ 졍쳬政體 엇더하며, 구관舊官 ᄃᆡᆨ宅의 가 겨시며, 도련임 편지 한 장도 안이 하던가. ᄂᆡ가 젼일前日은 양반을 모시기로 이목耳目이 번거煩遽ᄒᆞ고 도련임 졍쳬 유달나셔 모르난 쳬하엿썬만 마음조차 업슬손가. 드러가ᄉᆡ ㄷㄷㄷㄷ."

김 번수金番手며 이 번수李番手며 여러 번수 손을 잡고 제 방의 안친 후에 상단香丹이 불너,

"주반상酒盤床 드려라."

취토록 메긴 후의 궤문櫃門 열고 돈 단〔五〕 양을 ᄂᆡ여노며,

"열어 번수임네, 가시다가 수리나 잡수ᄉᆢ 가옵셔. 뒨 말 업게 하여 주소."

사령등使令等이 약주藥酒를 취하야 하는 마리,

"돈이란이 당치 안타. 우리가 돈 바ᄅᆡ고 네게 왓냐"

하며,

"듸려 노와라."

"김 번수야, 네가 차라[3]."

1 이리오너라. 대문 밖에서 부르는 소리.

2 '기'는 '그'. 삼일점고三日點考는 신관新官이 도임한지 3일째에 점고하는 일.

3 엽전 꿰미를 옆구리에 차는 것.

"불가不可타마는 입 수數나 다 오른야[4]."

돈 바다 차고 흐늘ㄷㄷ 드러갈 제, 힝수 기ᄉᆡᆼ이 나온다. 힝수 기ᄉᆡᆼ이 나오며 두 손쌕 쌍ㄷ 마조 치면셔,

"여바라 춘향아, 말 듯거라. 너만한 정졀貞節은 나도 잇고 너만한 수졀守節은 나도 잇다. 네라는 정졀이 웨 잇스며 네라는 수졀이 웨 잇난야. 정졀부인貞節夫人 ᄋᆡ기씨, 수졀부인守節夫人 ᄋᆡ기씨, 조고만한 너 한나로 망연하야[5] 육방六房이 손동騷動, 각청두목各廳頭目이 다 죽어난다. 어셔 가자, 밧비 가자."

춘향이 할 수 업셔 수졀하던 그 ᄐᆡ도態度로 ᄃᆡ문大門 밧 썩 나셔며,

"셩兄님 ㄷㄷ 힝수行首 셩임, 사람의 괄셰恝視을 그리 마소. 게라는 ᄃᆡㄷ代代 힝수며 ᄂᆡ라야 ᄃᆡㄷ 춘향인가. 인ᄉᆡᆼ일사도무사人生一死都無事[6]지 한 번 죽제 두 번 죽나."

이리 빗틀 져리 빗틀 동헌東軒의 드러가,

"춘향이 ᄃᆡ령待令하엿소."

사또 보시고 ᄃᆡ히大喜하야,

"춘향일시 분명分明하다. ᄃᆡ상臺上으로 오르거라."

춘향이 상방上房[7]으 올나가 엄실단좌斂膝端坐 ᄲᅮᆫ이로다. 사또이 ᄃᆡ혹大惑하야,

"ᄎᆡᆨ방冊房의 가 회게會計[8] 나리임[9]을 오시ᄅᆡ라."

회게會計 ᄉᆡᆼ원生員[10]이 드러오던 거시엿다. 사또 ᄃᆡ히大喜하야,

4 닢 수가 다 옳으냐. 엽전 닢 수가 닷 냥이 맞느냐.
5 문맥으로 보아 ~때문에의 의미인 것 같음.
6 사람이 한 번 죽으면 아무 일이 없게 되겠지.
7 관아에 어른이 있는 방.
8 회계會計를 맡은 사람.
9 하인이 당하관堂下官을 높여서 부르는 말. 일반적으로 지체 낮은 사람이 지체 높은 사람을 부르는 말.
10 소과小科의 종장終場에 합격한 사람. 일반적으로 나이 많은 선비의 성姓 밑에 붙여서 쓰기도 함.

"자ᄂᆡ 보게. 져게 춘향일세."

"ᄒᆞ, 그년 ᄆᆡ우 에쁜듸. 잘 싱겻소. 사ᄯᅩ게셔 ㄷ울 계실 ᄯᆡ부텀 춘향 ㄷㄷ ᄒᆞ시더니 한 번 귀경할 만하오."

사ᄯᅩ 우스며,

"자ᄂᆡ 즁신[11]하겐나."

이윽키 안자던이,

"사ᄯᅩ이 당초當初의 츈향을 불르시지 말고 ᄆᆡ파媒婆을 보ᄂᆡ여 보시난 게 올른 거슬, 이리 좀 경輕이 되야소마는 이무 불너쓰니 아ᄆᆡ도 혼사婚事할박기 수가 업소."

사ᄯᅩ ᄃᆡ히하며 춘향다러 분부하되,

"오날부텀 몸단장丹粧 정淨이 ᄒᆞ고 수청守廳으로 거힝擧行하라."

"사ᄯᅩ 분부 황송惶悚하나. 일부종사一夫從事[12] 바ᄅᆡ온이 분부 시힝施行 못하겄소."

11 중신. 중매.

12 한 남편만을 섬김.

34. 첩신수천妾身雖賤

사또 우어[1] 왈曰,

"미징ㄷㄷ美哉美哉라, 게집이로다. 네가 진정眞正 열여烈女로다. 네 정절貞節 구든 마음 엇지 그리 에어쁜야. 당연한 말이로다. 그러ᄂ 이 수징李秀才[2]는 경셩京城 사ᄃ부士大夫의 자제로셔 명문귀족 사우가 되야쓰니, 일시一時 사랑으로 잠간 노류장화路柳牆花하던 너를 일분一分 싱각하건넌야. 너는 근본 절힝節行 잇셔 젼수일절全守一節[3]하여싸가 홍안紅顔이 낙조落照되고[4] 빅발白髮이 난수亂垂하면 무정세월양유파無情歲月若流波[5]를 탄식할 제 불상코 가련한 게 너 안이면 뉘가 기랴. 네 아무리 수졀守節한들 열여포양烈女褒揚 뉘가 하랴. 그는 다 바려 두고 네 골 관장官長의게 믹이미 올으냐 동자童子 놈으게 믹인게 올은야. 네가 말을 좀 하여라."

춘향이 엿자오되,

"츙불ᄊ이군忠不事二君이요, 열불경이부졀烈不更二夫節을 본밧고자 하옵난듸 수차數次 분부 이러한이 싱불여사生不如死이옵고 열불경이부烈不更二夫온이 쳐분處分ᄃ로 하옵소셔."

잇ᄯ 회게會計 나리가 썩 하는 말이,

"네 여바라. 어, 그연 요망한 연이로고. 부의일싱소쳔하蜉蝣一生小天下[6]으 일식一色이라. 네 여려 번 ᄉ양辭讓할 게 무어신야. 사도使道게옵셔 너를 추왕推仰하여 하시난 말삼이졔 너갓튼 챵기비娼妓輩게 수절이 무어시며 정절이 무어신다. 구관舊官은 젼송餞送하고 신관新官 사또 연졉延接하미 법경法典으 당연하고 사례事例으도 당ㄷ堂堂커든 고히怪異한 말 ᄂ지 말아. 너의 갓턴 쳔기비賤妓輩게

1 웃어.
2 이 도령을 말함. 수재秀才는 과거에 급제한 사람 또는 미혼 남자를 부르는 말.
3 오로지 한 절개를 지키다가.
4 아리따운 얼굴이 늙어지고.
5 무정한 세월이 흐르는 물결과 같음.
6 하루살이의 일생이 좁은 천지에. 춘향의 아름다움이란 것도 별로 대단하지 않다는 말.

츙열이ᄌᆞ忠烈二字 웨 잇시리.”

잇ᄯᅵ 춘향이 하 기가 막켜 쳔연天然이 안자 엿ᄌᆞ오되,

“츙효열여忠孝烈女 상하上下 잇소. 자상仔詳이 듯조시요. 기싱으로 말합시다. 충효열여忠孝烈女 업다ᄒᆞ니 낫ᄃᆞ치 알외리다. ᄒᆡ셔海西[7] 기싱 농션弄仙[8]이는 동셜영洞仙嶺으 죽어 잇고, 셔천宣川[9] 기싱 아히로되 칠거七去 학문學問 들어 잇고, 진쥬晋州 기싱 논ᄀᆡ論介[10]는 우리나라 충열忠烈노셔 충열문忠烈門[11]의 모셔 놋코 쳔추千秋 힝사享祀 하여 잇고, 쳥쥬淸州 기싱 화월花月[12]리난 삼칭각三層閣의 올나 잇고, 평양平壤 기싱 월션月仙[13]이도 충열문[14]의 드러 잇고, 안동安東 기싱 일지홍一枝紅[15]은 싱열여문生烈女門[16] 지은 후의 정경貞敬[17] 가자加資[18] 잇싸온니 기싱 ᄒᆡ폐害弊 마옵소셔.”

7 황해도黃海道.

8 미상未詳. 기생 농선.

9 선천宣川은 평안도平安道의 군명郡名. 아히는 동기童妓. 칠거七去는 칠거지악七去之惡을 말함이니 칠거학문七去學問은 여자의 행실을 닦는 것을 말함. 이의준李義準의 《계서잡록속록溪西雜錄續錄》에 보면, 남원南原에 살던 노적盧積이 어려서 집이 가난하여 선천宣川에서 고을 원을 하던 당숙을 찾아갔다가 선천에서 동기童妓를 만나 도움을 받은 이야기가 있음. 여기서 말하는 셔천은 이 이야기를 말하는 것 같음.

10 임진왜란 때에 진주 촉석루 밑에서 왜장을 끌어안고 남강에 빠져 죽었음.

11 논개의 충절을 기리기 위해 촉석루 옆에 세운 논개의 사당인 의기사義妓祠.

12 미상. 기생 화월.

13 계월향桂月香의 고사故事인 듯함. 계월향桂月香은 임진왜란 때 평양의 기생. 평양이 왜군의 손 안에 있을 때 왜장倭將 소서비小西飛는 용맹스러워 조선군이 대적치 못하였는데, 이때 계월향桂月香은 김경서金景瑞 장군과 짜고 왜장倭將을 죽였음. 김경서金景瑞가 왜장의 머리를 허리에 차고 평양성을 탈출하다가 계월향을 데리고 갈 수 없어서 계월향을 죽이고 혼자서 탈출함.

14 의열사義烈祠를 이른 듯함.

15 미상. 기생 일지홍.

16 살아 있을 때 세운 열녀문.

17 정경부인貞敬夫人. 정1품, 종1품의 벼슬을 가진 사람의 부인.

18 정3품 통정대부通政大夫 이상의 품계品階를 올리는 일.

춘향 다시 사ᄯᅩ 젼의 엿자오되,

"당초의 이 수ᄌᆡ李秀才 만날 ᄯᅢ의 ᄐᆡ산泰山 셔ᄒᆡ西海 구든 마음[19] 소쳡小妾의 일심졍졀一心貞節 ᄆᆡᆼ분孟賁[20]갓턴 용ᄆᆡᆼ勇猛인들 ᄲᅢ여ᄂᆡ지 못할 터요, 소진蘇秦[21] · 장의張儀[22] · 구변口辯인들 쳡妾의 마음 옴계가지 못할 터요, 공명션ᄉᆡᆼ孔明先生[23] 놉푼 ᄌᆡ조才操 동남풍東南風[24]은 비러씨되 일편단심一片丹心 소여小女 마음 굴복지 못하리다. 기산箕山[25]의 허유許由[26]난 불족수요거쳔不足受堯擧薦[27]ᄒᆞ고, 셔산西山[28]의 ᄇᆡᆨ伯 · 숙叔[29] 양인兩人은 불식쥬속不食周粟[30]하여쓴이 만일 허유 업셔쓰면 고도지산高蹈之士[31]뉘가 하며, 만일 ᄇᆡᆨ이伯夷 · 숙제叔齊 업셔쓰면 난신적

19 태산같이 높고 서해같이 깊은 마음.

20 제齊나라의 장사. 《제왕세기帝王世紀》에 "진나라의 무왕은 장사를 좋아하여 제나라 맹분의 무리가 모두 왔다. 맹분은 살아 있는 소의 뿔을 뽑을 수 있었다(秦武王好力士 齊孟賁之徒往歸焉 孟賁能生拔牛角)."

21 전국 시대의 종횡가縱橫家. 그는 뛰어난 언변으로 당시 진秦나라를 두려워 하는 여섯 나라를 같이 묶어 진나라에 대항하는 합종合從의 계책을 꾸미고 자신이 장長이 되었음. 《사기》 〈소진열전蘇秦列傳〉 참조.

22 전국 시대의 종횡가. 소진과 더불어 언변으로 유명함. 그는 당시의 여섯 나라를 묶어 진나라를 섬기게 한 연횡連衡의 계책을 썼음. 《사기》 〈장의열전張儀列傳〉 참조.

23 제갈공명諸葛孔明. 중국 삼국 시대 촉蜀나라의 재상.

24 소설 《삼국지연의三國志演義》에 나오는 이야기. 오吳나라와 위魏나라가 적벽赤壁에서 싸울 때 제갈공명이 오나라를 위하여 하늘에 빌어 동남풍東南風을 일어나게 했음.

25 중국 하남河南 등봉현登封縣 동남쪽에 있음. 요堯임금 시대에 소보巢父와 허유許由가 숨어 살던 곳.

26 요임금 시대의 절개 높은 선비. 《사기》 〈백이전伯夷傳〉에 "요임금이 천하를 허유에게 넘겨주려고 했으나 허유는 받지 않고 오히려 이것을 부끄럽게 생각하여 도망해서 숨었다(堯讓天下於許由 許由不受 恥之逃隱)." 허유는 요임금의 말을 듣고는 강물에 귀를 씻었다고도 함.

27 요임금의 천거를 받지 않고.

28 수양산. 서산西山 영제현永濟縣 남쪽에 있음. 백이伯夷와 숙제叔齊가 숨어 살던 곳.

29 →28. ~(14)

자亂臣賊子 만하리다. 쳡신妾身이 수雖 쳔賤한 계집인들 허유· 빅伯[32]을 모르잇가. 사람의 쳡이 되야 빅부기가背夫棄家[33]ᄒᆞ는 볍法이 볘살하난 관장官長임네 망국부쥬忘國負主[34] 갓싸오니 쳐분處分ᄃᆡ로 ᄒᆞ옵소셔."

사또 ᄃᆡ로大怒하야,

"이연, 드러라. 모반ᄃᆡ역謀反大逆[35]ᄒᆞ난 죄는 능지쳐참陵遲處斬[36]ᄒᆞ여 잇고, 조롱관장操弄官長[37]하는 죄난 겨셔율制書律[38]의 율律 써 잇고, 거역관장拒逆官長하난 죄는 엄형嚴刑 정빅定配[39]하는이라. 죽노라 셔러마라."

30 주周나라의 곡식을 먹지 않음. 주周나라의 신하가 되지 않았음.
31 속세를 피하여 은둔하는 선비.
32 백이伯夷.
33 남편을 배반하고 가정을 버리는 것.
34 나라를 잊어버리고 임금을 저버리는 것.
35 왕실王室을 뒤집어 엎고 국토를 점령하려고 꾀하는 것.
36 머리·몸·손·발을 토막치는 극형.
37 수守·령令을 비웃고 놀리는 일.
38 제서유위율制書有違律을 줄인 말. 조두순趙斗淳의 《대전회통大典會通》에 "향리에게 악하게 하는 것을 수령이 알고 조사하지 않는 자는 제서유위율로 논한다(元惡鄕吏 守令知而不擧劾者 以制書有違律論)."
39 귀양 보내는 것.

35. 유부겁탈有夫劫奪

춘향이 포악暴惡하되,

"유부겁탈有夫劫奪하난 거슨 죄 안이고 무어시요."

사또 기가 막켜 엇지 분하시던지 연상硯床[1]을 쑤달일 제, 탕건宕巾[2]이 버셔지고, 상토고[3]가 탁 풀리고, ᄃᆡ마디[4]여 목이 쉬여,

"이연, 자바 ᄂᆡ리라."

호령號令하니 골방의 수청守廳, 통인通引,

"예" 하고 달여드러 춘향의 머리치을 주루ㄷ 끄어ᄂᆡ며,

"급창及唱."

"예."

"이연, 자바 ᄂᆡ리라."

춘향이 뗠치며,

"노와라."

중게中階[5]의 나려가니 급장이 달여드러,

"요년 ㄷㄷ, 엇쩌하신 존전尊前이라고 ᄃᆡ답이 그러하고 살기을 바릴손야."

ᄃᆡ뜰 아릭 ᄂᆡ리친니 ᄆᆡᆼ호猛虎 갓턴 굴노軍奴 사령使令 벌 쎄갓치 달여드러 감ᄐᆡ甘笞[6] 갓탄 춘향의 머리치를 전정正丁 시절時節[7*] 연鳶실 감듯, ᄇᆡ사공沙工의 닷줄 감듯, 사월팔일四月八日 등燈ᄯᆡ[8] 감듯, 휘ㄷ 친ㄷ 감어 쥐고 동당이쳐 업질은

1 벼루를 놓는 작은 상.
2 갓 아래 받쳐 쓰는 관冠.
3 상툿고. 상투의 머리를 틀어 감아 맨 부분.
4 첫마디.
5 가옥의 기초가 되도록 한 층을 쌓아 올린 단.
6 김의 한 종류.
7* 정정正丁은 직접 군역에 나가는 사람. 정정 시절은 군역에 나갈 만큼 좋은 시절.
8 등대. 4월 8일(관등절觀燈節)에 등을 달기 위해 세우는 긴 대.

니 불상타 춘향 신세 ᄇᆡᆨ옥 갓탄 고흔 몸이 육자ᄇᆡᆨ六字拍이[9]로 업더져ᄉᆞ나. 좌우左右 나졸羅卒[10] 느러셔ᄃ 능장稜杖[11], 곤장棍杖[12], 형장刑杖[13]이며 주장朱杖[14] 집고,

"알위라, 형이刑吏 ᄃᆡ령ᄒᆞ라."

"예. 수게라.[15] 형이요."

사ᄯᅩ 분이 엇지 낫던지 벌ᄃ 썰며 기가 막켜 허푸ᄃᄃ하며,

"여보와라. 그 년의게 다짐이 웨 잇슬리. 뭇도 말고 동틀[16]의 올여 ᄆᆡ고 졍치[17]를 부수고 물고장物故狀[18]를 올이라."

춘향을 동틀의 올여 ᄆᆡ고 사졍鎖匠[19]이 거동 바라. 형장刑杖이며, ᄐᆡ장笞杖[20]이며, 곤장棍杖이며 한아람 담숙 안어다가 형틀 아ᄅᆡ 좌르륵 부듯치난 소ᄅᆡ 춘향의 졍신情神이 혼미昏迷한다. 집장사령執杖使令 거동 바라. 이놈도 잡고 능청 ᄃ ᄃ, 져놈도 잡고셔 능청 ᄃᄃ, 등심 조코 쌧ᄃ하고 잘 부러지난 놈 골나 잡고, 올은 억ᄀᆡ[21] 버셔 메고 형장刑杖집고 ᄃᆡ상臺上 쳥영廳令 기달릴 졔,

"분부 뫼와라. 네 그 연을 사졍私情 두고 헛장虛杖하여서난 당졍當場의 명命을

9 남도南道 잡가의 한 가지인 육자배기. 여기서는 육자六字 모양으로 엎어졌다는 뜻.
10 군아郡衙에 속한 군졸과 사령의 총칭.
11 위에는 소리 나는 쇠붙이 장식을 박고 아래는 끝이 뾰족한 창을 박은 지팡이.
12 죄인의 볼기를 때리던 형구刑具. 중곤重棍·대곤大棍·중곤中棍·소곤小棍·치도곤治盜棍의 다섯 가지가 있음.
13 신장訊杖. 죄인을 심문할 때 쓰는 몽둥이.
14 붉은 칠을 한 몽둥이.
15 숙이라. 머리를 숙이라.
16 형틀.
17 정강이.
18 죄인 죽인 것을 보고하는 글.
19 옥사장이. 옥쇄장獄鎖匠. 옥에 갇힌 죄인을 지키는 사령.
20 볼기를 치는 형구刑具.
21 오른편 어깨.

밧칠 거시니[22] 각별格別리 ᄆᆡ우 치라."

집상執杖사령 엿자오되,

"사ᄯᅩ 분부 지엄至嚴한ᄃᆡ 져만한 연을 무삼 사정 두오릿가. 이연, 다리을 ᄶᅡᄯᅡᆨ 말라. 만일 요동搖動하다가든 ᄲᅨ 부러지리라."

호통하고 드러 셔ㄷ 금장禁杖[23] 소리 발 맛츄워 셔면셔 가만이 하는 말리,

"한두 ᄀᆡ箇만 견ᄃᆡ소. 엇절 수가 엽네. 요 다리는 요리 틀고 져 다리는 져리 틀소."

"ᄆᆡ우 치라."

"예잇, ᄯᆡ리요."

ᄯᅡᆨ 부친니 부러진 형장 가비는 푸루ㄷㄷ 날라 공즁의 빙ㄷ 소사 상방上房 ᄃᆡᄯᅳᆯ 아ᄅᆡ ᄯᅧ러지고, 춘향이는 아무쪼록 압푼 ᄃᆡ를 차무랴고 이를 복ㄷ 갈며 고ᄀᆡ만 빙ㄷ 두루면셔,

"ᄋᆡ고, 이계 웬 이리여."

22 죽을 것이니.

23 죄인을 찌르거나 때리는 창 같은 형구刑具.

36. 십장애가十杖哀歌

곤장, ᄐᆡ장 치난듸는 사령이 셔ᄃ 한나둘 세것만은, 형장刑杖벗텀은 법장法杖[1]이라 형이刑吏와 통인通引이 닥 쌈하는 모양으로 마조 업데셔 한나 치면 한나 긋고 둘 치면 둘 긋고 무식ᄒᆞ고 돈 업는 놈 술집 벼람박의 술갑 긋듯 긋여 노니 한 일 짜一字[2] 가 되야ᄭᅮ나. 춘힝이는 제절노 셔름 제워 마지면셔 우난듸,

"일편단심一片丹心 구든 마음 일부종사一夫從事 쓰시오니 일긔 형벌刑罰 치옵신들 일 연一年이 다 못가셔 일 각一刻인들 변하릿가."

잇ᄯᆡ 남원부南原府 할양閑良이며 남여노소男女老少 업시 묘와 구경할 제 좌우의 할양더리,

"모지구나 ㄷㄷㄷㄷ. 우리 골 원員임[3]이 모지구나. 져런 형벌리 웨 잇시며, 져런 ᄆᆡ질리 웨 잇슬가. 집장사령執杖使令놈 눈 익켜 두워라. 삼문三門 밧 나오면 급살急殺을 주리라."

보고 듯난 사람이야 뉘가 안이 낙누落淚하랴.

두 ᄎᆡ 낫 ᄯᅡᆨ 부치니,

"이부졀二夫節[4]을 아옵난듸 불경이부不更二夫 이 ᄂᆡ 마음 이 ᄆᆡ 맛고 영永 죽어도 이 도령李道令은 못 잇것소."

셰 ᄎᆡ 나셜 ᄯᅡᆨ 부친이,

"삼종지예三從之禮[5] 지즁至重한 법 삼강오륜三綱五倫[6] 알어쓴이 삼치형문三致刑

1 법률法律에 의한 형장刑杖.

2 십장가十杖歌의 첫 대목인 '일' 자를 맞추기 위해 '一' 자를 썼음.

3 부윤府尹, 목사牧使, 부사府使, 군수郡守, 현감縣監, 현령縣令 등의 총칭.

4 열녀불경이부烈女不更二夫. 열녀는 두 남편을 섬기지 않음.

5 어려서는 부모를, 결혼해서는 남편을, 남편이 죽은 후에는 자식을 따라야 한다는 여자가 지켜야 할 세 가지 법도.

6 부자유친父子有親·군신유의君臣有義·부부유별夫婦有別·장유유서長幼有序·붕우유신朋友有信.

問[7] 졍빅定配을 갈지라도 삼쳔동三淸洞 우리 낭군郞君 이 도령은 못 잇것소."

네 치 나셜 딱 부치니,

"사틱부士大夫 사쏘임은 사면공사四民公事[8] 살피잔코 우력공ᄉ威力公事[9] 심을 쓰니 사십팔방四十八坊[10] 남원 빅셩 원망하물 모르시요. 사지四肢를 갈은듸도 사싱동거死生同居 우리 낭군 사싱간死生間의 못 잇것소."

다셧 낫 치 딱 부치니,

"오륜ㄷ기五倫倫紀 끈치잔코 부ㄷ유별夫婦有別 오힝五行으로 믹진 연분緣分 올ㄷ리 찌져닌들 오믹불망寤寐不忘 우리 낭군 온젼穩全이 싱각나네. 오동추야梧桐秋夜 발근 달은 임 게신듸 보런만은 오늘이ᄂ 편지 올가, 닉일來日이ᄂ 기별奇別 올가. 무죄無罪한 이 닉몸이 악ᄉ惡死할 일 업ᄉ온이 오경자수誤決罪囚[11] 마옵소셔. 이고 ㄷㄷ 닉 신셰야."

여셧 낫 치 딱 부친이,

"육ㄷ六六은 삼십육三十六으로 낫ㄷ치 고찰考察하여 육만 번六萬番 죽인듸도 육천六千 마듸 얼인 사랑 믹친 마음 변할 수 젼솟이 업소."

일곱 나셜 딱 부치니,

칠거지악七去之惡[12] 범하엿소. 칠거지악 안이여든 칠ᄀ형문七箇刑問[13] 웬일이요. 칠쳑금七尺劍 드는 칼노 동ㄷ[14]이 장글너셔[15] 이제 밧비 죽여 주오. 치라하는 져

7 세 차례의 형문刑問.

8 백성에 관한 공사公事. 사민四民은 사士·농農·공工·상商.

9 순리順理로 하지 않고 힘을 가지고 억지로 하는 공사公事.

10 사십사방四十四坊의 잘못. 남원에는 44방坊이 있었음. 방坊은 지금의 동洞과 같음.

11 오결죄수의 잘못. 오결죄수誤決罪囚는 죄수에 대한 판결을 잘못하는 것.

12 결혼한 여자가 쫓겨나는 일곱 가지 잘못 →25.~(8).

13 일곱 가지의 형문刑問. 칠척검七尺劍은 7척尺이 길이의 긴 칼. 여기서는 '칠七' 자의 운韻을 맞춘 것임.

14 토막 토막.

15 잘라내서.

형방刑房아, 칠 씨마다 고찰考察 마소. 칠보홍안七寶紅顔[16] 나 죽건네."

야달 치 낫 딱 부친이,

"팔자八字 조흔 춘향 몸이 팔도八道 방벽方伯, 수守·령令 중의 제일명관第一名官 맛나구나. 팔도 방벽, 수·령임네 치민治民하려 나려왓제 악형惡刑하려 나려왓소."

아홉 낫 치 딱 부친이,

"구곡간장九曲肝腸 구부 셕어[17] 이닉 눈물 구년지수九年之水 되것구나. 구ㄷ九皐[18] 청산靑山 장송長松 베여 정강션淸江船 무어 타고, 한양漢陽 셩중城中 급急피 가셔 구중궁궐九重宮闕[19] 셩상전聖上前의 구ㄷ區區 원정原情 주달奏達하고, 구정九庭[20] 뜰의 물너나와 삼쳔동三淸洞을 차자가셔 우리 사랑 반기 만나 구비ㄷㄷ 밋친 마음 져근듯 풀연마는."

열 치 낫셜 딱 부친이,

"십싱구사十生九死할지라도 팔십연八十年 졍定한 쓰셜 십만 번十萬番 죽인딕도 가망可望 업고 무가닉無可奈[21]지. 십눅세十 六歲 어린 춘양春香 장하원귀杖下寃鬼 가련可憐하오."

열 치고는 짐작斟酌[22]할 줄 알어던이 열다섯 치 딱 부친이,

"십오야十五夜 발근 달은 씌 구름의 무쳐 잇고, 셔울 게신 우리 낭군 삼쳔동三淸洞으 뭇쳐슨이, 다라 ㄷㄷ 보는야, 임 게신 곳 나는 어이 못 보는고."

시물 치고 짐작할가 여겨던이 시물다셧 딱 부친이,

16 아름다운 얼굴. 불교에서는 경經에 따라 칠보七寶의 품목이 다른데 《반야경般若經》에는 금金·은銀·유리瑠璃·차거硨磲·마리瑪璃·호박琥珀·산호珊瑚로 되어 있음.
17 굽이 썩어.
18 깊숙한 곳. →20.~(27).
19 임금이 사는 곳. 송옥宋玉의 〈구변九辯〉에 "임금이 거처하는 곳의 문은 아홉 겹이다〔君之門以九重〕."
20 아홉 단段의 전계殿階.
21 어찌할 수 없음.
22 어림쳐서 생각하다. 여기서는 매를 그만 칠까 짐작하였다는 의미.

"니십오현탄야월二十五絃彈夜月[23]으 불승청원不勝淸怨 져 기록이 너 가는듸 어ᄃᆡᄆᆡ냐. 가는 길으 ᄒᆞᆫ양셩 차자 드려 삼쳔동三淸洞 우리 임게 ᄂᆡ 말 부ᄃᆡ 전傳혀 ᄃᆞ고. ᄂᆡ의 형상形狀 자시仔細 보고 부ᄃᆡ ㄷㄷ 잇지 말아."

23 전기錢起의 시 〈귀안歸雁〉에 "소상강은 어쩐 일로 등한히 돌아왔는가. 물은 푸르고 모래는 맑은데 강둑에 이끼 끼었구나. 이십오현을 달밤에 타니 맑은 원망을 이기지 못해 날아 왔노라(瀟湘何事等閑回 水碧沙明兩岸苔 二十五絃彈夜月 不勝淸怨却飛來)." 이십오현二十五絃은 거문고 모양으로 생긴 슬瑟.

37. 무남독녀無男獨女

삼십삼천三十三天[1] 어린 마음 옥황젼玉皇前의 알외고져 옥玉 갓탄 춘향 몸으 솟난이 유혈流血이요, 흐르난이 눈물리라. 피눈물 한틔 흘너 무릉도원武陵桃源[2] 홍유수紅流水라 춘향이 졈ㄷ 포악하는 마리,

"소녀小女를 이리 말고 살지능지殺之陵遲[3]하여 아조 박살撲殺 죽여 주면 사후死後 원조怨鳥[4]라는 싀가 되야 초혼조楚魂鳥[5] 함기 우러 젹막공산寂寞空山 달 발근 밤의 우리 이 도련임 잠든 후 파몽破夢이나 하여지다."

말 못하고 기졀氣絶ᄒᆞ니 업졋던 형방刑房, 퇴인通引 고기 드러 눈물 쏫고, 믹질하든 져 사령使令도 눈물 솟고 도라셔며,

"사람으 자식은 못 하건네."

좌우의 구경하난 사람과 거힝擧行ᄒᆞ는 관속官屬드리 눈물 쏫고 도라셔며,

춘향이 믹 맛는 거동 사람 자식은 못 보것다. 모지도다 ㄷㄷㄷㄷ 춘향 정졀貞節리 모지도다. 출텬열여出天烈女[6]로다."

남여노소 업시 셔로 낙누落淚하며 도라셜 졔 사쏜들 조흘이가 잇스랴.

"네 이연, 관졍官庭의 발악發惡ᄒᆞ고 마지니 조흔 계 무어신야. 일후日後의 쏘 그런 거욕관장拒逆官長할가."

반싱반사半生半死 져 춘향이 졈ㄷ 포악ᄒᆞ는 마리,

1 육욕천六慾天의 둘째 하늘. 도리천忉利天.

2 무릉도원은 이상적인 세계. 도잠陶潛의 〈도화원기桃花源記〉에서 유래한 말.

3 능지처참陵遲處斬과 같은 의미.

4 두견새. 육전陸佃의 〈비아埤雅〉에 "두견새는 자규라고도 하는데 피가 나도록 슬피 울어 그 피가 그치지 않아 원조라고도 한다. 밤부터 새벽까지 울어 그 피가 초목을 물들인다(杜鵑一名子規 苦啼啼血不止 一名怨鳥 夜啼達旦 血漬草木)."

5 초회왕楚懷王 웅괴熊槐가 장의張儀에게 속아서 진秦나라 무관武關에 들어갔다가 진나라에 억류되어 마침내 죽었는데 억울하게 죽은 초회왕의 혼이 새가 되었다고 함. 권이생權以生의 《사요취찬史要聚選》참조.

6 하늘이 낸 열녀.

"여보 사ᄯᅩ, 드르시요. 일런포한一念抱恨 부지상사不知生死[7] 어이 그리 모르시요. 제집의 곡曲한 마음 온유월五六月 셔리 침네.[8] 혼비중천魂飛中天 단이다가 우리 셩군聖君 좌정하坐定下의 이 원경原情을 알외오면 사ᄯᅩᆫ들 무사無事할가. 덕ᄲᅮᆫ德分의 죽여 쥬오."

사ᄯᅩ 기가 ᄆᆡ켜,

"허ᄃᆞ 그연, 말 못할 연이로고. 큰 칼[9] 씃여 하옥下獄하라."

하니 큰칼 씃여 인봉印封[10]하야 사경鎖匠이 등에 업고 삼문 밧 나올 제, 기ᄉᆡᆼ더리 나오며,

"ᄋᆡ고 셔울집아[11], 경신精神 차리게. ᄋᆡ고 불상하여라."

사지을 만지며 약을 가라 듸루며 셔로 보고 낙누할 제, 잇ᄯᆡ 키 크고 속업난 낙춘落春이가 드러오며,

"얼시고 절시고 조을씨고 우리 남원도 현판懸板[12]감이 ᄉᆡᆼ겨구나."

왈칵 달여드러,

"ᄋᆡ고 셔울집아, 불상하여라."

이리 야단할 제 춘향 어모가 이 말을 듯고 경신업시 드러오더니 춘향의 목을 안고,

"ᄋᆡ고 이게 웬이린냐. 죄는 무삼 죄며 ᄆᆡ는 무삼 ᄆᆡ냐. 장청將廳[13]의 집사執事임

7 일념으로 한을 품으면 죽고 사는 것도 모름.

8 속담. 장열張說의 〈옥잠獄箴〉에 "필부라도 분함이 얽히면 유월에 서리가 내린다(匹夫結憤 六月飛雷)." 주로 억울한 옥사獄事에 관계된 말.

9 중죄인重罪人의 목에 씌우던 형구刑具.

10 큰 칼을 씌우고 거기에 도장 찍은 종이를 붙여 다른 사람이 떼지 못하게 한 것.

11 춘향을 말함. 결혼한 여자를 부를 때 시집의 고을 이름을 붙여서 부르는 것.

12 정문旌門을 말함. 정문은 충신, 열녀, 효자 등을 표창하기 위하여 그의 집 앞에 세운 붉은 문.

13 지방 관아郡衙와 감영監營에·딸린 장교將校들이 직무를 보는 곳.

네, 질청[14]의 이방임, ᄂᆡ ᄯᆞᆯ리 무삼 죄요. 장군방杖軍房[15] 두목頭目더라, 집장執杖하던 사정鎖匠이도 무슨 원수寃讐 ᄆᆡ쳣던야. ᄋᆡ고 ㄷㄷ ᄂᆡ 이리야. 칠십당연七十當年 늘근 거시 으지依支업시 되야ᄭᅮ나. 무남독여無男獨女 ᄂᆡ ᄯᆞᆯ 춘향 귀즁閨中의 은근恩勤[16]이 질너ᄂᆡ여 범나지로 셔칙書冊만 노코 ᄂᆡ칙편內則篇[17] 공부工夫 일삼무며 날 보고 하는 마리 '마오 ㄷㄷ, 셜어 마오. 아달 업다 셜워 마오. 외손봉사外孫奉祀[18] 못 하릿가.' 어미으게 지극정셩至極精誠 곽거郭巨[19] 한[20] 밍종孟宗[21]인들 ᄂᆡ ᄯᆞᆯ보단 더 할손가. 자식 사랑하난 볍法이 상즁하가 다를손가. 이 ᄂᆡ 마음 둘 ᄯᅴ 업네. 가삼의 부리붓터 한숨이 연기煙氣로다. 김 번수金番手야, 이 번수李番手야, 웃 영슈이 지엄至嚴타고 이ᄃᆡ지 몹시 쳔는야. ᄋᆡ고 ᄂᆡ ᄯᆞᆯ 장쳐杖處[22] 보소. 빙셜氷雪 갓탄 두 다리의 연지臙脂 갓탄 피 빗쳔네. 명문가名門家 귀즁부閨中婦야 눈먼 ᄯᆞᆯ도 원願ᄒᆞ더라. 그런 ᄃᆡ가 못 ᄉᆡᆼ기고 기ᄉᆡᆼ 월ᄆᆡ ᄯᆞᆯ리 되야 이 정식

14 길청. 군아郡衙에서 아전衙前이 일을 보던 곳.

15 장청杖廳. 형법을 행하는 공청公廳.

16 사랑하며 수고롭게.

17 《예기禮記》 가운데 한 편篇. 정현鄭玄의 《예기禮記》 주에 "남녀가 집안에서 부모와 시부모를 섬기는 법을 기록하였으되 가히 그 규범을 본받을 만하다. 그래서 〈내칙內則〉이라고 한다(記男女居室 事父母舅姑之法 軌儀可則 故曰內則)."

18 자손이 없거나 양자해 올 수도 없을 때 외손外孫이 제사를 받드는 것.

19 한漢나라의 효자. 집안이 가난하나 어머니를 매우 잘 모심. 그러나 어머니의 반찬을 아들이 자꾸 먹으므로 곽거는 아내와 상의하여 아들을 묻으려고 땅을 세 자 팠는데, 땅 속에서 황금으로 만든 솥이 나왔음. 그 솥에는 "하늘이 곽거에게 주는 것이니, 관가에서도 빼지 못하고 다른 사람은 가질 수 없다(天賜郭巨 官不得奪 人不得取)"라고 써 있었다고 함.

20 잘못된 글자이거나 아니면 곽거가 한漢나라 사람이니 곽거 앞에 들어갈 것이 뒤로 간 것 같음.

21 중국 삼국 시대의 효자. 맹종의 어머니가 죽순을 좋아했는데 겨울이라 죽순이 아직 나지 않아, 이에 맹종이 대나무밭에 들어가 슬피 탄식하니 죽순이 솟아났다고 함.

22 형장刑杖 맞은 곳.

景色[23]이 웬이리냐. 춘향아, 졍신차러라. 익고 ㄷㄷ 닉 신셰야."

하며,

"상단香丹아, 삼문 박그 가셔 삭군 둘만 사 오너라. 셔울 쌍급주雙急走[24] 보닐 난다."

춘향이 쌍급주雙急走 보닌단 말을 듯고,

"어만이, 마오. 그게 무삼 말삼이요. 만일 급주急走가 셔울 올나가셔 도련임이 보시며는 칭ㄷ시하層層侍下의 엇지할 줄 몰나 심사울젹心事鬱積ᄒᆞ야 병이 되면 근들 안이 훼졀毁節[25]이요, 그런 말삼 말르시고 옥으로 가사이다."

23 꼴. 모양.

24 급주急走를 두 사람 보내는 것. 급주는 각 역驛에 배치된 심부름꾼. 여기서는 사적私的으로 달음박질쳐서 소식을 전할 심부름꾼 둘을 보내는 것.

25 흠이 되는 것.

38. 옥중명화獄中名花

사정鎖匠이 등의 업펴 옥으로 드러갈 제 상단香丹이는 칼 머리 들고 춘향 모는 뒤을 싸라 옥문전獄門前 당도하야,

"옥 형방刑房, 문을 열소. 옥 형방도 잠드러나."

옥즁獄中의 드러가셔 옥방獄房 형상形狀 볼작시면, 부셔진 죽창竹窓 틈의 살 쏘난이 바람이요, 문어진 헌 벽壁이며 헌 자리 베록·빈딕 만신萬身을 침노한다. 잇쒸 춘향이 옥방의셔 장탄가長嘆歌로 우든 것시엿다.

이닉 죄가 무삼 죄냐
국곡투식國穀偸食[1] 안이거던
엄형즁장嚴刑重杖 무삼 일고
살인죄인殺人罪人 안이여든
항쇄項鎖[2], 족쇄足鎖[3] 왼이리며
역율逆律[4], 강상綱常[5] 안이여든
사지절박四肢結縛 왼이리며
음양도적陰陽盜賊[6] 안이여든
이 형벌刑罰리 왼이린고

1 국고國庫에 쌓아 놓은 곡식을 도둑질해서 먹는 것.

2 목에 채우는 형구刑具.

3 발에 채우는 형구.

4 왕실을 뒤엎고 국토를 차지하려는 것.

5 삼강오륜三綱五倫에 관한 죄. 조두순趙斗淳의 《대전회통大典會通》에 "강상에 관한 죄인, 즉 부모나 남편을 죽인 자, 노비로서 주인을 죽인 자, 관노로서 그 관장을 죽인 자는 그 처와 자녀는 노비를 삼고 그 집은 허물어 못을 만들고 그 고을의 등급을 내리고 수령은 파직시킨다(綱常罪人 弑父母夫 奴弑主 官奴弑官長者 妻子女爲奴破家瀦澤 降其邑號罷其守令)."

6 남녀 사이의 간통죄.

삼강수三江水[7]은 연수硯水되야
청쳔일장지靑天一張紙의
ᄂᆡ의 셔름 원정原情지여
옥황젼玉皇前의 올이고져
낭군郞君 길워[8] 가삼 답ᄃᆞ 부리 붓네
한숨이 바람되야 붓난 불을 더 붓치니
속절업시 나 죽것네
홀노 셧는 져 국화菊花는
노푼 절ᄀᆡ 거록하다
눈 속의 청송靑松은
쳔고절千古節을 직켜ᄭᅮ나
풀린 솔은 날과 갓고
누린 국화 낭군 갓치
실푼 ᄉᆡᆼ각 ᄲᅮ리나니 눈물이요
젹시난이 한숨이라
한숨은 청풍淸風 삼고
눈물은 셰우細雨 삼어
청풍이 셰우을 모라다가
불건이 ᄲᅮ리건이 임의 잠을 ᄭᆡ우고져
견우牽牛, 직여셩織女星은
칠셕상봉七夕相逢 하올 젹의

7 삼강수三江水는 삼상수三湘水의 잘못. 이태백의 시에 "오로봉으로 붓을 삼고 삼상수 석지 삼아 푸른 하늘 한 장 종이 위에 내 가슴 속의 시를 써 볼까(五老峰爲筆 三湘作硯池 靑天一張紙 寫我腹中詩)."

8 그리워.

은하수銀河水 ᄆᆡ켜시되
실기失期한 일 업셔건만
우리 낭군 겨신 고ᄃᆡ
무삼 물리 ᄆᆡᆨ켜난지
소식조차 못 듯난고
사라 이리 기루난이
아조 죽어 잇고지거
차라리 이 몸 죽어
공산空山의 뒤건杜鵑이 되야
이화월ᄇᆡᆨ梨花月白[9] 삼경야三更夜의
실피 우러 낭군 귀의 들이고져
청강淸江의 원앙鴛鴦되야
짝을 불너 단이면셔
다졍多情코 유졍有情하물
임으 눈의 보이고져
삼춘三春의 호접蝴蝶되야
힝기香氣 무인[10] 두 나ᄅᆡ로
춘광春光을 자랑ᄒᆞ여
낭군 오스 붓고지거
청쳔靑天으 명월明月되야
밤 당하면 도다올나
명ㄷ明明이 발근 빗셜

9 시조時調 가운데 “이화梨花에 월백月白하고 은한銀漢은 삼경三更인데”
10 묻힌.

임으 얼골의 빗치고져
이ᄂᆡ 간장肝腸 셕난 피로
임으 화상畵像 기러 ᄂᆡ여
방문房門 압푸 족자簇子 삼아 거러 두고
들며 나며 보고지거
수졀守節 졍졀貞節 ㄷᄃᆡ가인絶代佳人
차목慘酷하게 되야구나
문ᄎᆡ文采 조흔 형산ᄇᆡᆨ옥荊山白玉
진퇴즁塵土中의 뭇쳐난 듯
ᄒᆡᆼ기香氣로운 상산초商山草[11]가
잡雜풀 속의 셕겨난 듯
오동梧桐 속의 노든 봉황鳳凰
형극荊棘 속의 길듸린 듯
자고自古로 셩현聖賢네도
무죄無罪하고 국계신이[12]
요堯 · 순舜 · 우禹 · 탕湯[13] 인군人君네도
걸桀 · 주紂[14]의 포악暴惡으로
함진옥의 갓쳐던이[15]
도로 뇌야 셩군聖君되시고

11 상산사호常山四皓의 자지초紫芝草. 상산사호는 진시황 때 난리를 피해 상산에 숨어서 산 네 사람의 노인. 사호四皓의 〈자지가紫芝歌〉에 "고요한 높은 산 깊은 계곡에 무성한 자지는 허기를 채울 수 있네(莫莫高山 深谷逶迤 曄曄紫芝 可以療飢)."
12 궂은 일을 당하고 계시니.
13 요·순·우·탕은 중국 역대 훌륭한 임금의 대표적인 인물.
14 걸과 주는 중국 역대 임금 가운데 포악한 임금의 대표적인 인물.
15 하대옥夏臺獄의 잘못인 것 같음. 하대옥은 중국 하夏나라 시대 옥獄의 이름. 걸이 탕을 이 옥에다 가둠.

명덕치민明德治民 주문왕周文王[16]도
상주商紂[17]의 ᄒᆡ害을 입어
우리옥羑里獄[18]의 갓쳐던이
도로 뇌야 셩군되고
만고셩현萬古聖賢 공부자孔夫子[19]도
양호陽虎의 얼孽을 입어
관야匡野의 갓쳐더니
도로 뇌야 ᄃᆡ셩大聖되시니
이른 일노 볼작시면
죄 업난 니ᄂᆡ 몸도
사라나셔 세상 귀경 다시 할가
답ㄷ하고 원통하다
날 살이 리 뉘 잇슬가
셔울 게신 우리 낭군
벼살 길노 나려와 이러타시 죽거 갈 졔
ᄂᆡ 목심을 못 살인가

16 주紂를 쳐서 은殷나라를 없애고 주周나라를 세운 주무왕周武王의 아버지. 그는 은殷나라의 제후로 서백西伯이었는데 무왕이 주周나라를 세우고 문왕文王이라고 추존追尊했음.

17 은殷나라의 주紂임금. 은殷나라의 처음 이름이 상商이었음.

18 유리옥羑里獄은 은殷나라의 옥獄. 주紂임금이 서백西伯(周文王)을 여기에 가뒀음.

19 공부자孔夫子는 공자孔子. 양호陽虎는 노魯나라 계씨季氏의 가신家臣. 얼은 흠. 광야匡野는 송宋나라 광匡 지방에 있는 들. 《사기》〈공자세가孔子世家〉에 "위나라를 지나 진나라에 이르러 광匡 지방을 지날 때, 광인匡人이 이를 듣고는 노나라의 양호로 잘못 알았다. 양호가 일찍이 광인匡人에게 포악했었기 때문에 광인匡人이 이렇게 공자를 막은 것이다. 공자의 얼굴이 양호와 비슷했으므로 공자를 구속했다(去衛將適陳過匡 匡人聞之 以爲魯之陽虎 陽虎嘗暴匡人 匡人於是遂止孔子 孔子狀類陽虎拘焉)."

하운夏雲는 다기봉多奇峰하니[20]
산이 놉파 못 오던가
금강산金岡山 상ᄃ봉上上峰이
평지平地되거든 오랴신가
병풍屛風의 기린 황계黃鷄
두 나릐를 툭ᄃ 치며 사경四更 일졈一點으
날 식라고 울거던 오랴신가
이고 ᄃᄃ 닉 일리야

죽창문竹窓門을 열싸리니 명경월식明淨月色은 방안으 든다마는 어린 거시 홀노 안져 달다려 뭇는 마리,
"져 달아, 보는야. 임 게신듸 명기明氣[21] 빌여라. 나도 보게야. 우린 임이 누워던야, 안즈던야. 보는듸로만 네가 일너 닉의 수심愁心 푸러다고."

20 고개지顧愷之의 〈회시음回時吟〉에 "봄 물은 사방 못에 가득하고 여름의 구름은 기이한 봉우리가 많도다. 가을 달은 밝게 비추고 겨울 언덕에 외로운 소나무 하나 빼어나다(春水滿四澤 夏雲多奇峰秋月揚明輝 冬嶺秀孤松)." 이 시의 작자作者는 도연명陶淵明이라고도 함.
21 밝은 기운.

39. 황능지묘黃陵之廟

ᄋᆡ고 ᄋᆡ고 셜이 울다 호련忽然이 잠이 든이, 비몽사몽간非夢似夢間[1]으 호졉胡蝶이 장주莊周되고 장주가 호졉되야 셰우細雨갓치 나문 혼ᄇᆡᆨ魂魄 바람인 듯 구름인 듯, 한 곳슬 당도當到한이 쳔공지활天空地闊ᄒᆞ고 산영수려山明水麗한듸 은ᄃᆞ隱隱한 죽임간竹林間의 일층화각一層畫閣이 반공半空의 잠겨거늘, ᄃᆡ체 귀신 단이난 법은 ᄃᆡ풍기大風起[2]ᄒᆞ고 승쳔입지昇天入地ᄒᆞ니 침상편시춘몽중枕上片時春夢中[3]의 ᄒᆡᆼ진강남수쳘이行盡江南數千里라, 젼면前面를 살펴보니 황금ᄃᆡ자黃金大字로 만고졍열황능지묘萬古貞烈黃陵之廟[4]라 두려시 붓쳐거늘 심신心身이 황홀恍惚하야 ᄇᆡ회徘徊터니 쳔연한 낭자娘子 셔이 나오난듸, 셕숭石崇[5]의 ᄋᆡ첩愛妾 녹주綠珠 등농燈籠를 들고, 진쥬晋州기ᄉᆡᆼ 논ᄀᆡ論介, 평양平壤 기ᄉᆡᆼ 월션月仙이라. 춘향을 인도引導하야 ᄂᆡ당內堂으 드러가니, 당상堂上에 ᄇᆡᆨ의白衣한 두 부인夫人이 옥수玉手를 드러 청하거늘 춘향이 사양辭讓하되,

"진셰간塵世間 천첩賤妾이 엇지 황능묘黃陵廟을 오르잇가."

부인이 기특奇特이 네겨 ᄌᆡ삼再三 청하거늘 사양치 못하야 올나가니 좌座을 주워 안친 후의,

1 《장자》 〈제물론齊物論〉에 "옛날에 장주가 꿈에 나비가 되어 기쁘게 날아 다녔다. 스스로 유쾌하고 마음이 맞았다. 그러나 장주인 줄은 몰랐다. 곧 깨어나 보니 확실히 장주였다. 그러나 장주의 꿈에 나비가 된 것인지 아니면 나비의 꿈에 장주가 된 것인지는 확실치 않았다. 장주와 나비는 분명히 다른데 (그 구분이 잘 안 되는 것은) 이것이 사물이 변하는 것이다(昔者 莊周 夢爲胡蝶 栩栩然胡蝶也 自喻適志與 不知周也 俄然覺 則蘧蘧然周也 不知周之夢爲胡蝶與 胡蝶之夢爲周與 周與胡蝶則必有分矣 此之謂物化)."

2 귀신은 큰바람이 인 다음 하늘로 솟고 땅 속으로 들어감.

3 잠삼岑參의 시 〈춘몽春夢〉에 "동방에 어젯밤 봄바람이 일어 멀리 상강의 미인을 생각했도다. 잠깐 사이 베개 위 봄꿈 속에서 수천 리 강남을 다 지났도다(洞房昨夜春風起 遙憶美人湘江水 枕上片時春夢中 行盡江南數千里)."

4 동정호洞庭湖 입구에 있는 이비二妃 아황娥皇과 여영女英의 묘廟.

5 석숭石崇은 진晋나라의 부자. 그에게는 녹주綠珠라는 첩이 있었는데 매우 아름답고 피리를 잘 불었음. 이 첩을 손수孫秀가 뺏으려고 석숭을 감금하자 녹주는 절개를 지키고 석숭을 구하기 위해 자살을 했음. 《진서晋書》 〈석숭전石崇傳〉 참조.

"네가 춘향인다. 기특하도다. 일젼日前의 조회차朝會次로 요지연瑤池宴[6]의 올나가니 네 마리 낭자狼籍키로 간져懇切리 보고시퍼 네를 청하여시니 심이 불안不安토다."

춘향이 ᄌᆡᄇᆡ再拜 주왈奏曰,

"쳡이 비록 무식無識하나 고셔古書를 보옵고 사후死後의나 존안尊顔을 뵈올가 하여던니 이러틋 황능묘의 모시이 황공비감惶恐悲感하여니다."

상군湘君[7] 부닌夫人 말삼하되,

"우리 순군舜君 ᄃᆡ순씨大舜氏[8]가 남순수南巡狩[9]하시다가 창오산蒼梧山의 붕崩하시니, 속절업는 이 두 몸이 소상瀟湘[10] 죽임竹林의 피눈물을 ᄲᅮ려노니 가지마닥 알롱ㄷㄷ 입ㄷ피 원한이라. 창오산붕상수절蒼梧山崩湘水絶리라야 죽상지누ᄂᆡ가멸竹上之淚乃可滅[11]을, 쳔추千秋의 집픈 한恨을 하소할 곳 업셔쎠니, 네 결힝節行 기특기로 너다러 말하노라. 송건[12] 기쳘연幾千年의 청빅[13]은 어느 ᄯᆡ며 오현금五弦琴[14] 남풍시南風詩를 이졔까지 젼傳하던야."

6 주목왕이 서왕모와 함께 잔치하던 곳.

7 이비二妃. 상군湘君은 아황, 상부인湘婦人은 여영을 말함.

8 순舜임금. 순군, 대순씨라고 두 번이나 부른 것은 지극히 사모하는 마음을 나타낸 것임.

9 《사기》 〈오제본기五帝本紀〉에 "순임금이 제위에 오른 지 39년에 남방을 순행하다가 창오의 들에서 돌아갔다. 강남의 구의산에 장사 지냈다(踐帝位三十九年 南巡狩 崩於蒼梧之野 葬於江南九疑)."

10 소상瀟湘은 동정호洞庭湖 남쪽의 소수瀟水와 상강湘江. 이 지방의 반죽斑竹은 유명함. 장화張華의 《박물지博物志》에 "요임금의 두 딸은 순임금의 두 부인인 상군, 상부인이다. 임금이 돌아가자 두 부인은 슬피 울었다. 눈물을 대나무에 뿌렸는데 모두 반죽이 되었다(堯之二女 舜之二妃曰湘婦人 帝崩二妃啼 以涕揮湘竹盡斑)."

11 이백李白의 〈원별리편遠別離篇〉의 한 구절. "창오산蒼梧山이 무너지고 상수湘水의 물이 끊어지고야 반죽斑竹의 눈물이 비로소 없어지리다."

12 총균叢筠인 듯함. 두보의 시 〈상부인사湘婦人祠〉에 "창오산이 얕아지지 않음을 한하고 얼룩진 눈물은 대나무에 있다(蒼梧恨不淺 染淚在叢筠)." 총균叢筠은 빽빽한 대나무.

13 미상未詳. 청백淸白.

14 오현금은 순임금이 타던 현악기. 〈남풍시南風詩〉는 →13.~(10).

이릇타시 말삼할 졔 엇더한 부인夫人,

"춘향아, 나는 기주 명월明月 음도셩[15]의 화션化仙하던 능옥弄玉[16]일다. 소사蕭史[17]의 안ᄒᆡ로서 ᄐᆡ화산太華山[18] 이별離別 후後의 승용비거乘龍飛去 한恨이 되야 옥소玉蕭로 원을 풀 졔, 곡종비거부지쳐曲終飛去不知處하니 산하벽도춘자ᄀᆡ山下碧桃春自開[19]라."

이러할 졔 쏘 한 부인 말삼하되,

"나는 한궁여漢宮女 소군昭君[20]이라. 호지胡地의 오거誤嫁하니 일부一杯 청춘青塚[21]샌이로다. 마상피파馬上琵琶 한 곡조曲調의 화도셩식춘풍면畫圖省識春風面이요, 화ᄑᆡ공귀월야혼環佩空歸月夜魂이라.[22] 엇지 안이 원통하랴."

한참 이러할 졔 음풍陰風이 리러나며 촉불리 벌넝ㄷㄷ하며 무어시 촉불 압푸 달여들거늘, 춘향이 놀ᄂᆡ여 살펴보니 사람도 아니요 귀신鬼神도 안인듸 의ㄷ依

15 기주는 진루秦樓, 음도성은 옥소성玉蕭聲의 잘못인 듯함. →39.~(16), (17).

16 진목공秦穆公의 딸. 선인仙人 소사蕭史의 아내.

17 소사는 진목공秦穆公 때 사람. 그는 피리를 잘 불었는데 진목공의 딸인 농옥弄玉이 그를 좋아하여 진목공이 농옥을 소사에게 주었음. 이들이 피리를 불면 봉황이 날아와 그 지붕에 앉음. 이들 부부는 봉대鳳臺를 만들고 여기에 머물며 몇 년을 나오지 않다가 어느 날 아침 봉황을 따라 날아가 버렸음. 그래서 진나라 사람들이 봉녀사鳳女祠를 만들었는데 이때 그곳에는 피리 소리만 있었음. 유향劉向의 《열선전列仙傳》 참조.

18 태화산太華山은 섬서陝西 화음현華陰縣에 있는 산. 태화산에서 이별한 후 용을 타고 날아감. 이 대목은 다음 대목의 시詩로 볼 때 왕자교王子喬의 이야기를 혼용한 것임.

19 허혼許渾의 시 〈구산묘緱山廟〉에 "왕자가 신선을 구하니 달빛 대에 가득하고 옥피리 소리 맑아지니 학이 날아들도다. 곡조 끝나자 날아감에 자취 모르고 산 밑에 벽도화만 봄에 스스로 피어 나도다(王子求仙月滿臺 玉蕭清轉鶴徘徊 曲終飛去不知處 山下碧桃春自開)." 왕자교王子喬는 주영왕周靈王의 태자로 피리를 잘 불었음. 후에 구씨산緱氏山에서 학을 타고 날아가 신선이 되었음. 《열선전列仙傳》 참조.

20 →6.~(6).

21 한 웅큼의 청총青塚. →6.~(6).

22 두보의 시 〈영회고적詠懷古跡〉의 한 구절. "그림을 보아서 아름다운 얼굴을 알게 되었고 환패는 부질없게 월야月夜의 혼이 돌아왔도다." 춘풍면春風面은 왕소군의 아름다운 얼굴. 귀월야혼歸月夜魂은 한궁漢宮을 잊지 않음을 말함. →6.~(6).

依한 가온ᄃᆡ 곡셩哭聲이 낭자狼藉하며,
"여바라 춘향아, 네가 날을 모로이라. 나는 뉘고 한이 한고조漢高祖 안ᄒᆡ 쳑부인戚夫人[23]이로다. 우리 황제皇帝 용비龍飛[24] 후에 여후呂后의 독한 솜씨 ᄂᆡ의 수족手足 끈어 ᄂᆡ여 두 귀여다 불지르고 두 눈 ᄲᆡ여 암약瘖藥 먹겨 칙간厠間 속의 너허슨니 쳔추千秋의 집푼 한을 언으 ᄯᆡ나 풀러보랴."
이리 울 제 상군湘君 부인夫人 말삼하되,
"이 고시라 하난 ᄃᆡ가 유명幽明[25]이 노수路殊하고 힝오ᄌᆡ별行伍自別하니 오ᄅᆡ 유留치 못할지라."

23 척부인은 한고조의 애희愛姬. 척부인은 한고조의 총애를 받아 여의如意를 낳았는데, 척부인은 여의를 태자로 세우려고 노력했으나 끝내 이루지 못했음. 한고조가 죽자 비妃인 여태후呂太后가 권력을 잡아 평소에 미워하던 여의를 죽이고, 척부인의 수족手足을 끊고 눈을 빼고 귀에다 불을 지르고 창약瘡藥(벙어리가 되는 약)을 먹여 변소에 넣어 두고 인세人彘라고 불렀음. 《사기》〈여후본기呂后本紀〉 참조.
24 임금이 왕위에 오르는 것을 말하는데 여기서는 임금이 죽는다는 의미로 썼음.
25 사람과 귀신의 길이 다름.

40. 봉사해몽奉事解夢

여동女童 불너 하직할ᄉᆡ 동방洞房[1] 실솔셩蟋蟀聲[2]은 시르렁, 일쌍一雙 호졉胡蝶은 펄ᄃᆞ, 춘향이 깜짝 놀ᄂᆡ ᄭᆡ여 보니 꿈이로다. 옥창잉도화玉窓櫻桃花[3] ᄯᅥ러져 보이고, 거울 복판이 ᄭᆡ여져 뵈고, 문 우의 허수ᄋᆡ비 달여 보이거늘,

"나 죽을 꿈이로다."

수심愁心 걱정 밤을 ᄉᆞᆯ 제 기럭이 울고 가니 일편一片 셔강西江 달의 힝안남비行雁南飛[4] 네 아니냐. 밤은 집퍼 삼경三更이요 구진 비는 퍼붓넌듸, 돗치비 ᄲᅴᆨᄃᆞ, 밤ᄉᆡ 소릐 붓ᄃᆞ, 문풍지門風紙는 펄넝ᄃᆞᄃᆞ. 귀신이 우난듸, 난장亂杖[5] 마자 죽은 귀신, 형장刑杖 마자 죽은 귀신, 결령치사結領致死[6] ᄃᆡ롱ᄃᆞᄃᆞ 목 ᄆᆡ다러 죽은 귀신 사방四方의셔 우난듸, 귀곡셩鬼哭聲이 낭자로다. 방 안이며, 춘여읏시며, 마루 ᄋᆡ리셔도 ᄋᆡ고 ᄃᆞᄃᆞ 귀신 소릐의 잠들 기리 젼숲이 업다. 춘향이가 쳐음에난 귀신 소릐의 정신이 업시 지ᄂᆡ더니 여러 번을 드러난니 파급破怯이 되야 쳥셩[7] 국거리[8] 삼지비[9] 셰악[10] 소릐로 알고 드르며,

1 깊숙한 방. 또는 신혼新婚의 방.

2 귀뚜라미 우는 소리.

3 이와 같은 이야기는 성현成俔의 《용재총화慵齋叢話》에도 있음. 《용재총화》에, 세 사람이 과거를 보기 전 꿈을 꾸었는데 한 사람은 거울이 깨지는 꿈을, 또 한 사람은 허수아비가 문 위에 달린 꿈을, 다음 한 사람은 바람에 꽃이 떨어지는 꿈을 꾸고 점쟁이 집에 해몽을 하러 갔더니 점쟁이는 없고 그 아들이 말하기를 모두 떨어지겠다고 했음. 그러나 점쟁이가 와서 허수아비는 사람들이 올려다보는 것이고, 거울이 깨지면 소리가 있을 것이고, 꽃이 떨어지면 열매가 맺힐 것이므로 세 사람 모두 급제할 것이라고 했고 과연 세 사람 모두 급제했음.

4 줄지어 남쪽으로 날아가는 기러기.

5 어지럽게 함부로 수없이 치는 형장刑杖.

6 목을 매어 죽기에 이름. 교수형絞首刑.

7 청승스러운.

8 굿거리 장단. 무당이 굿할 때 치는 장단. 이 장단은 모든 잡가雜歌의 기본 장단임.

9 삼자비. 장고·제금提琴·피리.

10 세악細樂. 장구·북·피리·저·깡깡이로 연주하는 군악.

"이 몹슬 귀신더라, 나을 자바 갈나거던 조르지나 말염무나. 엄급ㄷ여율령사파쐬庵急急如律令娑婆闕[11]."

진언眞言[12] 치고 안자슬 ᄯᅵ 옥 박그로 봉사奉事[13] 한나 지ᄂᆡ가되, 셔울 봉사 갓틀진ᄃᆡ,

"문수問數하오."

웨련만넌 시골 봉사라,

"문복問卜하오."

하며 외고 가니 춘향이 듯고,

"여보 어만이, 져 봉사 좀 불너주오."

춘향 어모 봉사을 부르난듸,

"여보, 져기 가난 봉사임."

불너논이 봉사 ᄃᆡ답하되,

"게 뉘기, 게 뉘기니."

"춘향 어모요."

"엇지 찻나."

"우리 춘향이가 옥중의셔 봉사임을 잠간 오시라 ᄒᆞ오."

봉사 한 번 우스면셔,

"날 찻기 으외意外로셰. 가졔."

봉사 옥으로 갈 졔 춘향 어모 봉사의 집핑이을 잡고 질을 인도할 졔,

11 진언眞言의 끝에 쓰이는 말. 엄唵은 불교 진언의 첫머리에 나오는 발어사發語辭. '옴'으로 발음함. 급급여율령急急如律令은 주문呪文의 마지막에 쓰이는 말로 그 뜻은 율령律令 같이 빠르게. 율령律令은 빨리 달리는 귀신. 사파娑婆는 사파사娑婆詞의 약어略語. 불경 진언의 마지막에 쓰이는 말. '쐬'는 '評'나 '직칙' 같이 진언의 마지막에 쓰이는 말인데 이것 대신에 쓰는 말. 결국 이 진언은 불경 진언의 앞뒤를 그대로 사용하고 가운데는 일반 주문의 마지막 구句를 넣은 것임.

12 주문을 외우고.

13 장님. 소경.

"봉사임 이리 오시요. 이거슨 독다리요, 이거슨 ᄀᆡ쳔이요, 조심하여 건네시요."

압페 ᄀᆡ쳔이 잇셔 쒸여볼가 무한이 별우다가 쒸난듸, 봉사의 쒸염 이란 계 머리 쒸던 못 하고 올나가기만 한 지리나 올나가는 거시엿다. 머리 쒸단 거시 한 가온듸 가 풍덩 빠져 노왓나듸 기여 나오랴고 집난 게 ᄀᆡ똥을 집펴졔,

"어풀사, 이게 정영丁寧 똥이졔."

손을 드러 맛타보니 무근 쌀밥 먹고 써근 놈이로고. 손을 ᄂᆡ 쐴린 계 모진 도그다가[14] 부듯치니 엇지 압푸던지 입부다가 훌 쓸러너코 우난듸 먼 눈으셔 눈무리 쑥ㄷ 써러지며,

"ᄋᆡ고 ㄷㄷ, ᄂᆡ 팔자八字야. 조고만한 ᄀᆡ쳔을 못 건네고 이 봉변逢變을 당하여스니 수원수구誰怨誰咎[15] 뉘다러 ᄒᆞ리. ᄂᆡ 신세을 ᄉᆡᆼ각ᄒᆞ니 쳔지만물天地萬物을 불견不見이라 주야晝夜을 ᄂᆡ가 알야. 사시四時을 짐작하며, 춘져春節리 당ᄒᆡ온들 도리화ᄀᆡ桃李花開 ᄂᆡ가 알며, 추져秋節리 당ᄒᆡ온들 황국단풍黃菊丹楓 엇지 알며, 부모을 ᄂᆡ 아는야, 쳐자妻子을 ᄂᆡ 아는야, 친구 벗임을 ᄂᆡ 아는야. 세상쳔지世上天地 일월셩신日月星辰과 후박장단厚薄長短[16]을 모르고 밤중 가치 지ᄂᆡ다가 이 지경이 되야ᄉᆞᆫ나. 진소위眞所謂 소경이 그르냐, ᄀᆡ쳔開川이 그르냐. 소경이 글쳬, 아조 ᄉᆡᆼ긴 ᄀᆡ쳔이 그르랴."

ᄋᆡ고 ㄷㄷ 셜이 우니, 춘향 어모 위로ᄒᆞ되,

"고만 우시요."

봉사을 모욕沐浴시계 옥으로 드러가니, 춘향이 반기면셔,

"ᄋᆡ고 봉사임, 어셔 오ㄷ."

봉사 그중으 춘향이가 일ᄉᆡᆨ이란 말은 듯고 반가ᄒᆞ며,

"음셩音聲을 드르니 춘향 각씬閣氏[17]가부다."

14 모가 난 돌에다가. 또는 딱딱한 돌에다가.

15 누구를 원망하고 누구를 탓하랴.

16 두텁고 엷음과 길고 짧음.

17 젊은 여자.

"예, 기옵니다."

"닉가 발셔 와셔 자닉을 한 번이나 볼 터로되 빈직다사貧則多事[18]라 못 오고 쳥하여 왓스니 닉 쉰사[19]가 안이로셰."

"그럴 이가 잇소. 안밍眼盲하옵고 노릭老來의 길역筋力이 엇더ᄒᆞ시요."

"닉 염예는 말게. 딕체 나을 엇지 쳥ᄒᆞ엿나."

"예, 다름 안이라 간밤으 횡몽凶夢을 ᄒᆞ야삽기로 히몽解夢도 ᄒᆞ고 우리 셔방임이 언으 쎄나 나를 차질가 길흉吉凶 여부與否 졈을 ᄒᆞ랴고 쳥ᄒᆞ엿소."

"글허졔."

18 가난하면 일이 많다는 뜻.

19 수인사修人事의 준말.

41. 천하언재天何言哉

봉사 점을 ᄒᆞ난듸,

경이틔세假爾泰筮[1] 유상有常 천경이축致敬而祝 ㄷ왈祝曰,

"천ᄒᆞ언지天何言哉심이요 지ᄒᆞ언지地何言哉실이요만은 고지직응叩之卽應허시는이 신기여의神旣靈矣신이 감이순통은感而遂通焉하소셔.[2] 망지소고罔知休咎와 망셔궐이罔釋厥疑일 유심유영惟神惟靈이 망지소보望垂昭報하야 악가약비若可若非를 싱명고지직응尙明叩之卽應허시는 이 복히伏羲[3], 문왕文王[4], 무왕武王[5], 무공武公[6], 주공周公[7], 공자孔子, 오듸셩현五大聖賢[8], 이셜이쳔七十二賢[9], 안顏·징

1 "저 태서泰筮의 믿음직한 말을 빌어서 경의敬意를 표하면서 비옵니다." 경이는 가이의 잘못. 천경은 치경의 잘못. 태서泰筮는 점쟁이를 높여서 부르는 말. 여흥국余興國의 〈복서원류卜筮源流〉 서의筮儀에 "…태구의 믿음직한 말을 빌어 복서의 믿음직한 말을 빌어…(…假以泰龜有常 假以卜筮有常…)."

2 "하늘이 무슨 말씀을 하시겠으며 땅이 무슨 말을 하시리오마는 두드리면 응답해 주시는 신령께서는 이미 영검하시니 감응하여 드디어 통하게 해 주소서. 길흉吉凶을 알지 못하고 의심을 풀지 못하니 오직 신령께서는 밝으신 지시를 내려 주시어 될 것인지 안 될 것인지를 밝게 알려 주시옵소서(天何言哉 叩之卽應 神之格兮 感而遂通 今有某姓有事關心 不知休咎 罔釋厥疑 惟神惟靈 若可若否 望垂昭報)."
성명고지직응은 상명고지尙明告之와 고지즉응叩之卽應을 합쳐서 쓴 것. 왕유덕王維德의 〈복서정종卜策正宗〉에 동전 세 개에 화로 위 연기를 쏘이면서 다음과 같이 빈다고 되어 있음.

3 중국 고대 전설상의 성군聖君. 포희包羲 또는 복희宓羲라고도 함.

4 주문왕周文王. 원래는 서백西伯이었으나 무왕武王이 즉위하여 아버지를 문왕文王이라고 함.

5 주무왕周武王. 주문왕의 아들.

6 태공太公(姜太公)이나 소공召公의 잘못인 듯함. 소공은 주무왕의 신하.

7 주무왕周武王의 동생. 이름은 단旦.

8 공자孔子·안회顔回·증삼曾參·자사子思·맹자孟子.

9 칠십이현의 잘못. 공자의 제자 가운데 육예六藝에 뛰어난 자가 72명이었음. 《사기》〈공자세가孔子世家〉에 "공자는 시詩·서書·예禮·악樂을 가르쳤는데 제자는 3000명이었고 육예六藝에 통한 자가 72명이었다(孔子以詩書禮樂敎 弟子蓋三千焉 身通六藝者七十有二人)."

曾 · 사思 · 밍孟[10], 셩문십철聖門十哲[11], 졔갈공명션싱諸葛孔明先生, 이순풍李淳風[12], 소강졀邵康節[13], 졍명도程明道[14], 졍이천程伊川[15], 주렴계周嫌溪[16], 주효염朱晦庵[17], 엄군평嚴君平[18], 사마군司馬君[19], 귀곡鬼谷[20], 손빈孫臏[21], 진秦[22], 의儀[23] 왕부사王輔嗣[24], 유훈장朱元璋[25], 졔딕諸大 션싱先生은 명찰명귀明察明記하옵소셔. 마

10 안顔은 안회顔回. 공자의 제자 가운데 가장 뛰어났음. 증曾은 증삼曾參. 높여서 증자曾子라고도 함. 공자의 제자. 사思는 공자의 손자인 공급孔伋. 자사子思는 그의 자字. 증삼에게서 배웠음. 맹孟은 맹가孟軻. 맹자孟子라 함. 자사에게서 배웠음. 이상의 네 명을 통해 공자의 사상이 전해졌음.

11 공자의 뛰어난 제자 열 명. 《논어》에 "공자께서 말씀하시기를, 나를 따라 진·채까지 갔던 사람은 이제 나의 문하에는 없구나. 덕행에는 안연·민자건·염백우·중궁이 있고 언변에는 재아와 자공이 뛰어나고 정치에는 염유와 자로가 있으며 문학에는 자유와 자하가 있다(子曰 從我於陳蔡者 皆不及門也 德行顔淵閔子騫冉伯牛仲弓 言語宰我子貢 政事冉有季路 文學子游子夏)." 이들 열 명을 말함.

12 당唐나라의 방술가方術家.

13 송宋나라의 도학자道學者 소옹邵雍. 강절康節은 그의 시호.

14 송나라의 도학자 정호程顥. 명도明道는 그의 호.

15 송나라의 도학자 정이程頤. 이천백伊川伯을 봉했으므로 이천선생伊川先生이라고 했음. 정호程顥의 동생.

16 송나라의 도학자 주돈이周敦頤. 염계濂溪는 그의 호.

17 송나라의 도학자 주희朱熹. 회암晦庵은 그의 호. 보통 높여서 주자朱子라고 함.

18 한漢나라의 방술가.

19 사마군실司馬君實 또는 사마광司馬光의 잘못인 듯함. 사마광司馬光의 자가 군실君實임. 송나라의 정치가이며 유학자儒學者.

20 귀곡선생鬼谷先生. 전국 시대의 종횡가. 소진과 장의의 스승.

21 전국 시대 제齊나라의 병가兵家.

22 소진蘇秦.

23 장의張儀.

24 중국 삼국 시대 위魏나라의 왕필王弼. 보사輔嗣는 그의 자字. 유학자儒學者.

25 명나라 태조 주원장. 또는 류劉, 운장雲長(유현덕劉玄德과 관운장關雲長)이라고도 할 수 있음.

으도사麻衣道者[26], 구천선여九天玄女[27], 육정六丁, 육갑六甲,[28] 신장神將여. 연월일시年月日時 사지공조四値功曹[29] 빅과동자排卦童子[30], 척괘동남擲卦童男[31], 허공유감虛空有感 여왕 봉가복사本家奉祀 달뇌상화壇爐香火 육신무차보양明神聞此寶香 원사강임은願使降臨焉[32]허소셔.[33] 졀나좌도全羅左道[34] 남원부 쳔변川邊이 거

26 송나라의 관상가觀相家. 진박陳摶의 스승이라고도 함. 《마의상법麻衣相法》이란 책을 지었음.

27 중국 상고上古시대의 선녀. 《황제내전黃帝內傳》에 "황제가 치우를 칠 때 현녀가 기고 80면을 만들었다(帝伐蚩尤 玄女創夔牛鼓八十面)." 기고夔鼓는 기夔라는 짐승의 가죽으로 만든 북으로 그 소리가 500리까지 들렸다 함.

28 육정六丁, 육갑六甲은 도교道敎의 신장神將 이름. 둔갑술을 할 때 이들 신장을 부름.

29 연年·월月·일日·시時의 네 가지가 모두 공조功曹를 만남. 공조功曹는 별 이름.

30 괘卦를 뿌려 놓는 동자.

31 괘를 던지는 동남.

32 '허공유혹虛空有感'은 빈 가운데에도 느낌이 있음. '본가봉사本家奉祀'는 본가에서 받드는 선조의 신. '단로향화壇爐香火'는 제사에 쓰는 그릇. '명신문차보향明神聞此寶香'은 밝은 신은 이 향기를 맡고. '원사강림언願使降臨焉'은 원컨대 강림하소서.

33 주석3~32까지는 점칠 때 읽는 경문의 상투적인 문구. 여흥국余興國의 《복서원류卜筮源流》〈이전대시법以錢代蓍法〉에 "……執龜祝之曰 伏以易前民用 卦合神明 願若有孚 仰叨先天之肇敎 感而遂通 撥開後進之迷道 敬爇爐香 愬聞 上帝 伏義 大禹 文王 周公 孔子 五大聖人 孔門衛道 七十二賢 濂(周敦頤) 洛(程明道 程伊川) 關(張載) 閩(朱晦庵) 陳摶 穆脩 李溉 邵康節 王鬼谷 嚴君平 袁天罡 李淳風 孫臏 管輅 諸葛孔明 列位大聖賢先生 凡有翼易者 共降虛齋 六丁六甲神將 年月日時 四値功曹 排卦童子 成卦童郎 虛空有感 一切聖賢 本境英烈神祇 里裏正神 本家奉祀 壇爐香火 土地福德明神 聞此寶香 願使降臨……"

우리나라에서도 이런 경문이 그대로 쓰였는데 주석자注釋者의 왕고王考 노산옹老山翁(이휘중인李諱中寅 1857~1944)의 〈송엽대시독문松葉代蓍讀文〉에 "維某年某月某日某干支 海東朝鮮國 慶尙某道某郡某里居住 乾命姓命何某 某事關心 罔知休咎 謹請 伏羲 神農 黃帝 堯 舜 禹 湯 文 武 周公 孔子 五大夫 諸賢位 鬼谷 孫臏 秦 儀 王輔嗣 嚴君平 諸葛武侯 郭璞 李淳風 程明道 程伊川 邵康節 朱晦庵 陸象山 朱元璋 麻衣道者 排卦童子 擲卦童子 達摩道士 諸位先生 勿秘昭示."

34 전라도를 좌·우로 나눈 것 가운데 좌도左道. 전라좌도에는 남원진南原鎭·담양潭陽·순창淳昌·용담龍潭·창평昌平·임보任實·무주茂朱·곡성谷城·진안鎭安·옥과玉

居하는 임자싱신壬子生身 곤명坤命[35] 열여烈女 셩춘향成春香이 하월하일何月何日의 방사옥중放赦獄中[36]하오며, 셔울 삼쳔동 거하난 이몽용李夢龍은 하일하시何日何時의 도차본부到此本府[37] 하오릿가. 복걸伏乞 졈신僉神[38]은 신명소시神明昭示하옵소셔."

산통算筒[39]을 철겅ᄃᆞᄃᆞ 흔드던이,

"어듸 보자. 일 · 이 · 삼 · 사 · 오 · 륙 · 칠, 허ᄃᆞ 조타, 상ᄭᅫ上卦로고. 칠간산七艮山[40]이로구나. 어유피망魚游避網[41]헌이 소젹ᄃᆡ셩小積大成이라. 옛날 주무왕周武王이 벼살할 졔 이 ᄭᅫ을 어더 금의환힝錦衣還鄕하야슨이 엇지 안이 조흘손가. 쳘이상지千里相知[42]한이 친인親人이 유명有面이라. 자ᄂᆡ 셔방임이 불월간不月間의 나려와셔 평싱 한을 풀것네. 걱정 마소. 참 조커든."

춘향 ᄃᆡ답하되,

"말ᄃᆡ로 그러하면 오직 조사오릿가. 간 밤 꿈 ᄒᆡ몽이나 좀 하여 주옵소셔."

"어듸 자상仔細이 말을 하소."

"단장丹粧하든 쳬경體鏡이 ᄭᆡ져 보이고, 창젼窓前의 잉도ᄭᅩᆺ시 ᄯᅥ러져 보이고, 문 우의 허수ᄋᆡ비 달여 뵈고, ᄐᆡ산泰山이 문어지고, 바ᄃᆡ 물이 말나 뵈인이 나 죽을 꿈 안이요."

봉사 이윽키 싱각다가 양구良久의 왈,

果 · 운봉雲峰 · 장수長水 · 순천진順天鎭 · 낙안樂安 · 보성寶城 · 능성綾城 · 광양光陽 · 구례求禮 · 흥양興陽 · 동복同福 · 화순和順이 이에 속함.

35 음양가陰陽家에서 쓰는 말. 여자는 곤명坤命 남자는 건명乾命이라고 함.

36 옥에서 풀려나옴.

37 본부本府(남원)에 도착함.

38 여러 신령.

39 점을 칠 때 산算가지를 넣어 흔드는 통.

40 팔괘八卦 가운데 일곱 번째 패인 간괘艮卦. 간艮은 자연 가운데 산을 나타냄.

41 점사占辭. "고기가 물에서 놀되 그물을 피하니 작은 것이 쌓여서 큰 것이 이루어진다."

42 점사. "천 리나 멀리 떨어져 있어도 서로 마음을 아니 친한 사람을 만날지라."

“그 삼 장이 좃타. 화락花落한이 능셩실能成實이요, 파경破鏡한이 기무셩豈無聲가. 능이 열ᄆᆡ가 여러야 ᄭᅩ시 ᄯᅥ러지고, 거울이 ᄭᆡ여질 ᄯᆡ 소리가 업슬손가. 문상門上의 현우인懸偶人한니 만인萬人이 ᄀᆡ앙시皆仰視라. 문 우의 허수ᄋᆡ비 달여 씨면 사람마다 우러러볼 거시요. ᄒᆡ갈海渴ᄒᆞ이 용안견龍顔見이요, 산붕山崩헌이 지ᄐᆡᆨ평地澤平이라. 바ᄃᆡ가 말으면 용龍으 얼골을 능히 볼 거시요, 산이 문어지면 평지平地가 될 거시라. 좃타, 쌍가ᄆᆡ 탈 삼이로세. 걱정 마소. 머지안네.”

한참 이리 수작할 제, ᄯᅳᆺ박기 가막구가 옥 담의 와 안ᄯᅥᆫ이 ᄭᅡ옥ᄭᅡ옥 울거늘 춘향이 손을 드러 후여 날이며,

“방졍마진 가막구야, 날을 자버 갈나거든 졸으기나 말여무나.”

봉사가 이 말을 듯던이,

“가만 잇소. 그 가막구가 ㄷ옥 ㄷㄷ 그러케 울제.”

“예, 그레요.”

“좃타 ㄷㄷ. 가 ᄶᆞ는 아름다울 가 ᄶᆞ嘉字요, 옥 ᄶᆞ는 집 옥 ᄶᆞ屋字라. 알음답고 길겁고 조흔 일이 불원간不遠間의 도라와셔 평ᄉᆡᆼ으 밋친 한을 풀 거신이 조금도 걱정 마소. 직금은 복치卜債 쳔 양千兩을 준ᄃᆡ도 안니 바더 갈 거신이 두고 보고 영귀榮貴하게 되는 ᄯᆡ의 괄셰恝視나 부ᄃᆡ 마소. 나 도라가네.”

“예, 평안이 가옵시고 후일상봉後日相逢ᄒᆞ옵씌다.”

춘향이 장탄수심長嘆愁心으로 셰월을 보ᄂᆡ니라.

42. 수의등정繡衣登程

잇ᄯᅴ 한양셩 도련임은 주야晝夜로 시셔詩書 ᄇᆡᆨ가어百家語[1]를 숙독熟讀하야슷니, 글노난 이ᄇᆡᆨ李白이요, 글씨는 왕흐지王羲之라. 국가으 경사慶事 잇셔 ᄐᆡ평과太平科[2]을 뵈이실ᄉᆡ 서칙을 품으 품고 장중場中으 드러가 좌우을 둘너보니 억조창ᄉᆡᆼ億兆蒼生[3] 허다션비許多先輩 일시一時의 숙ᄇᆡ肅拜한다. 어악풍유御樂風流[4] 쳥ᄋᆡ셩淸雅聲의 잉무ᄉᆡ가 춤을 춘다. ᄃᆡ제학大提學 ᄐᆡᆨ출擇出하야 어제御題[5]을 ᄂᆡ리신이 도승지都承旨 모셔ᄂᆡ여 홍장紅帳 우여 거러논니 글 졔題으 하어씨되,

"춘당춘ᄉᆡᆨ春塘春色이 고금동古今同이라."[6]

두러시 거러건늘 이 도령 글 졔題을 살펴보니 익키 보던 ᄇᆡ라. 시제詩題을 펼쳐 노코 ᄒᆡ제解題[7]을 ᄉᆡᆼ각ᄒᆞ야 용지연龍池硯[8]으 먹을 가라 당황모唐黃毛 무심필無心筆[9]을 반중동 덥벅 푸러 왕히지 필법筆法으로 조ᄆᆡᆼ보趙孟頫[10] 쳬體을 바다 일필휘지一筆揮之 션장先場[11]하니, 상시관上試官[12] 이 글을 보고 자ᄃᆞ字字이 비졈批

1 제자백가諸子百家의 서書.
2 나라에 경사가 있을 때 보이던 전시殿試.
3 수많은 인민人民.
4 궁중에서 임금 앞에 올리는 아악. 장악원掌樂院의 풍악風樂.
5 임금이 정한 과거시험의 문제.
6 '춘당대春塘臺의 봄빛은 예나 지금이나 같다.' 춘당대는 창경원 안에 있음. 과제科題는 당시에 가장 유명했던 것인 듯함.
7 시제試題의 뜻풀이.
8 용을 조각한 벼루.
9 중국에서 나는 족제비털로 만든 붓.
10 원元나라의 서예가. 자字는 자앙子昂이고 호號는 송설松雪.
11 과거를 볼 때 글장을 제일 먼저 바치는 것.
12 수석首席 시관試官.

點[13]이요, 귀ㄷ句句이 관주貫珠[14]로다. 용사비등龍蛇飛騰[15]ᄒᆞ고 평사낙안平沙落雁[16]이라. 금셰今世으 ᄃᆡᄌᆡ大才로다. 금방金榜[17]으 일홈을 불너 어주삼ᄇᆡ御酒三盃 권하신 후 장원壯元 급졔及第 휘장揮帳[18]이라. 실ᄂᆡ新來[19]으 진퇴進退[20] 나올 적으 머리예는 어사화御賜花[21]요, 몸으난 잉삼鶯衫[22]이라. 허리로 예난 학ᄃᆡ鶴帶[23]로다. 삼일유과三日遊街[24]한 연후의 산소山所[25]으 소분掃墳[26]하고 젼하殿下게 숙ᄇᆡ肅拜ᄒᆞ니, 젼하게옵셔 친이 불너 보신 후의,

"경卿[27]의 ᄌᆡ조 ㄷ졍朝廷으 웃듬이라."

하시고 도승지都承旨 입시入侍하사 졀나도 어사御史[28]을 제수除授하시니 평싱

13 시문詩文이 묘하게 된 곳에 붉은 색으로 점을 그 곁에 찍는 것.

14 시문詩文을 꿇아서 잘된 곳에 붉은 색으로 작은 동그라미를 그 곁에 치는 것. 권점圈點.

15 용이 날아오르듯이 필세筆勢가 웅장한 것을 말함.

16 필력筆力이 가볍고 빠른 것이 모래벌판에 기러기가 날아와 앉은 것같이 앉기는 앉았으되 자취가 없는 듯함을 말함.

17 과거에 급제한 사람의 이름을 써서 길거리에 붙이는 글. 과시科試에 합격한 사람을 금방제명金榜題名이라 함.

18 과거에 제일第一로 급제하여 그 답안을 시험장에 게시하는 것.

19 새로 문과文科에 급제한 사람.

20 물러나오는 걸음걸이의 일종인 듯함.

21 문무과文武科 급제자에게 임금이 주던 종이로 만든 꽃.

22 나이 어린 선비가 생원生員이나 진사進士에 합격했을 때나 또는 신래급제新來及第가 입던 예복.

23 학鶴의 수繡를 놓은 띠.

24 과거에 급제한 사람이 좌주座主, 선배, 친척을 예방禮訪하는 놀이. 좌주座主는 급제자의 시관試官을 말함.

25 조상의 무덤이 있는 곳.

26 경사로운 일이 있을 때 조상의 무덤에 가서 제사 지내는 일.

27 임금이 신하를 부를 때 그를 가리켜 부르는 말.

28 정치의 치적이나 백성의 고통을 살피기 위해 임금이 비밀리에 파견하던 관리. 암행어사暗行御史.

으 소원所願이라. 수의繡衣[29], 마ᄑᆡ馬牌[30], 유쳑鍮尺[31]을 ᄂᆡ주시니 젼하게 하직ᄒᆞ고 본ᄃᆡ本宅으로 ᄂᆞ갈 졔, 쳘관鐵冠[32] 풍ᄎᆡ風彩는 심산ᄆᆡᆼ호深山猛虎 갓탄지라. 부모젼 하작ᄒᆞ고 졀나도로 ᄒᆡᆼ할ᄉᆡ, 남ᄃᆡ문南大門[33] 밧 셕 나셔ᄃ 셔리胥吏[34], 중방中房[35], 역졸驛卒 등等를 거나리고 쳥ᄑᆡ역靑坡驛[36] 말 자바 타고, 칠ᄑᆡ七牌 팔ᄑᆡ八牌[37], ᄇᆡ다리[38] 얼는 너머, 밥젼거리[39] 지ᄂᆡ 농젹銅雀[40]이를 얼픗 거네 남ᄐᆡ령南太嶺[41]을 너머, 과쳔읍果川邑[42]의 즁와中火ᄒᆞ고, 사그ᄂᆡ沙斤乃, 밀럭당彌勒堂[43]이, 수원水原[44] 숙소宿所ᄒᆞ고, ᄃᆡ함괴大皇橋[45], ᄯᅥᆨ젼거리[46], 진ᄀᆡ올[47], 즁밋中彌[48], 진의

29 수를 놓은 옷인데 암행어사를 가리키는 말로도 쓰임.

30 대소관원大小官員이 공무로 출행할 때 역마驛馬를 징발하는 표로 썼던 구리로 만든 둥근 패. 한쪽에는 자호字號와 연월일年月日을 새겼고, 다른 한쪽에는 말을 새겼음. 말의 수는 한 마리에서 열 마리까지. 어사御史가 인장으로 대신 쓰는데 출두出頭할 때는 역졸이 암행어사 출두를 외침.

31 검시檢屍나 기타 다른 일에 쓰던 놋쇠로 만든 자.

32 어사御史가 쓰던 갓.

33 서울 남쪽에 있는 숭례문崇禮門.

34 아전衙前. 지방 관아에 딸린 낮은 벼슬아치.

35 수령守令의 종자從者.

36 서울 남대문 밖에 있던 청파역靑坡驛.

37 모두 남대문 밖에 있었음.

38 지금 서울 용산에 있던 주교舟橋.

39 서울 용산구 이태원에 있던 지명.

40 지금 국군 묘지가 있는 동작동.

41 서울과 과천 사이에 있는 고개. 속담에 '남태령南太嶺부터 긴다'는 말이 있음.

42 경기도의 현명縣名. 지금의 경기도 과천.

43 과천果川의 미륵원彌勒院.

44 경기도의 군명郡名.

45 수원과 병점 사이에 있는 다리.

46 병점거리餠店巨里. 지금의 경기도 병점.

47 병점과 중미中彌 사이에 있는 지명.

48 수원과 진위振威 사이에 있는 지명.

읍振威邑[49]의 중와ᄒᆞ고, 칠원[50], 소ᄉᆡ素沙[51], ᄋᆡ고다리[52], 셩환역成歡驛[53]의 숙소ᄒᆞ고, 상유쳔上柳川[54] 하유쳔下柳川, ᄉᆡ술막新酒幕[55], 쳔안읍天安邑[56]의 중와ᄒᆞ고, 삼거리三巨里[57], 도리티道理峙[58], 짐게역金堤驛[59] 말 가라타고 신新 · 구舊 덕평德坪[60]을 얼는 지ᄂᆡ 원터院基[61]의 숙소宿所ᄒᆞ고, 팔풍정八風亭[62], 화란弓院[63], 광졍廣程[64], 모란[65], 공주公州[66], 금강錦江을 건네 금영錦營[67]의 즁와ᄒᆞ고, 놉푼 힝질[68] 소ᄀᆡ문[69], 어미널틔[70], 졍쳔敬天[71]의 숙소ᄒᆞ고, 뇌셩魯城[72], 풋ᄀᆡ[73], 사다리[74], 은진恩津[75], 간치당이[76], 황화정皇華亭[77], 장ᄋᆡ미고ᄀᆡ[78], 여산읍礪山邑[79]의 숙소 참站ᄒᆞ

49 경기도의 현명縣名.
50 갈원葛院. 진위 남쪽 20리에 있음.
51 소사평素沙坪. 갈원과 성환成歡의 사이에 있는 지명.
52 충청도와 경기도의 경계에 있던 다리와 그 부근의 지명.
53 천안天安 남쪽 10리에 있는 역명驛名.
54 대황교大皇橋 부근에서 흘러 내려오는 물 이름.
55 신주막新酒幕. 천안 북쪽 10리에 있는 동명洞名.
56 충청도의 군명郡名. 지금의 천안시天安市.
57 천안 삼거리. 천안 남쪽 6리에 있는 지명.
58 도리티. 천안 삼거리 부근의 고개.
59 천안 남쪽 23리에 있는 역명驛名.
60 신덕평新德坪, 구덕평舊德坪 모두 지명. 금제金蹄와 원기院基 사이에 있음.
61 원기院基. 덕평과 광정廣程의 사이에 있는 지명.
62 원기와 광정 사이에 있는 지명.
63 활원弓院의 속俗. 공주公州 북쪽 40리에 있음.
64 공주公州 북쪽 45리에 있는 역명驛名. 활원과 순서가 바뀌었음.
65 공주 북쪽 26리에 있는 모로원毛老院의 속俗.
66 충청도에 있는 주명州名.
67 충청도 감영監營의 별칭別稱.
68 행길. 행로行路.
69 금영과 판치板峙의 사이에 있는 지명.
70 판치板時. 공주公州와 경천敬天의 사이에 있는 지명.
71 판치와 노성魯城의 사이에 있는 지명.

고, 잇튼날 셔리胥吏 중방中房 불너 분부하되,

"졀나도全羅道 초읍初邑 여산礪山이라. 막즁국사莫重國事 거힝불명직擧行不明則 죽기를 면치 못ᄒᆞ리라."

72 노산성魯山城. 《동국여지승람東國輿地勝覽》에 "이산현의 노산성은 돌로 쌓았는데 둘레가 1950척이고 높이가 8척이다. 성 가운데 우물이 네 곳이 있다(尼山縣魯山城 石築周一千九百五十尺 高八尺 內有四井)."

73 초포草浦. 연산현連山縣 서쪽 20리에 있는 지명.

74 사교沙橋 또는 사제沙梯. 《동국여지승람》에 "연산현에 포천원이 있는데 포천의 동쪽 둑에 있다. 사제라고도 부른다(連山縣布川院 在布川東岸 一名沙梯)."

75 충청도의 현명縣名.

76 작지鵲旨. 여산군礪山郡 북쪽 12리에 있는 지명.

77 《동국여지승람》에 "여산군의 황화정은 군의 북쪽 11리에 있다. 관찰사가 바뀔 때 그곳에서 교대한다(礪山郡皇華亭 在郡北十一里 新舊觀察使 交代之所)."

78 지애미 고개. 여산礪山 북쪽 7리에 있음.

79 전라도의 군명郡名.

43. 함포고복含哺鼓腹

추상秋霜갓치 호령ᄒᆞ며 셔리胥吏 불너 분부하되,

"너은 좌도左道[1]로 드러 진산珍山 · 금산錦山 · 무주茂朱 · 용담龍潭 · 진안鎭安 · 장수長水 · 운봉雲峯 · 구례求禮로 이 팔읍八邑를 순힝巡行ᄒᆞ여 아모 날 남원읍의로 ᄃᆡ령待令ᄒᆞ고, ᄌᆞ[2], 중방中房 · 역졸驛卒네으 등等은 우도右道[3]로 용안龍安 · 함열咸悅 · 임피臨陂 · 옥구沃溝 · 짐졔金堤 · 간경萬頃 · 고부古阜 · 부안扶安 · 홍덕興德 · 고창高敞 · 장셩長城 · 영광靈光 · 무장茂長 · 무안務安 · 함평咸平으로 순힝ᄒᆞ야 아모 날 남원읍으로 ᄃᆡ령ᄒᆞ고, 종사從事 불너 익산益山 · 금구金溝 · ᄐᆡ린泰仁 · 졍읍井邑 · 순창淳昌 · 옥과玉果 · 광주光州 · 나주羅州 · 창평昌平 · 담양潭陽 · 동복洞福 · 화순和順 · 강진康津 · 영암靈巖 · 장흥長興 · 보셩寶城 · 흥양興陽 · 낙안樂安 · 순쳔順天 · 곡셩谷城으로 순힝ᄒᆞ여 아모 날 남원읍으로 ᄃᆡ령ᄒᆞ라."

분부ᄒᆞ여 ᄀᆡᆨ기各其 분발分撥[4]ᄒᆞ신 후의 어사ᄯᅩ御史道[5] ᄒᆡᆼ장行裝을 ᄎᆡ리난듸 모양 보소 숫 사람[6]을 소기랴고 모자帽子 업난 헌 파립破笠의 버레줄[7] 총ㄷ ᄆᆡ여 초사

1 전라좌도全羅左道.

2 행동을 재촉하여 지르는 고함 소리.

3 전라우도全羅右道를 말함. 여기에는 전주진全州鎭 · 익산益山 · 김제金堤 · 고부古阜 · 금산錦山 · 진산珍山 · 여산礪山 · 만경萬頃 · 임피臨陂 · 김구金溝 · 정읍井邑 · 흥덕興德 · 부안扶安 · 옥구沃溝 · 용안龍安 · 함열咸悅 · 고산高山 · 태인泰仁 · 나주진羅州鎭 · 광산光山 · 영암靈巖 · 영광靈光 · 함평咸平 · 고창高敞 · 장성長城 · 진원珍原 · 무장茂長 · 남평南平 · 무안務安 · 장흥진長興鎭 · 진도珍島 · 강진康津 · 해남海南 · 제주진濟州鎭 · 대정大靜 · 정의旌義가 속했음.

4 나누어 파발擺撥함.

5 어사御史를 높여 일컫는 말.

6 숱한 사람. 여러 사람.

7 벌이줄. 물건을 버티어서 이리저리 얽어매는 줄.

草紗[8] 갓ᄉᆞᆫ 다러 쓰고, 당만 나문 헌 망근網巾[9]의 갑풀 관자貫子[10] 녹ᄉᆞᆫ 당줄 다라 쓰고, 으몽[11]하게 헌 도복道服[12]의 무명실 씌를 흉즁胸中의 둘너ᄆᆡ고, 살만 나문 헌 붓치의 솔방올 션초扇錘[13] 다러 일광日光을 가리고 나려올 제, 통ᄉᆡ암[14] · 삼이參禮 숙소ᄒᆞ고, 한ᄂᆡ[15] · 주엽졩이[16] · 가린ᄂᆡ[17] · 싱금정[18] 귀경求景ᄒᆞ고, 숩졍이[19] · 공북누拱北樓[20] 셔문를 얼는 지ᄂᆡ 남문의 올나 사방을 둘너보니 소호西湖[21] 강남江南[22] 여기로다. 기린토월麟麟吐月[23]이며, 한벽쳥연寒碧淸煙[24] · 남고모종南固暮鍾[25] · 곤지망월乾止望月[26] · 다가사우多佳射侯[27] · 덕진치련德眞採蓮[28] · 비부낙안

8 품질이 낮은 비단.
9 망건. 망건의 윗부분.
10 아교로 만든 관자.
11 의뭉. 겉으로는 어리석은 것 같으나 슬기가 있음.
12 도포와 같은 말.
13 부채의 사북에 늘여 놓은 장식물.
14 삼례參禮의 북쪽 10리에 있는 지명.
15 삼례의 남쪽 30리에 있는 지명.
16 전주의 북쪽 20리에 있는 지명.
17 추천楸川. 덕진德眞 부근에 있는 지명.
18 덕진 부근에 있는 지명.
19 전주의 북문 밖에 있는 지명.
20 공북정拱北亭. 전주의 서북쪽 5리에 있는 정자.
21 서호西湖. 서호는 두 군데가 있는데 하나는 중국 절강浙江 항현杭縣에 있는 전당호錢塘湖이고, 다른 하나는 안휘安徽 부양현阜陽縣에 있음.
22 중국의 양자강揚子江 이남을 말함.
23 기린봉麒麟峰에 솟은 달.
24 한벽당寒碧堂의 맑은 잔치. 한벽당은 전주 남쪽에 있음.
25 남고사南高寺의 저녁 종소리. 남고사는 전주에 있는 절.
26 건지산乾止山의 보름달. 건지산은 전주에 있는 산.
27 다가산多佳山의 활 쏘는 과녁.
28 덕진지德眞池의 연밥 캐기. 덕진지는 전주 북쪽 10리에 있는 연못.

飛飛落雁[29] · 위봉폭포威鳳爆布[30] · 완산팔경完山八景[31]을 다 귀경ᄒᆞ고 차ㄷ로 암힝暗行ᄒᆞ야 나리올 제, 각읍各邑 수守 · 령令더리 어사御史 낫싼 말을 듯고 민졍民情을 가다듬고 전공사前公事을 염예念慮할 제 ᄒᆞ인들 편ᄒᆞ리요. 이방吏房 · 호장戶長 실혼失魂ᄒᆞ고, 공사회계公事會計ᄒᆞ난 형방刑房 · 셔기書記 얼는 ᄒᆞ면 도망차逃亡次로 신발ᄒᆞ고, 수다數多한 각청상各廳上이 넉실 이러 분주奔走할 제, 잇ᄯᆡ 어사ᄯᅩ난 임실任實 구화ᄯᅳᆯ[32] 근쳐近處을 당도ᄒᆞ니 차시此時 맛참 농졀農節리라. 농부農夫더리 농부가農夫歌 ᄒᆞ며 이러할 제 야단惹端이엿다.

어여로[33] 상사뒤요[34]
철리건곤千里乾坤 ᄐᆡ평시太平時의
도덕道德 노푼 우리 셩군聖君
강구연월康衢烟月 동요童謠 듯던
요堯임군 셩덕聖德이라
어여로 상사뒤요

순舜임군 놉푼 셩덕으로 ᄂᆡ신 셩기成器[35]
역산歷山의 밧슬 갈고

29 비비정飛飛亭에 날아내리는 기러기. 비비정飛飛亭은 전주 북쪽 30리에 최영길崔永吉이 세운 정자.
30 전주 위봉산성威鳳山城에 있는 폭포.
31 완산完山의 여덟 경치. 주석23~30까지를 말함. 완산은 지금의 전주.
32 구화들. 임실에 있는 들판의 이름.
33 이여차. 여럿이 힘을 합할 때 지르는 소리.
34 흥을 돋우는 말.
35 그릇이 이루어짐. 《사기》〈오제본기〉에 “순은 역산에서 밭을 갈았는데 역산의 사람들이 모두 밭을 양보했고, 뇌택에서 고기잡이를 했는데 뇌택 사람들이 모두 그 자리를 양보했다. 또 하수가에서 그릇을 구웠는데 그릇이 모두 이지러지지 않았다(舜耕歷山 歷山之人皆讓畔 漁雷澤 雷澤上人皆讓居 陶河濱 器皆不苦窳).”

어여로 상사뒤요
실농씨神農氏[36] 닉신 짜부[37]
쳔추만딕千秋萬代 유젼流傳ᄒᆞ니
어이 안이 놉푸던가
어여로 상사뒤요

하우씨夏禹氏 어진 임군
구연홍수九年洪水 다사리고
여ᄃᆞ라 상사뒤요

은왕셩탕殷王成湯 어진 임군
딕한칠연大旱七年 당하여네
여ᄃᆞ라 상사뒤요

이 농사農事를 지어 닉여
우리 셩군聖君 공셰貢稅[38] 후의 나문 곡식 작만ᄒᆞ야
앙사부모仰事父母[39] 안이하며
하륙쳐자下育妻子 안이할가
여ᄃᆞ라 상사뒤요

36 중국 고대의 농업신. 사마정司馬貞의 《삼황본기三皇本紀》에 "염제 신농씨의 성은 강씨이다. 나무를 깎아 보습을 만들고 나무를 휘어서 쟁기를 만들었다. 그리고 쟁기질과 호미질을 만민에게 가르쳐 처음으로 경작하는 것을 가르쳤다. 그래서 호를 신농이라고 했다(炎帝 神農氏 姜姓 斲木爲耜 揉木爲耒 耒耨之用 以敎萬民 始敎耕 故號神農氏)."
37 따비. 농기구의 일종.
38 세금을 내는 것.
39 《맹자》〈양혜왕장梁惠王章〉에 "위로는 족히 부모를 섬길 수 있고 아래로는 족히 처자를 거느릴 수 있다(仰足以事父母 俯足以畜妻子)."

ᄇᆡᆨ초百草를 심어
사시四時을 짐작하니
유신有信한 게 ᄇᆡᆨ초로다
여ᄃᆞ라 상사뒤요

청운靑雲[40] 공명功名 조흔 호강豪强
이 업業을 당할소냐
여ᄃᆞ라 상사뒤요

남전북답南田北沓 기경起耕ᄒᆞ야
함포고복含哺鼓腹ᄒᆞ여 보ᄉᆡ
어널ᄃᆞ 상사뒤요

한참 이리 할 제 어사ᄯᅩ 주령[41] 집고 이만하고 셔ᄃᆞ[42] 〈농부가〉을 귀경하다가,
"거기넌 ᄃᆡ풍大豊이로고."

40 높은 벼슬. 《사기》〈범저채택열전范雎蔡澤列傳〉에 "나(須賈)는 그대가 능히 높은 벼슬에 오르리라고 생각지는 못했소(賈不意 君能自致於靑雲之上)."

41 지팡이.

42 이만큼 거리를 두고 떨어져서.

44. 전원문답田園問答

쏘 한편을 바ᄅᆡ본이 ㄷ상한 이리 잇다. 즁씰한 노인[1]더리 씰ㄷ리[2] 뫼와 셔ㄷ 등걸바슬[3] 이루난ᄃᆡ[4], 갈멍덕[5] 수게 씨고 소실양[6] 손으 들고 〈ᄇᆡᆨ발가白髮歌〉를 부르난ᄃᆡ,

등장等狀[7]가자 ㄷㄷㄷㄷ
하날임 젼前으 등장 가량이면
무슨 말을 하실난지
늘근이는 죽지 말고
졀문 사람 늑지 말게
하난임 젼의 등장 가ᄉᆡ
원수寃讐로다 ㄷㄷㄷㄷ
ᄇᆡᆨ발白髮리 원수로다
오는 ᄇᆡᆨ발 막그랴고
우수右手의 도치[8] 들고
좌수左手의 가시 들고
오는 ᄇᆡᆨ발 쑤다리며
가는 홍안紅顔 거러당게
청사靑絲로 결박結縛ᄒᆞ야

1 중늙은이.
2 끼리끼리.
3 나무를 잘라 낸 그루터기가 많은 땅.
4 일구는데. 논이나 밭을 만들려고 땅을 파서 엎는 것.
5 갈대로 만든 삿갓.
6 쇠스랑. 농기구의 일종.
7 두 사람 이상이 연명連名하여 올리는 소장訴狀.
8 도끼.

단ㄷ이 졸나ᄆᆡ되

가는 홍안 절노 가고

ᄇᆡᆨ발은 시ㄷ時時로 도라와

귀 밋ᄐᆡ 살 잡피고

거문 머리 ᄇᆡᆨ발되니

조여쳥사모셩셜朝如靑絲暮成雪[9]이라

무정無情한 게 셰월歲月이라

손연ᄒᆡᆼ낙少年行樂 집푼들

왕ㄷ往往이 달나간이

ㄷ 안니 광음光陰인가

쳔금준마千金駿馬 자버 타고

장안長安[10] ᄃᆡ도道 달이고져

만고강산萬古江山 조흔 경ᄀᆡ

다시 한 번 보고지거

졀ᄃᆡ가인絶代佳人 졋ᄐᆡᆨ 두고

ᄇᆡᆨ만괴ᄐᆡ百般嬌態[11] 놀고지거

화초월ᄉᆡᆨ花朝月夕[12] 사시가경四時佳景

눈 어둡고 귀가 머거

볼 수 업고 들를 수 업셔

하릴 업난 일리로셰

9 이백李白의 〈장진주사將進酒辭〉에 "그대는 또한 보지 못했는가 높은 마루의 맑은 거울에 비친 슬픈 백발을, 아침에는 푸른 실 같더니 저녁에는 흰 눈이 되었구나(又不見高堂明鏡悲白髮 朝如靑絲暮成雪)."

10 서한西漢의 수도首都. 일반적으로 서울이라는 의미로도 쓰임.

11 여러 가지 아리따운 자태.

12 꽃 피는 아침과 달 뜨는 저녁. 좋은 시절의 아름다운 경치. 《제요록提要錄》에는 2월 15일을 화조花朝, 8월 15일을 월석月夕이라고 한다 했음.

슬푸다 우리 벗임
어듸로 가게난고
구추단풍九秋丹楓 입 진다시
셔아ㄷㄷ[13] 덜어지고
시벽 하날 별 진다시
삼오ㄷㄷ三五三五[14] 시러진니
가넌 지리 어듸믿고
어여로 가릐질리야[15]
아마도 우리 인싱人生
일장춘몽一場春夢인가 ᄒᆞ노라.

한참 이리 할 제 한 농부農夫 썩 나셔며,
“담부 먹시 ㄷㄷㄷㄷ.”
갈멍덕 숙예 쓰고 두던[16]의 나오더니 곱돌[17] 조듸 넌짓 드러 쐉뭉이[18] 더듬써니 가죽 쌈지 쎄여 놋코 담비의 셰우[19] 침을 밧터 엄지가락이 잡바라지게 비빗ㄷㄷ 단ㄷ이 너허 집 불을 뒤져 노코 화로火爐의 푹 질너 담부를 먹난듸, 농군農軍이라 ᄒᆞ난 거시 듸가 싹ㄷᄒᆞ면 쥐식기 소리가 나것다. 양 볼틔기가 옴옥ㄷㄷ 코궁기가 발심ㄷㄷ 연기煙氣가 홀ㄷ 나게 푸여 물고 나셔니, 어사쏘 반말[20]ᄒᆞ기난 공

13 선뜻 선뜻.
14 드문 드문. 《시경詩經》에 “반짝이는 작은 별이 드문드문 동녘에 있을 때(嘒彼小星三五在東).”
15 가래로 흙을 떠 옮기는 일.
16 두덩. 둔덕.
17 곱돌로 만든 담뱃대.
18 꽁무늬.
19 세게.
20 말끝을 맺지 않아 높고 낮추는 뜻을 드러내지 않는 말.

셩[21]이 낫졔.

"져 농부 말 좀 무러보면 조커쑤만."

"무삼 말."

"이 골 춘향니가 본관本官의 수쳥守廳드러 뇌물賂物을 만이 바더묵고 민졍民政의 작폐作弊한단 말이 올흔지."

져 농부 열을 닉여,

"게가 어딕 삽나."

"아무듸 사든지."

"아무듸 사든지란이 게난 눈콩알 귀쏭알리 업나[22]. 지금 춘향이를 수쳥 아니 든다 하고 형장刑杖 맛고 갓쳐쓰니 창가娼家의 그런 열여烈女 셰상의 드문지라. 옥결 갓튼 춘항 몸의 자닉 갓턴 동낭치[23]가 누셜陋說을 시치다는[24] 비러먹도 못 ᄒᆞ고 굴머 뒤여지리. 올나간 이 도령二道令인지 삼 도령三道令인지 그놈의 자식은 일거후 무소식一去後無消息하니 인사人事가 그러코는 벼살은 컨이와 닉 좃도 못하졔[25]."

"어, 그계 무슨 말인고."

"웨, 엇지 됨나."

"되기야 엇지 되야마는 남의 말노 구십口習[26]을 너머 고약키 하난고."

"자닉가 철 모로난 말을 하믹 그러체."

21 이골이 나다. 아주 버릇이 들었다는 뜻.
22 눈과 귀가 없느냐는 말을 상스럽게 한 것.
23 동냥아치. 동냥하는 사람.
24 지치다의 잘못. 지치다는 끼치다의 사투리.
25 아무 것도 못한다는 말을 상스럽게 한 것.
26 말버릇.

45. 도봉혈서道逢血書

수작을 파하고 도라셔며,

"허ㄷ, 망신亡身이로고. 자, 농부네덜 일하오."

"예."

하직하고 모롱이를 도라드니, 아히 하나 오난듸 주령막ᄃᆡ ᄡᅳ으면서 시조時調 절반折半 ᄉᆡ살辭說[1] 절반 셕거하되,

오날이 몃칠인고
쳘 이千里 ᄭᅵᆯ 한양셩을 몃칠 거러 올나가랴
조자룡趙子龍[2]의 월강越江하던 쳔총마千驄馬[3]가 잇거드면
금일今日노 가련마는
불향不祥하다 춘향이난 이 셔방李書房을 ᄉᆡᆼ각하야
옥중의 갓치여셔 명제경각命在頃刻 불상하다
몹실 양반 이 셔방은 일거一去 소식消息 돈절頓絕한이
양반의 도례道理난 그러헌가.

어사ᄯᅩ 그 말 듯고,

"이ᄋᆡ, 어ᄃᆡ 잇듸."

"남원읍의 사오."

"어ᄃᆡ를 가늬."

"셔울 가오."

"무삼 일노 가니."

"춘향의 편지 갓고 구관ᄃᆡᆨ舊官宅의 가오."

1 잔소리로 늘어놓는 말.
2 촉한蜀漢의 조운趙雲. 자룡子龍은 그의 자.
3 푸른 빛을 띤 부루말.

"이ᄋᆡ, 그 편지 좀 보자구나."

"그 양반 철 모로는 양반이네."

"웬 소린고."

"글시, 드러보오. 남아男兒 편지 보기도 어렵거든 항況 남의 ᄂᆡ간內簡을 보잔단 말이요."

"이ᄋᆡ, 드러라. ᄒᆡᆼ인行人[4]이 임발臨發 우ᄀᆡ봉又開封이란 말이 잇난이라. 좀 보면 관게關係ᄒᆞᆫ냐."

"근 양반 몰골은 ᄉᆖᆼ악凶惡ᄒᆞ구만 문자 속은 기특ᄒᆞ오. 얼풋 보고 주오."

"호로자식胡奴子息[5]이로고."

편지 바더 ᄊᆡ여 보니 사연辭緣의 ᄒᆞ여쓰되,

일차 이별 후一次離別後 셩식聲息이 적조積阻ᄒᆞ니 도련임 시봉쳬후侍奉體候[6] 만안萬安ᄒᆞ옵쓴지 원절복모願切伏慕[7]ᄒᆞ옵ᄂᆡ다. 쳔쳡賤妾 춘향은 장ᄃᆡ노상杖臺牢上[8]의 관봉치ᄑᆡ官逢致敗[9]ᄒᆞ고 명ᄌᆡ경각命在頃刻이라. 지어사경至於死境의 혼비魂飛 황능지묘黃陵之廟[10]ᄒᆞ야 출몰귀관出沒鬼關[11]ᄒᆞ니 쳡신妾身이 수유만사雖有萬死나 단지但知 열불이경烈不二更이요, 쳡지사ᄉᆡᆼ妾之死生과 노모형상老母形狀이

4 장적張籍의 시 〈추사秋思〉에 "낙양성에 가을바람이 부니 집으로 편지를 부치려는데 그 뜻이 너무 많도다. 급히 쓰느라 할 이야기를 다 못했을까 두려워 편지를 전해 주는 사람이 길 떠남을 당해 또 편지를 열더라(洛陽城裏見秋風 欲作家書意萬重 復恐怱怱說不盡 行人臨發又開封)."

5 후레자식. 버릇이 없는 놈.

6 어버이를 모시는 몸. 편지에 부모를 모시고 있는 사람에게 쓰는 말.

7 간절히 엎드려 바란다는 뜻.

8 주리를 트는 형틀 위에서.

9 관재官災를 만나 크게 일이 잘못됨.

10 혼이 황릉묘黃陵廟로 날아감. 황릉묘는 순임금의 두 부인인 아황과 여영의 묘.

11 혼이 귀문관鬼門關에 출몰함. 귀문관은 중국 광서廣西에 있는 관문. 이곳에 한 번 가면 살아오기 어렵다고 해서 붙여진 이름.

부지히경不知奚境[12]이오니 셔방書房임 심양쳐지深諒處之[13]ᄒᆞ옵소셔.

편지 긋틔 ᄒᆞ여쓰되,

기셰하시군별첩去歲何時君別妾[14]고
작이동혈우동추昨已冬節又動秋라
광풍반야우여셜狂風半夜雨如雪ᄒᆞ니
하위남원옥즁퇴何爲南原獄中囚라.[15]

혈셔血書로 ᄒᆞ엿난듸, 평사낙안平沙落雁 기럭이 격格으로 그져 툭ᄃᆞ 찌근 거시 모도 다 ᄋᆡ고로다. 어사 보던니 두 눈의 눈물이 듯건이 밋건이 방올ᄃᆞᄃᆞ리 써러지니, 져 아희 하난 마리,

"남무 편지 보고 웨 우시요."

"엇다 이 ᄋᆡ, 남무 편지라도 셔룬 사연辭緣을 보니 자연 눈물리 나는구나."

"여보, 인졍人情 잇난 쳬ᄒᆞ고 나무 편지 눈물 무더 씨여지요. 그 편지 한 장張 갑시 열단 양兩이요. 편지 갑 무러ᄂᆡ오."

"여바라, 이 도령이 날과 줌마고우竹馬故友 친고親故로서 하힝下鄕의 볼 이리 잇셔 날과 함기 나러오다 완영完營[16]의 들러쓴이 ᄂᆡ일來日 남원으로 만나자 언약言約ᄒᆞ여다. 나를 싸라 가 잇다가 그 양반을 뵈와라."

그 아히 방식ᄒᆞ며,

"셔울를 져 건네로 아르시요."

12 어느 지경에 이르렀는지 알 수 없으니.

13 깊이 헤아려 처리하옵소서.

14 이백李白의 시 〈사변思邊〉의 한 구절. "지난 해 어느 때에 님이 첩을 이별했던고, 남원의 푸른 풀에 나비는 날아든다(去歲何時君別妾 南園綠草飛蝴蝶)."

15 어저께 벌써 겨울철이 지났는데 또 다시 가을철이라, 미친 바람 깊은 밤에 비는 눈 같으니 무슨 까닭에 남원 옥중의 죄수가 되었던고.

16 전주감영全州監營. 완산完山은 전주의 옛 이름. 전라감사全羅監司가 여기에 있었음.

ᄒᆞ며 달여드러,

"편지 ᄂᆡ오."

상지相持[17]할 제 옷 압자락을 잡고 실난詰難하며 살펴보니 명주明紬 전대纏帶[18]를 허리예 둘너난듸 졔기졉시祭器接匙 갓튼 거시 드리거늘 불너나며,

"이것 어듸셔 낫소. 찬바람이 나오."

"이놈, 만일 쳔기누셜天機漏洩[19]하여셔난 셩명을 보젼치 못ᄒᆞ리라."

17 양보하지 않고 서로 자기의 의견을 고집함.

18 양쪽 끝이 트이고 중간이 막힌 좁은 자루.

19 비밀이 새는 것.

46. 황혼행각黃昏行脚

당부ᄒᆞ고 남원으로 드러올 제 박셕틔博石峙[1]를 올나셔ᄃᆞ 사면을 둘러보니, 산도 예 보던 산이요 물도 예 보던 물이라. 남문 밧 썩 ᄂᆡ다라,

"광할누야 잘 잇던야. 오작괴야 무사하냐."

긱사청ᄃᆞ유식신客舍靑靑柳色新[2]는 나구 ᄆᆡ고 노던 ᄃᆡ요, 청운낙수靑雲洛水[3] 말근 물은 ᄂᆡ 발 싯던 청게수淸溪水라. 녹수진경綠樹秦京 너룬 길은 왕ᄂᆡ하든 옛 길이요, 왕ᄂᆡ하든 옛 길이요. 오작괴 다리 밋ᄐᆡ 쌀ᄂᆡ하는 여인드른 게집아히 셕겨 안져,

"야ᄃᆞ."

"웨야."

"ᄋᆡ고 ᄃᆞᄃᆞ 불상터라 춘향이가 불상터라. 모지더라 ᄃᆞᄃᆞᄃᆞᄃᆞ 우리 골 사또가 모지더라. 절ᄀᆡ 놉푼 춘향이을 우력겁탈威力劫奪하려 한들 철셕鐵石 갓튼 춘향 마음 죽난 거슬 셰아릴가. 무정無情터라 ᄃᆞᄃᆞᄃᆞᄃᆞ 이 도령이 무정터라."

져의찔리 공논公論하며 추젹ᄃᆞᄃᆞ 빨ᄂᆡ하는 모양은 영양공주英陽公主[4] · 난양공주蘭陽公主 · 진치봉秦彩鳳 · 게셤월桂蟾月 · ᄇᆡᆨ능파白凌波 · 젹경홍狄驚鴻 · 심회연沈梟烟 · 가춘운賈春雲도 갓다마는 양소유楊沙游가 업셔쓴이 뉘를 차자 안져난고. 어사또 누의 올나 자상이 살펴본이 셕양夕陽은 ᄌᆡ셔在西하고 숙조宿鳥는 투림投林할 제[5], 져 건네 양유목楊柳木은 우리 춘향 근ᄃᆡ ᄆᆡ고 오락가락 노던 양을

1 박석고개. 남원 향교鄕校의 뒷산에 있는 고개.

2 왕유王維의 시 〈송원이사안서送元二使安西〉 중의 한 구절. "객사客舍의 푸릇푸릇한 버들 빛이 새롭구나."

3 안지문宋之問의 시 〈조발소주早發韶州〉의 한 구절 "푸른 나무는 진나라 서울의 길이오. 푸른 구름은 낙수의 다리에 걸려 있다(綠樹秦京道 靑雲洛水橋)."

4 영양공주 이하 여덟 명은 김만중金萬重의 《구운몽九雲夢》에 나오는 남자 주인공 양소유楊少游의 여덟 부인의 이름. 영양공주英陽公主의 이름은 정경패鄭瓊貝, 난양공주蘭陽公主의 이름은 이소화李蕭和. 심회연은 심뇨연의 잘못.

5 잘 새는 숲을 찾을 때.

어제 본 듯 반갑또다. 동편東偏을 바릭보니 장임長林 심쳐深處 녹임간綠林間의 춘향 집이 져기로다. 져 안의 닉동원內東園[6]은 예 보던 고면故面이요, 셕벽石壁의 험한 옥獄은 우리 춘향 우니난 듯 불상코 가긍可矜하다. 일낙셔산日落西山 황혼시黃昏時의 춘향 문젼門前 당도하니, 힝낭行廊은 문어지고 몸치는 쇠를 버셔 난듸[7], 예 보던 벽오동碧梧桐은 숨풀 속으 웃뚝 셔ㄷ 바람을 못 이기여 추례ᄒ고 셔 잇거늘, 단장短牆 밋틔 빅두룸[8]은 함부로 단이다가 기한틔 물여난지 짓도 싸찌고 달리을 징금 씰눅 쑤루룩 우름 울고, 비창[9] 젼前 누린기는 기운 업시 조우다가 구면긱舊面客을 몰나보고 쐉ㄷ 짓고 닉다르니,

"요 기야 짓지 마라. 주인主人 갓튼 손임이다. 네의 주인 어딕 가고 네가 나와 반기는야."

중문中門을 바릭보니, 딕 손으로 쓴 글자가 충셩忠誠 충 자忠字 완연宛然턴이 가온딕 중 짜中字는 어딕 가고 마음 심 짜心字만 나머 잇고, 와룡장자臥龍莊字[10] 입춘셔立春書[11]는 동남풍의 펄넝ㄷㄷ 이닉 수심 도와 닌다. 그렁져렁 드러가니, 닉졍內庭은 젹막ᄒᆫ듸 춘향의 모 거동 보소. 미음 솟틔 불 너으며,

"익고 ㄷㄷ, 닉 이리야. 모지도다 ㄷㄷㄷㄷ 이 셔방이 모지도다. 위경危境 닉 쌀 아조 이져 소식조차 돈절頓絶하네. 익고 ㄷㄷ 셜운 지거. 상단아, 이리 와 블 너어라."

ᄒ고 나오더니, 울 안으 게올 물의 힌 머리 감어 빗고 정화수淨華水[12] 한 동우를

6 집 안에 있는 동산.
7 괴벗다는 껍데기가 홀랑 벗겨졌다는 의미.
8 백두루미.
9 빗살창. 빗살무늬로 짠 창문.
10 와룡장臥龍莊이란 글자. 와룡장은 제갈량諸葛亮의 산장山莊 이름.
11 입춘立春 때 대문이나 기둥에 써서 붙이는 글씨.
12 정화수淨華水 또는 정화수井華水. 화華는 청정淸淨의 뜻. 《진언수행록眞言修行錄》에 "도범이 말하기를, '연시는 연꽃이 피는 때이니 고로 저 맑은 물을 떠다가 공양을 한다. 그래서 이것을 화수공양이라고 한다' 하니 종남산 도선이 말하기를, '밤을 지낸

단하壇下의 밧쳐 놋코 복지伏地하야 축원祝願하되,

“텬지ㄷ신天地之神 일월셩신日月星辰은 하위동심化爲同心하옵소셔. 다만 독여獨女 춘향이를 금쪽가치 질너ᄂᆡ여 외손봉사外孫奉祀 바ᄅᆡ더니 무죄無罪한 ᄆᆡ을 맛고 옥중獄中의 갓쳐스니 살일 기리 업삽ᄂᆡ다. 텬지ㄷ신은 감동하사 한양셩 이몽용을 쳥운靑雲의 놉피 올여 ᄂᆡ 딸 춘향 살여지다.”

물은 아직 벌레가 생기지 않으므로 무구수라 한다’라고 했다(道範云 寅一點水花開 故取彼淸淨華水 用供養法 故云華水供 終南山道宣云 後夜水未生蟲 故云無垢水).” 정화수井華水는 새벽에 처음 길어온 우물물.

47. 걸인지상乞人之上

빌기을 다한 후의,

"상단아, 담부 한 ᄃᆡ 부쳐다구."

춘향의 모 바다 물고 후유 ᄒᆞᆫ숨 눈물질 제. 잇ᄯᅢ 어사 춘향 모 정셩精誠보고,

"ᄂᆡ의 벼살한 게 션영음덕先塋陰德으로 아러던니 우리 장모丈母 덕이로다."

ᄒᆞ고,

"그 안의 뉘 잇나."

"뉘시요."

"ᄂᆡ로셰."

"ᄂᆡ라니 뉘신가."

어사 드러가며,

"이 셔방일셰."

"이 셔방이란이. 올쳬, 이 풍원李風憲[1] 아들 이 셔방인가."

"허ㄷ, 장모 망영이로셰. 날을 몰나 ㄷㄷ ㄷㄷ."

"자ᄂᆡ가 뉘기여."

"사회는 빅연지객百年之客[2]이라 하엿시니 엇지 날을 모르난가."

춘향의 모 반거하야,

"ᄋᆡ고 ㄷㄷ, 이게 웬이린고. 어ᄃᆡ 갓다 인자 와. 풍셰ᄃᆡ작風勢大作터니 바람결의 풍겨 온가. 봉운기봉峰雲奇峰[3]턴니 구름 속의 싸여 온가. 춘향의 소식 듯고 살리랴고 와 게신가. 어셔 ㄷㄷ 드러가시."

손을 잡고 드러가셔 촉불 압푸 안쳐 놋코 자셔仔細이 살펴보니 거린 중乞人中의는 상거린上乞人이 되야구나. 춘향의 모 기가 ᄆᆡ켜,

1 이씨李氏 성姓을 가진 풍헌風憲. 풍헌은 리里나 면面에서 일을 맡아 보는 직책.
2 속담. 처가에서는 사위를 평생 소홀히 대접할 수 없는 손님으로 여긴다는 뜻
3 "봉우리에 걸린 구름은 기이한 봉우리를 만든다." 도연명 〈사시四時〉의 한 구절 '夏雲多奇峰'의 잘못인 듯함.

"이게 웬 이리요."

"양반이 그릇 되믹 셩언形言할 수 업네. 긋씌 올나가셔 벼살 길 끈어지고 탕진가산蕩盡家産하야, 부친게셔는 학장學長질[4] 가시고, 모친는 친가親家로 가시고, 다 긱기各其 갈이여셔 나는 춘향의게 나려와셔 돈 천錢이나 어더 갈가 ᄒᆞ엿더니, 와셔 보니 양가이력兩家履歷 말 안일셰."

춘향의 모 이 말 듯고 기가 막켜,

"무졍無情한 이 사람아, 일차一次 이별離別 후後로 소식이 업셔쓴이 그런 인ᄉᆞ人事가 잇시며 후긴지 바릿던니[5] 이리 잘 되얏소. 쏘와 논 사리 되고 업씨러진 물이 되야 수원수구誰怨誰咎을 할가마는 닉 쏼 춘향 엇졀남나."

화찜의 달여드러 코를 물어 쎋ᄂᆞ하니,

"닉 타시졔 코 탓신가. 장모 날을 몰나보네. 하날이 무심無心틱도 풍운조화風雲造化와 뇌셩젼기雷聲電氣난 잇난이."

춘향 모 기가 차셔,

"양반이 그릇 되믹 갈농奸弄조차 드러ᄉᆞ나."

어사 짐짓 춘향 모의 하는 거동을 보랴 하고,

"시장하여 닉 죽것네. 날 밥 한 술 주소."

춘향 모 밥 달나는 말을 듯고,

"밥 업네."

엇지 밥 업실고마는 홰짐의 ᄒᆞ는 말이엿다. 잇씌 상단이 옥의 갓다 나오더니 져의 아씨 야단 소릭의 가삼이 우둔ㄷㄷ 졍신이 월넝ㄷㄷ 졍쳐定處업시 드러가셔 가만이 살펴보니 젼의 셔방임이 와겨ᄉᆞ나. 엇지 반갑던지 우루룩 드러가셔,

"상단이 문안問安이요. 딕감大監[6]임 문안이 엇더하옵시며, 딕부인大夫人 긔후

4 시골 서당에서 아이들을 가르치는 일.

5 후기後期. 뒷날을 기약함.

6 정2품 이상의 벼슬아치를 높여서 부르는 말. 여기서는 이 도령의 아버지.

氣候 안령安寧하옵시며, 셔방임계셔도 월노遠路의 평안이 힝ᄎᆡ行次하신잇가.”

“오냐, 고상苦狀이 엇더하냐.”

“소녀小女 몸은 무탈無頉하옵닋다. 앗씨 ㄷㄷ, 큰 앗씨[7], 마오 ㄷㄷ 그리 마오. 멀고 먼 쳘 이千里 질의 뉘 보랴고 와겨관ᄃᆡ 이 괄셰恝視가 웬이리요. ᄋᆡ기씨가 아르시면 지러[8] 야단이 날 거시니 너머 괄셰 마옵소셔.”

부억으로 드러가더니 먹던 밥의 풋곳초 져리 짐치沈菜[9] 양염 넝코 단 간장艮醬[10]의 닝수冷水 가득 떠셔 모반의 밧쳐 드리면셔,

“더운 진지進旨할 동안의 시장하신ᄃᆡ 우션于先 요구療飢하옵소셔.”

어사ᄯᅩ 반기하며,

“밥아, 너 본 제 오릐로구나.”

여러 가지를 한틔다가 붓던이 숙가락 될 것 업시 손으로 뒤져셔 한편으로 모라치던이 맛파람의 게눈 감추덧[11] 하난구나 춘향 모 하는 말리,

“얼씨고 밥 비러먹기난 공셩이 낫구나.”

7 월매를 가리킨 말.

8 지레. 먼저.

9 절이김치. 겉절이. 배추나 열무를 절여서 바로 무쳐 먹는 것.

10 맛좋은 간장.

11 음식을 어느 결에 먹었는지 모를 만큼 빨리 먹어버림을 이른 속담. 마파람은 남쪽에서 부는 바람.

48. 분기탱천忿氣撑天

잇쎠 상단이는 져의 ᄋᆡ기씨 신셰를 ᄉᆡᆼ각하여 크게 우든 못 하고 쳬읍涕泣하여 우는 말리,

“엇지 할슨아 ㄷㄷ ㄷㄷㄷ. 도덕道德 놉픈 우리 ᄋᆡ기씨를 엇지하여 살이시랴오. 엇쎠쓰나요. ㄷㄷ ㄷㄷㄷ.”

실셩失聲으로 우난 양을 어사쏘 보시더니 기가 막켜,

“여바라, 상단아. 우지마라 ㄷㄷ ㄷㄷ. 너의 ᄋᆡ기씨가 셜마 살지 쥭을소냐. ᄒᆡᆼ실行實이 지극하면 사는 날리 잇난이라.”

춘향 모 듯던이,

“ᄋᆡ고, 양반이라고 오기傲氣는 잇셔ㄷ. ᄃᆡ쳬大體 자네가 웨 져 모양인가.”

상단이 하는 마리,

“우리 큰 아씨 하는 말을 조금도 과렴掛念 마옵소셔. 나 만하야[1] 노망老妄한 중의 이 일을 당ᄒᆡ노니 화짐의 하는 말을 일분一分인들 노하릿가. 더운 진지 잡수시요.”

어사쏘 밥상 밧고 ᄉᆡᆼ각하니 분기ᄐᆡᆼ쳔忿氣撑天[2]하냐 마음이 울젹鬱積, 오장五臟이 월넝 ㄷㄷ, 셕반夕飯이 맛시 업셔,

“상단아, 상 물여라.”

담부쎡 툭ㄷ 털며,

“여소 장모, 춘향이나 좀 보와야졔.”

“글허지요. 셔방임이 춘향을 아니 보와셔야 인졍人情이라 ᄒᆞ오릿가.”

상단이 엿자오되,

“지금은 문을 닷더쓰니 바ᄅᆡ罷漏[3] 치거든 가사니다.”

1 나이가 많아서.

2 분한 기운이 하늘을 찌를 듯함.

3 파루罷漏. 오경五更 삼점三點에 큰 쇠북을 서른 세 번 치던 것. 파루를 치면 통행금지가 풀림.

잇ᄯᆡ 맛참 바ᄅᆡ를 뎅ᄃᆞ 치난구ᄂᆞ. 상단이는 미음상米飮牀 이고 등농燈籠 들고, 어사ᄯᅩ는 뒤를 ᄯᅡ러 옥문간獄門間 당도하니 인젹人跡이 고요하고 사졍鎖匠이도 간 곳 업네. 잇ᄯᆡ 춘향이 비몽사몽간非夢似夢間의 셔방임이 오셔난ᄃᆡ, 머리에ᄂᆞᆫ 금관金冠이요, 몸의ᄂᆞᆫ 홍삼紅衫[4]이라. 상ᄉᆞ일염相思一念의 목을 안고 만단졍회萬端情懷하는 차라,

"춘향아."

부른들 ᄃᆡ답이 ᄂᆡᆺ쓸손야. 어사ᄯᅩ 하는 말이,

"크게 한 번 불너 보소."

"모로는 말삼이요. 예셔 동원東軒이 마조치ᄂᆞᆫᄃᆡ 소ᄅᆡ가 크게 나면 사ᄯᅩ 염문廉問할 거시니 잠간 짓체遲滯하옵소셔."

"무에 엇ᄯᆡ, 염문이 무어신고. ᄂᆡ가 부를게 가만 잇소. 춘향아."

부르난 소ᄅᆡ의 ᄭᅡᆷᄶᅡᆨ 놀ᄂᆡ여 이러ᄂᆞ며,

"혀ᄃᆞ, 이 목소ᄅᆡ 잠결인가 숨결인가. 그 목소ᄅᆡ 고이怪異하다."

어사ᄯᅩ ᄀᆡ가 막켜,

"ᄂᆡ가 왓다고 말을 하소."

"왓단 말을 하거드면 ᄀᆡ절담낙氣絶膽落할 거스니 가마니 게옵소셔."

춘향이 져의 모친 음셩音聲 듯고 ᄭᅡᆷᄶᅡᆨ 놀ᄂᆡ여,

"어만니, 엇지 와겻소. 몹쓸 ᄯᆞᆯ 자식을 ᄉᆡᆼ각하와 쳔방지방天方地方[5] 다니다가 낙상落傷하ᄀᆡ 쉽소. 일훌日後낭은 오실ᄂᆞ 마옵소셔."

"날낭은 염여 말고 졍신을 차리여라. 왓다."

"오다니 뉘가 와요."

"그져 왓다."

4 조정에서 임금을 뵐 때 입는 웃옷. 붉은 바탕에 검은 연緣을 둘렀음.

5 속담. 방향을 잃고 허둥지둥 분주히 다니는 것. 〈동언해東言解〉(저자 미상의 속담집)에 "天方地方 心忙足忙 何上何下".

“각갑하여 나 죽것소. 일너 주오. 쑴 가온듸 임을 만나 만단정회萬端情懷 하여 썬이 혹시 셔방임게셔 기별奇別 왓소. 언졔 오신단 소식 왓소. 벼살 씌고 나려온단 노문路文[6] 왓소. 이고, 답ㄷ沓沓하여라.”

“네의 셔방西房인지 남방南房인지 걸인乞人 한나 이려 왓다.”

“허ㄷ, 이계 웬말인가. 셔방임이 오시다니 몽중夢中의 보던 임을 싱시生時의 보단 말가.”

6 벼슬아치가 도달할 날짜를 미리 앞길에 알리는 공문.

49. 악수기절握手氣絶

문틈으로 손을 잡고 말 못 하고 기식氣塞[1]하며,

“이고, 이게 뉘기시요. 아미도 숣이로다. 상ᄉ불견想思不見 기룬[2] 임을 이리 수이 맛날손가. 이졔 죽어 한이 업네. 엇지 그리 무정한가. 박명薄命하다 닉의 모녀母女. 셔방임 이별 후의 자나 누나 임 기루워 일구월심日久月深 한일는이, 닉 신셰 이리되야 미의 감겨 죽게 되니 날 살이랴 와 겨시요.”

한참 이리 반기다가 임의 형상形狀 자시仔細 보니 엇지 아니 한심寒心하랴.

“여보 셔방임, 닉 몸 하나 죽는 거슨 셔룬 마음 업소마는 셔방임 이 지경地境이 웬일리요.”

“온야, 춘향아. 셜어마라. 인명人命이 직쳔在天인듸 셜만들 죽을 손야.”

춘향이 져의 모친 불너,

“한양셩 셔방임을 칠연딕한七年大旱 가문 날의 갈민딕우渴民待雨 기두린들 날과 갓치 자진自盡[3]턴가. 신근 남기 썩거지고 공든 탑塔이 문어졋네. 가련可憐하다 이 닉 신셰 하릴업시 되야ᄉ나. 어만임 나 죽은 후의라도 원願이나 업게 하여 주옵소셔. 나 입던 비단緋緞 장옷[4] 봉장鳳臟 안의 드러쓰니, 그 옷 닉여 파라다가 한산셰져韓山細苧[5] 박구워셔 물식物色 곱게 도포道袍 짓고, 빅방사주白紡絲紬[6] 진 초미를 되는딕로 파라다가 관冠 · 망網 · 신발 사 듸리고, 졀병[7], 쳔은天銀 비닉[8], 밀화장도蜜花粧刀, 옥지환玉指環이 함函 속의 드러쓰니 그것도 파라다

1 기운이 막히는 것.
2 그리워한.
3 물기가 잦아드는 것.
4 부녀자가 나들이할 때 머리에 써서 온몸을 가리던 옷.
5 충청도 한산韓山에서 나는 세모시. 품질이 좋음.
6 흰 빛 비단.
7 미상未詳.
8 질 좋은 옷.

가 한삼汗衫[9] 고의袴衣 볼초不草찬케[10] 하여 주오. 금명간今明間 죽을 연이 셰간 두어 무엇할가. 용장龍臟 · 봉장鳳臟 · ᄊᆡᆨ다지를 되는ᄃᆡ로 팔러다가 별찬진지別撰進旨[11] ᄃᆡ졉하오. 나 죽은 후의라도 나 업다 말으시고 날 본다시 셤기소셔. 셔방님, ᄂᆡ 말삼 드르시요. ᄂᆡ일來日리 본관사또本官使道 ᄉᆡᆼ신生辰리라 취중醉中의 주망酒妄나면 날을 올여 칠 거 시니 형문刑問 마진 달리 장독杖毒이 낫시니 수족手足인들 놀일 손가. 만수우환漫垂雲鬟[12] 헌트러진 머리 이렁져렁 거더 언ᄭᅩ 이리 빗틀 져리 빗틀 드러가셔 장피杖斃하여 죽거들난, 삭군인 쳬 달여드러 둘너 업고 우리 두리 쳐음 만나 노던 부용당芙蓉堂[13]의 젹막寂寞하고 요젹寥寂한듸 뉘여 노코 셔방임 손조 염십殮襲[14]ᄒᆞ되, ᄂᆡ의 혼ᄇᆡᆨ魂魄 위로慰勞하여 입은 옷 벽기지 말고 양지陽地 ᄉᆞᆺ틔 무더ᄡᅡ가, 셔방임 귀貴히 되야 쳥운靑雲의 올의거던 일시一時도 둘ᄂᆞ 말고 육진장포六鎭長布[15] ᄀᆡ렴改斂[16]ᄒᆞ야 조촐한 생예喪輿 우의 덩글럿케 실은 후의 북망산쳔北亡山川[17] 차져갈 졔, 압 남산南山 뒤 남산 다 바리고 한양으로 올여다가 션산先山 발치의 무더 주고, 비문碑文의 ᄉᆡ기ㄷ를 수졀원사

9 속적삼. 〈담수談藪〉에 "연나라 임금의 의복에 백사 중단이 있었다. 한고조가 항우와 싸울 때 땀이 중단에 스며 들었다. 그래서 이름을 한삼이라고 고쳤다(燕朝袞冕 有白沙中單 漢高祖與項王大戰 汗透中單 改名汗衫)."

10 초초草草하지 않게. 초초는 간략한 모양.

11 특별한 반찬을 장만한 진지.

12 어지럽게 흘러내린 구름 같은 머리. 운환雲鬟은 구름같이 쪽진 머리를 말하나 여기서는 그런 머리가 흐트러진 것을 말함.

13 부용지芙蓉池의 별당別堂. 부용당芙蓉堂은 계서溪西 성이성成以性의 부친 성안의成安義의 호.

14 습襲·소렴小斂·대렴大斂을 말함. 습은 시신에 옷을 입히는 것. 소렴은 의금衣衾을 바꾸는 것. 대렴은 입관하는 것.

15 함경도 육진六鎭 지방에서 나는 척수尺數가 긴 베.

16 개장改葬할 때 다시 소렴小斂, 대렴大斂을 하는 것.

17 중국 한漢나라 때의 서울인 낙양洛陽 북쪽에 있는 망산邙山. 이곳은 한나라 귀족들의 장지葬地였음. 북망산北邙山은 묘지의 대명사.

춘향지묘守節寃死春香之墓[18]라 야달 자만 식겨 주오. 망부석望夫石[19]이 안니 될가. 셔산西山의 지난 히는 닉일 다시 오련만는 불상한 춘향이는 한 번 가면 언의 씨 다시 올가. 신원伸寃[20]이나 하여 주오. 익고 ㄷㄷ 닉 신셰야. 불상한 닉의 모친 날를 일코 가산家産을 탕진蕩盡하면 하릴업시 거린乞人되야 이 집 져 집 걸식乞食다가 어덕 밋틔 조속 ㄷㄷ 조울면셔 자진自盡하야 죽거드면, 지리산智理山 갈가무기 두 날기을 썩 벌이고 둥덩실 나라드러 싸옥ㄷㄷ 두 눈을 다 파먹근들 언는 자식 잇셔 후여 ᄒᆞ고 날려주리."

익고 ㄷㄷ 셜이 울 졔 어사쏘,

"우지 마라. 하나리 무어져도 소사날 궁기가 잇난이라. 네가 날를 엇지 알고 이러타시 셔러한야."

18 수절하다 원통하게 죽은 춘향의 묘.

19 남편을 떠나보낸 아내가 남편을 기다리다 그대로 돌이 된 것. 신라 박제상의 아내가 망부석이 되었음.

20 원통하고 억울한 사정을 풀어 줌.

50. 파관말석破冠末席

ᄌᆞᆨ별作別하고 춘향 집으 도라왓제. 춘향이난 어둠침ㄷ沈沈 야삼경夜三更의 셔방임을 번ᄀᆡ갓치 얼는 보고 옥방獄房의 홀노 안져 탄식嘆息하난 마리,

"명쳔明天은 사람을 ᄂᆡᆯ 제 별別노 후박厚薄이 업건만는 ᄂᆡ의 신셰 무삼 죄로 이팔청춘二八靑春의 임 보ᄂᆡ고 모진 목숨 사라 이 형문刑問, 이 형장刑杖 무삼 일고. 옥중고ᄉᆡᆼ獄中苦生 삼사ᄉᆞᆨ三四朔의 밤낫 업시 임 오시기만 바ᄅᆡ던이 ㄷ제난 임의 얼골 보와스니 광ᄎᆡ光彩 업시 되야구나. 죽어 황천黃泉[1]의 도라간들 제왕젼諸王前[2]의 무삼 말을 자랑하리."

ᄋᆡ고 ㄷㄷ 셜리 울 제, 자진自盡ᄒᆞ야 반ᄉᆡᆼ반사半生半死ᄒᆞ난구나. 어사ᄯᅩ 춘향 집의 나와셔 그날 밤을 ᄉᆡ려ᄒᆞ고 문 안 문 밧 염문廉問 할ᄉᆡ, 질청[3]의 가 드르니 이방吏房 승발承發[4] 불너 ᄒᆞ난 마리,

"여보소, 드르니 수의ᄯᅩ繡衣道[5]가 ᄉᆡ문[6] 밧 이씨李氏라던이 악가 삼경三更의 등농燈籠불 키여 들고 춘향 모 압세우고 폐의파관弊衣破冠한 손임이 아ᄆᆡ도 수상常殊하니 ᄂᆡ일 본관本官 잔ᄎᆡ ᄉᆞᆺ틔 일십一什[7]을 귀별區別ᄒᆞ여 ᄉᆡᆼ탈生頉 업시 십분조심十分操心ᄒᆞ소."

어사 그 말 듯고,

"그놈들 알기는 아난듸."

ᄒᆞ고 ᄯᅩ 장청杖廳의 가 드르니 ᄒᆡᆼ수行首 군관軍官 거동 보소.

1 사람이 죽어서 가는 곳.
2 불교에서 저승에 있다는 십대왕十大王. 시왕 또는 십왕. 사람이 죽으면 차례로 십대왕에게 심판을 받고 내생來生에서 어느 곳으로 태어날지 결정됨.
3 길청.
4 지방 관아의 서리胥吏 밑에서 잡무를 맡은 사람.
5 어사御史의 별칭인 수의사도繡衣使道의 줄임말.
6 신문新門. 서울에 있던 서대문西大門.
7 기물器物의 한 벌. 일구一具.

"여러 군관임네. 악가 옥거리獄巨里[8] 바장이난 거린乞人 실노 고이怪異ᄒᆞ데. 아ᄆᆡ도 분명分明 어사御史듯 ᄒᆞ니 육모팔기容貌疤記[9] ᄂᆡ여 노코 자상이 보소."

어사ᄯᅩ 듯고,

"그놈들 ᄀᆡᄃᆡ여신個個如神이로다."

ᄒᆞ고 현사縣司[10]의 가 드르니 호장戶長 역시亦是 그러한다. 육방六房 염문廉問 다 ᄒᆞᆫ 후의 춘향 집 도라와셔 그 밤을 신 연후의 잇튼날 조사照數[11] 긋틔 근읍近邑 · 수守 · 령令이 모와 든다. 운봉영장雲峰營將[12], 구례· 곡셩· 순창· 옥과· 진안· 장수長水 원員임이 차례次例로 모와 든다. 좌편左偏의 ᄒᆡᆼ수行首 군관軍官, 우편右偏의 쳥영廳令 사령使令, 한가온ᄃᆡ 본관本官은 주인主人이 되야 ᄒᆞ인 불너 분부ᄒᆞ되,

"관청ᄉᆡᆨ官廳色[13] 불너 다담茶啖[14]을 올이라. 육고자肉庫子[15] 불너 큰 소을 잡고, 예방禮房[16] 불너 고인鼓人[17]을 ᄃᆡ령待令ᄒᆞ고, 승발承發 불너 ᄎᆡ일遮日[18]을 ᄃᆡ령하라. 사령使令 불너 잡인雜人을 금禁하라."

이럿타 요란擾亂할 제, ᄀᆡ치군물旗幟軍物이며 육각六角 풍유風流 반공半空의 ᄯᅥ잇고 녹의홍상綠衣紅裳 ᄀᆡᄉᆡᆼ妓生들은 ᄇᆡᆨ수白手 나삼羅衫 놉피 드러 춤을 추고,

8 옥 앞의 길거리.
9 어떤 사람을 찾기 위하여 그 사람의 용모와 특징을 기록한 것.
10 관官에서 소용되는 물건을 출납出納하는 곳.
11 '조수'의 잘못. 숫자를 조사하는 것.
12 운봉雲峰의 영장營將. 운봉은 전라좌도에 속하는 고을. 영장營將은 진영장鎭營將의 줄인 말. 조선 숙종 34년에 남원 좌영左營을 운봉에 옮기고 영장은 운봉현감雲峰縣監이 겸임하였음.
13 관청빗. 수령守令의 음식물을 맡은 아전.
14 손님을 접대하기 위하여 차린 다과茶菓 따위.
15 지방 관아에 쇠고기를 바치던 관노官奴. 육직肉直이.
16 예전禮典에 관한 사무를 맡아 보던 지방 관아 육방의 하나.
17 악생樂生과 악공樂工의 통칭. 악기를 가지고 음악을 하는 사람.
18 볕을 가리는 포구布具.

“지야자[19] 둥덩실.”

하난 소ᄅᆡ 어사또 마음이 심난心亂ᄒᆞ구나.

“여바라 사령使令드라, 네의 원 쎤前의 엿주워라. 먼듸 잇난 거린乞人이 조흔 잔ᄎᆡ의 당하여스니 주회酒肴 좀 어더 먹자고 엿주어라.”

져 사령 거동 보소.

“언의 양반이간듸 우리 안젼案前[20]임 거린 혼금閽禁[21]ᄒᆞ니 그런 말은 ᄂᆡ도 마오.”

등 밀쳐 ᄂᆡ니 엇지 아니 명관名官인가. 운봉雲峰[22]이 그 거동을 보고 본관으게 청하난 마리.

“져 거린의 ㄷ관衣冠[23]은 남누襤褸하나 양반의 후옌後裔듯ᄒᆞ니 말셕末席의 안치고 술잔이나 멱에 보ᄂᆡ미 엇더ᄒᆞ뇨.”

본관 하난 마리,

“운봉 쇠견所見ᄃᆡ로 ᄒᆞ오만은.”

하니 ‘만은’ 소ᄅᆡ ᄒᆞᆺ 입마시[24] 사납것다. 어사 속으로,

‘온야, 도젹盜賊질은 ᄂᆡ가 ᄒᆞ마 오ᄅᆡ[25]는 네가 져라.’

운봉이 분부하야,

“져 양반 듭시ᄅᆡ라.”

19 가무歌舞의 곡조를 맞추는 데 또는 기세를 돕는 데 쓰는 조흥사助興詞. 지화자.

20 하리下吏가 상관上官을 가리키는 말.

21 잡인雜人의 출입을 금하는 것.

22 운봉영장雲峰營將. 고을의 수령을 부를 때 고을 이름만을 부르기도 함.

23 여기서는 단지 이 도령의 옷과 관을 말함. →1.~(6).

24 뒷맛이.

25 오라. 도적이나 중죄인을 묶을 때 쓰던 붉은 줄.

51. 어사출두御史出頭

어사또 드러가 단좌端坐하야 좌우를 살펴보니 당상堂上의 모든 수守 · 령令 다 담茶啖을 압푸 노코 진양조盡陽調가 양ㄷ洋洋[1]할 제, 어사또 상床을 보니 엇지 안니 통분痛忿하랴. 못 써러진 ㄱ|상판[2]의 닥치져붐[3] 콩나물, 짝쎠기, 목걸이[4] 한 사발砂鉢 노와구나. 상을 발길노 짝 차 던지며 운봉의 갈비을 직신[5],

"갈비 한 ᄃᆡ 먹고지거."

"다라도 잡수시요."

ᄒᆞ고 운봉이 하난 마리,

"이러한 잔치의 풍유로만 노라셔난 마시 젹사오니 차운次韻[6] 한 수首식 하여 보면 엇더하오."

"그 마리 올타."

ᄒᆞ니 운봉이 운韻을 닐 제 노풀 고 짜高字 지름 고 ᄶᆞ膏字 두 자字을 ᄂᆡ여 노코 차례次例로 운을 달 제, 어사또 하난 마리,

"거린도 어려셔 추구권抽句卷[7]이나 일거던니 조은 잔치 당하여셔 주회酒肴을 포식하고 그져 가기 무렴無廉하니 차운次韻 한 수 하사이다."

운봉이 반겨 듯고 피련筆硯을 ᄂᆡ여 준니 좌중座中이 다 못 하야 글 두 귀句[8]를 지어쓰되 민졍民情을 ᄉᆡᆼ각ᄒᆞ고 본관 졍체政體[9]를 ᄉᆡᆼ각하야 지어것다.

1 넓고도 큰 모양. 여기서는 노래 소리가 좋은 것을 말함.
2 개다리 소반.
3 닥나무로 만든 젓가락.
4 막걸리.
5 꾹꾹 찌르거나 슬슬 건드리는 것.
6 남이 지은 시에 화답하되 원시原詩 운韻의 차례를 그대로 쓰는 것.
7 시詩 가운데 좋은 구절을 뽑아서 묶은 책.
8 우리나라에서는 네 구句를 두 구로 이야기했음.
9 지방관으로 행정하는 사람의 체후體候.

금준미주金樽美酒는 천인혈千人血리요.

옥반가효玉盤佳肴는 만셩고萬姓膏라.

촉누낙시민누낙燭淚落時民淚落이요.

가셩고쳐원셩고歌聲高處怨聲高라.[10]

이 글 뜻슨,

금金 동우에 아롬다온 술은 일만一萬 빅셩百姓의 피요

옥玉 소반小盤의 아롬다온 안주安酒는 일만 빅셩의 지름이라

촉불 눈물 써러질 써 빅셩 눈물 써러지고

노릭 소리 놉푼 고딕 원망怨望 소릭 놉파더라.

이러타시 지어쓰되 본관는 몰나 보고, 운봉 이 글를 보며 닉렴內念의,

“업풀사, 이리 낫다.”

잇써 어사또 하직ᄒ고 간 연후의 공형公兄[11] 불너 분부하되,

“야ᄃ, 이리 낫나.”

공방工房 불너 보젼鋪陳 단속團束, 병방兵房[12] 불너 역마驛馬 단속, 관청식官廳色 불너 다담 단속, 옥獄 형이刑吏 불너 죄인罪人 단속, 집사執事 불너 형고[13] 단

10 《계유년보溪酉年譜》에 의하면, 성이성成以性이 전라도에 암행어사로 갔을 때 호남 12 고을의 수령이 모여 잔치하는 자리에 끼어 앉아 다음과 같은 시를 지었다 함. “樽中美酒千人血 盤上佳肴萬姓膏 燭淚落時民淚落 歌聲高處怨聲高.” 이 시를 지은 후 암행어사라는 것을 밝히고 여섯 고을의 수령을 파출罷黜하고 나머지 여섯 고을의 수령은 서계書啓를 올렸음. 이 일을 호남 사람들은 아름다운 이야기로 전함. 또 《청야만록青野漫錄》에 보면, 명明나라의 도사都司가 조선에 와서 광해군의 정치를 풍자해서 다음과 같은 시를 지었다고 함. “青香旨酒千人血 細切珍羞萬姓膏 燭淚落時人淚落 歌聲高處怨聲高.”

11 삼공형三公兄의 줄인 말. 각 고을의 호장戶長, 이방吏房, 수형리首刑吏의 세 관속.

12 병전兵典에 관한 사무를 맡아 보던 지방관아地方官衙 육방六房의 하나.

13 형구刑具.

속, 형방刑房 불너 문부文簿 단속, 사령使令 불너 합번合番[14] 단속. 한참 이리 요란擾亂할 졔 물식物色 업난 져 본관이,

"여보, 운봉은 어듸를 단이시요."

"소피所避[15] 흐고 드러오."

본관이 분부하되,

"춘향을 기피[16] 올이라."

고 주광酒狂이 난다. 잇듸에 어사또 군호軍號할 졔 셔리胥吏 보고 눈을 준이 셔리 중방中房 거동 보소. 역졸驛卒 불너 단속할 졔 이리 가며 수군 져리 가며 수군수군. 셔리 역졸驛卒 거동 보소. 외올 망근網巾[17] 공단貢鍛[18] 씨기 식 펴립皮笠[19] 눌너 쓰고 셕 자 감발[20] 식 집신의 한삼汗衫·고의袴衣 산뜻 입고, 육모 방치 녹피鹿皮 끈을 손목의 거러 쥐고 예셔 번듯 졔셔 번듯, 남원읍이 우군 ㄷㄷ. 청픽 역졸靑坡驛卒[21] 거동 보소, 달 갓튼 마픽馬牌를 히빗 갓치 번듯 드러,

"암힝어사暗行御史 출도出頭야."

웨난 소릭 강산江山이 문어지고 쳔지天地가 뒤눕난 듯 초목금순草木禽獸들 아니 썰야.

남문의셔, "출도야."

북문으셔, "출도야."

동, 셔문 '출도' 소릭 청쳔靑天으 진동震動흐고

14 중대한 일이 있을 때 관원이 모여 숙직하던 곳.

15 오줌. 옛날에는 궁녀가 월경月經이 있을 때는 임금을 모시지 못하던 까닭으로 월경月經을 소피所避라 하였는데, 당시에는 오줌의 뜻으로도 썼음.

16 급히.

17 외올로 뜬 품이 좋은 망건.

18 공단 싸개. 공단은 두껍고 무늬가 없는 비단. 싸개는 갓 싸개를 말하는데 갓의 거죽을 바르는 헝겊.

19 패랭이.

20 버선이나 양말 대신에 좁고 긴 무명으로 발을 감는 것.

21 서울 청파역靑坡驛의 역졸驛卒. 《동국여지승람》에 "청파역은 숭례문 밖 3리에 있는데 병조에 직속되어 있다(靑坡驛 在崇禮門外三里 直隷兵曹)."

"공형公兄 들나."
웨난 소릐 육방六房이 넉슬 이러,
"공형이요."
등취[22]로 휘닥딱,
"이고, 중다[23]."
"공방工房 ㄷㄷ."
공방이 보젼鋪陳 들고 드러오며,
"안 할나넌 공방를 하라던이 져 불 속으 엇지 들야."
등취로 휘닥딱,
"이고, 박[24] 터졋네."
좌수座首[25] 별감別監[26] 넉슬 일코, 이방吏房, 호장戶長 실혼失魂고, 삼식나졸三色邏卒[27] 분주奔走하네. 모든 수守·령令 도망逃亡할 졔 거동보소. 인궤印櫃 일코 과졀[28] 들고, 병부兵符[29] 일코 송편松編 들고, 탕근宕巾 일코 용수[30] 쓰고, 갓 일코 소반小盤 쓰고, 칼집 쥐고 오좀 뉘기. 부셔진니 거문고요, 셰지나니 북·장고杖鼓라. 본관이 좋을 싸고 멍셕 궁기 싀양쥐 눈 쓰듯 고 니아內衙로 드러가셔,
"어, 추워라. 문 드러온다 바람 다더라. 물 마른다 목 듸려라."
관청식官廳色은 상床을 일코 문짝 니고 늬다른니 셔리胥吏, 역졸驛卒 달려드러 휘닥딱,
"이고, 나 죽네."

22 옛날 무장武裝의 하나로 쓰던 채찍.
23 죽는다.
24 대갈박. 머리의 비어卑語.
25 향소鄕所의 우두머리.
26 좌수座首의 버금 자리.
27 삼색三色 옷을 입은 나졸.
28 과줄. 유밀과油密果의 한 가지.
29 발병부發兵府의 줄인 말. 군대를 움직일 때 쓰는 부신符信.
30 술을 거를 때 쓰는 싸리로 만든 긴 통.

52. 이화춘풍李花春風

잇ᄯᆡ 수의사또編衣使道 분부하되,

"이 골은 ᄃᆡ감大監이 좌정座定하시던 고리라 헌와喧話을 금하고 ᄀᆡᆨ사客舍[1]로 사쳐徙處[2]하라."

좌정座定 후後에,

"본관은 봉고파직封庫罷職[3]하라."

분부하니,

"본관은 봉고파직이요."

사ᄃᆡ문四大門의 방榜 븟치고 옥獄 형이刑吏불너 분부하되,

"네 골 옥수獄囚을 다 올이라."

호령하니 죄인을 올이거늘 다 각ㄷ 문죄問罪 후에 무죄자無罪者 방송放送[4]할ᄉᆡ,

"져 계집은 무어신다."

형이刑吏 엿자오ᄃᆡ,

"기성 월ᄆᆡ ᄯᆞᆯ리온ᄃᆡ 관경官庭의 포악暴惡한 죄로 옥중의 잇삽ᄂᆡ다."

"무삼 죈다."

형이刑吏 알외되,

"본관 사또 수쳥守廳으로 불너써니 수졀守節리 경졀貞節리라. 수청 안이 들야ᄒᆞ고 관젼官前에 포악한 춘향이로소이다."

어사또 분부하되,

"너만 연이 수졀한다고 관경 포악하여쓰니 살기을 바ᄅᆡ소냐. 죽어 맛당하되 ᄂᆡ 수청도 거역拒逆할가."

춘향이 기가 ᄆᆡᆨ켜,

1 남원南原의 객사는 혈민관恤民館.
2 옮겨 둠.
3 어사御史나 감사監司가 악정을 행한 수령을 파직시키고 관고官庫를 봉쇄하던 일.
4 석방.

"ᄂᆡ례오난 관장官長마닥 ᄀᆡᄃᆡ個個이 명관名官이로고나. 수의사또繡衣使道 듯조시요. 칭암절벽層巖絶壁 놉푼 바우 바람 분들 문어지며, 청송녹죽靑松綠竹 푸린 남기 눈이 온들 벤變하릿가. 그른 분부 마옵시고 어셔 밥비 쥑여 주오."

ᄒᆞ며,

"상단아, 셔방임 어ᄃᆡ 계신가 보와라. 어제 밤에 옥문간獄門間의 와겨쓸 제 천만千萬 당부 하엿더니 어ᄃᆡ를 가셧난지 나 죽난 줄 모르난가."

어사또 분부하되,

"얼골 드러 나를 보라."

하시니 춘향이 고ᄀᆡ 드러 ᄃᆡ상臺上을 살펴보니 걸ᄀᆡᆨ乞客으로 왓던 낭군 어사또로 두러시 안져ᄉᆞ나. 반 우숨 반 우름의,

얼시구나 조을시고
어사낭군御史郎君 조을시고
남원읍ᄂᆡ 추절秋節 드러
ᄯᅥ러지계 되야더니
ᄀᆡᆨ사客舍의 봄이 드러
이화춘풍李花春風 날 살인다
ᄉᆞᆱ이냐 ᄉᆡᆼ시生時냐
ᄉᆞᆱ을 ᄊᆡᆯ가 연여念慮로다.

한참 이리 질길 젹의 춘향 모 드러와셔 갓업시[5] 질거하난 마를 엇지 다 셜화說話하랴. 춘향의 놉푼 절ᄀᆡ 광ᄎᆡ光采잇게 되야스니 엇지 안이 조을손가. 어사또 남원 공사公事 닥근 후의 춘향 모여母女와 상단이를 셔울노 치ᄒᆡᆼ治行할 제 위의찰난威儀燦爛ᄒᆞ니 셰상 사람덜리 뉘가 안이 칭찬稱贊하랴. 잇ᄯᆡ 춘향이 남원을

5 가이 없이. 끝이 없이.

하직할ᄉᆡ 영 귀榮貴하게 되야건만 고힝故鄕을 이별하니 일히일비一喜一悲가 안니 되랴.

놀고 자던 부용당芙蓉堂아
너 부ᄃᆡ 잘 잇거라
광한누廣寒樓, 오작교烏鵲橋며
영주각瀛洲閣도 잘 잇거라
춘초春草[6]는 연ᄃᆞ녹年年綠ᄒᆞ되
왕손王孫은 귀불귀歸不歸라
날노 두고 이르미라
다 각기各其 이별할 제
만세무량萬歲無量[7]ᄒᆞ옵소서
다시 보기 망년茫然이라.

잇ᄯᆡ 어사ᄯᅩ는 좌우도左右道[8] 순읍巡邑하야 민정民情을 살핀 후의 셔울노 올나가 어젼御前의 숙ᄇᆡ肅拜하니, 삼당상三堂上[9] 입시入侍ᄒᆞ사 문부文簿를 사증査正 후의 상上이 ᄃᆡ찬大贊하시고, 직시卽時 이조참의吏曹參議[10]에 ᄃᆡ사성大司成[11]을 봉封하시고 춘향으로 정열부인貞烈夫人을 봉하시니, 사은숙ᄇᆡ謝恩肅拜하고 물너나와 부모 젼의 뵈온ᄃᆡ 셩은聖恩을 축사祝壽하시더라.

6 왕유王維의 시 〈산중송별山中送別〉에 "산중에서 서로 이별을 하고 날이 저무니 사립문을 닫는다. 봄풀은 해마다 푸르건만 임은 가시더니 아니 오네(山中相送罷 日暮掩柴扉 春草年年綠 王孫歸不歸)."
7 끝없이 행복을 누리라는 축사祝辭.
8 전라좌·우도全羅左·右道.
9 육조六曹의 판서判書·참판參判·참의參議. 모두 당상관堂上官임.
10 참의參議는 정3품의 벼슬.
11 성균관장成均館長. 정3품의 벼슬.

잇ᄯᆡ 이판吏判, 호판戶判, 좌우左右 영상領相 다 지ᄂᆡ고 퇴사退仕 후後의 경열부인으로 더부러 ᄇᆡᆨ연독낙百年同樂할ᄉᆡ 경열부인으게 삼남이녀을 두워시니 ᄀᆡㄷ個個이 총명聰明ᄒᆞ야 그 부친을 압두壓頭하고 계ㄷ승ㄷ繼繼承承하야 직거일품職居一品으로 만셰유젼萬歲流傳하더라.

완서계서포完西溪書舖

부 록

朝鮮珍書叢書 第二輯

烈女春香守節歌 全

朝鮮珍書刊行會刊

열여춘향슈졀가라

숙종대왕직위초의셩덕이너부시사셩ᄌᆞ셩손은계〃승〃ᄒᆞ사금고옥족은요순시졀이요의관문물은우탕의버금이라좌우보필은쥬셕지신이요용양호위난간셩지장이라조졍의흐르난덕화향곡의퍼졋시니사ᄒᆡ구든기운이원근의어려잇다츙신은만조ᄒᆞ고효자열녀가〃재〃라미재〃〃라우슌풍조ᄒᆞ니함포고복ᄇᆡᆨ셩덜은쳐〃의격량가라잇ᄯᆡ젼나도남원부의월ᄆᆡ라ᄒᆞ난기ᄉᆡᆼ이잇스되삼남의명기로셔일직퇴기ᄒᆞ야셩가라ᄒᆞ는양반을다려고셰월을보내되연장사순의당ᄒᆞ야일졈혈륙이업셔일노한이되야장탄슈심의병이되것구나일〃은크게ᄭᆡ쳐예사람을ᄉᆡᆼ각ᄒᆞ고가군을쳥입

ᄒᆞ야 엿자오ᄃᆡ 공슌이 ᄒᆞᆫ난 미리 느르시요 계상의 무삼
은혜 짓켜던지 ᄉᆞ상이 부〻되야 찬기ᄒᆞᆯ실 다바리
고 예모도 슝상ᄒᆞ고 여공도 실슈ᄒᆞᆫ 것만 무심죄가 젼
즁ᄒᆞ야 일졈혈륙 업셧스나 유쳔무죡 우리 신
셰셜영 ᄒᆞᆼ하 ᄒᆞ고 누라ᄒᆞ며 사ᄉᆞ후 집장ᄋᆞ ᄒᆞ고 근명산ᄃᆡ
찰의 신공이나 ᄒᆞ야 남여간 밧컷ᄃᆞ면 평싱 한을 풀
거시니 가군의 ᄯᅳᆺ시 엇더ᄒᆞ오 셩쳠판ᄒᆞ는 마리올
싱신셰 싱각ᄒᆞ면 자녀 마리 되엿ᄒᆞ나 버리셔 자식을
나흘진ᄃᆡ 무자할 사람이 잇슬이요 ᄒᆞᆫ니 원ᄆᆞ드답
하뫼 쳔하ᄃᆡ 셩공부자도 이구산의 빌고 나셧다
관쳥자산은 우셩산의 빌러 나게시고 안ᄌᆞ 빙기 친셜
이를진ᄃᆡ 명산ᄃᆡ쳔이 업슬손가 정셩동ᄒᆞ 쳔ᄒᆞ
쳔의 난녹도록 자녀업셔 ᄒᆞ고 봄ᄋᆞ의 비리ᄃᆞ니

ᄃᆡ명쳔자나계시사ᄃᆡ명쳔지발거스니우리도경
셩이나드러보사이다공든탑이무이지며심근남
긔쎽길손가이날부텀목욕저계졍이ᄒᆞ고명산
승지ᄎᆞᄌᆞ갈제오젹 피ᄊᆞ나셔〻좌우산쳔둘너
보니셔북의교룡산은슐희방을마거잇고동
으로난장임숨품길푼고ᄃᆡ셩쉰사ᄂᆞᆫ〻이보이고
남으로난지리산이웅장ᄒᆞᆫᄃᆡ가온ᄃᆡ요쳔슈난일
ᄃᆡ장강벽파되야동남으로둘너스니별류건곤여
긔로다칭임을더우잡고산슈경을발바드러가니지리
산이여기로다반야봉올나셔〻사면을둘너보니
명산ᄃᆡ쳔완연ᄒᆞ다상봉의단을무어제물을
진셜ᄒᆞ고단하의복지ᄒᆞ야쳔신만고비럿더니
산신임의덕이신지잇던ᄂᆞᆫ오월오일갑자라한

꿈을어든니셔긔반공ᄒᆞ고오치영농ᄒᆞ더니일
위션녀쳥학을타고오란되머리의화관이요몸의
난치의로다원피소리징징ᄒᆞ고손의난게화일
지를들고당의오르며귀슈장읍ᄒᆞ고공슌이엿자
오ᄃᆡ낙포의ᄯᆞᆯ일넌니반도진상옥경가다광한쳔
의셔젹숑자맛나미쳔졍회ᄒᆞ올차의사만ᄒᆞ미죄
가되야상졔 ᄃᆡ로ᄒᆞ사친토의ᄂᆡ치시ᄆᆡ갈바을
몰나더니 두유산실영계셔부인ᄃᆡᆨ으로지시ᄒᆞ
기로왓사오니 어엽비여기소셔ᄒᆞ며품으로달여
들ᄉᆡ학지쳥영은장원ᄒᆞ고라학의소리놀나ᄭᆡ니
남가일몽이라 황홀ᄒᆞᆫ졍신을진졍ᄒᆞ야가군
과몽사을설화ᄒᆞ고쳔힝으로남지을나울가
기다리더니과연그달부텀ᄐᆡ긔잇셔십삭이당ᄒᆞ

미일〻은향기만실ᄒᆞ고채운이영농ᄒᆞ더니혼미
즁의셔산ᄒᆞ니일기옥여을나어난니월미의일
구월심기루던ᄆᆞ음남자ᄂᆞᆫ못나스되겨군듯
풀이난구나ᄀᆞ사랑ᄒᆞ믄어ᄋᆡ지다샹언ᄒᆞ리일홈
을춘향이라부르면셔장즁보옥가치길너
ᄂᆡ니효ᄒᆡᆼ이무쌍이요인자ᄒᆞ미기린이라칠
팔세되미셔척의회마ᄒᆞ야예모징절을일삼
으니효ᄒᆡᆼ을일읍아츙송안이ᄒᆞ리업더라
잇ᄃᆡ삼쳔동이ᄒᆞᆯ임이라ᄒᆞ난양반이잇스되
셰ᄃᆡ명가요츙신의후예라일〻은젼하게
옵셔츙회록을올어보시고츙효자을
틱출ᄒᆞ사자목지관임용ᄒᆞ실식이ᄒᆞᆯ
임으로파쳔현감의금산군슈이비ᄒᆞ야남원

부사졔슈ᄒᆞ시니 여할임이 사슨숙 비ᄒᆞ직ᄀᆞᄒᆞ
고 치힝자러남원부의도임ᄒᆞ여셜 치민졍
ᄒᆞ니 사방의여리셥고방곡의빅쳔ᄉᆞ들은더
되오물칭송ᄒᆞ다 가우구 연원문동요라시
화연풍ᄒᆞ고빅셩이ᄒᆞ도ᄒᆞ니 요순시졀이
라 잇ᄯᅢ는어느ᄯᅢ뇨놀기조ᄒᆞᆫ삼춘이라ᄒᆞ엽비
조뭇식들은농조 화답ᄶᅡᆨ슬지어쌍거쌍ᄂᆡ러
ᄂᆞ려온갓춘경뎟토난되남산화발북산홍파
잔사만사슈양지의황금조는벗부르는다나무ᄾ
쳥임ᄒᆞ고두견졉동다지나 일연지가결실라잇
ᄯᅢ사도자졔이도령이년광은이팔이요풍치는
두목지라도량은창ᄒᆞ 가ᄒᆞ고지혜 활달ᄒᆞ고
문장은니빅이요필법은왕희지라일ᄉᆞ은법

지난물너말삼하되이끌경기어도며나시좀조좀
도〻하나절승경쳐말하여라방자놈여ㅅ자소되
글공부하시난도령임이경쳐차져부질업소이
도령이른마리너무석한마리로다자고로문장저사
도절승강산귀경기난풍월장문근본이라신
선도두로도라방납하니어이하야부당하랴사마장
경이남으로강호의떠다다강을거살얼제팡낭셩
파으음풍이노호하야예로부터가르치니천지간
만물지변이놀납고질겁고도고초거시글안안
계업난이라 시중천자이틔빅은처석강의노라
잇고적벽강츄야월의소동파노라잇고심양강
명월야의빅낙쳔노라잇고보은송이울쟝되의
셰조닷왕노셔스니안이노든못하리라잇ᄯᅢ방자

도련님 ᄯᅳᆺ슬 바다 사방경긔 말삼ᄒᆞ되 셔울노 이
를진ᄃᆡ 자문밧나다 라 칠셩암 쳥연암 셰금경 파
◉평양 연광졍 ᄃᆡ동누 모란봉 ◉ 련양 낙션ᄃᆡ ◉
보은 송니 운장ᄃᆡ ◉안으 슈기셩ᄃᆡ ◉진쥬 촉셕
누 ◉밀양 영남누 가 엇더ᄒᆞᆫ지 몰나와 도 젼나도로
실을 진ᄃᆡ ◉ᄐᆡ안 핑양졍 ◉무쥬 ᄒᆞᆫ풍누 ◉졀쥬
한벽누 조ᄊᆞ오나 남원 경쳐 듯조시요 동문밧나가
오면 장임슈ᄇ 쳔은 사 조ᄊᆞᆸ고 셔문밧나가 오면 관황
묘난 쳔고영웅 엄한 위풍 어제 오날 갓삽고 남문밧
나가오면 광한누 오작교 영주각 조삽고 북문밧
나가오면 쳥쳔삭출 금부룡 기ᄇᆡᆨᄒᆞ야 웃둑
셔스니 기암둥실 교룡산셩 좃사오니 쳐분ᄃᆡ
로 가사이다 도련님 일은 말삼이 ᄋᆡ말노 듯셰

라도광한루오작교가령이로다귀경가자도령님거
동보소사또젼ᄃᆞ리가셔공손이엿자오되금일〻
가화란ᄒᆞ오니잠간나가풍월음영시운목도
셩ᄃᆡᆨᄒᆞ고자ᄉᆞ오니슌영이나ᄒᆞ오이다사또ᄃᆡᆨ
ᄒᆡᄒᆞ야허라ᄒᆞ시ᄆᆡ일삼ᄒᆞ시되남쥬풍물을
귀경ᄒᆞ고도라오되시계을상각ᄒᆞ라도령ᄃᆡ답
부끄되로ᄒᆞ오리다물너나와방ᄌᆞ야나구안장지
여라。방자분부듯고나구안장짓는다나구안장지
을제홍연자마산호편옥안금편화금늑쳥홍
사고ᄒᆞᆫ굴네쥬겨머리상무덥버다래쳥〻다래은엽
등자호피도듬위졍ᄒᆞ후거리쥴방울은염불법
사염쥬메듯나ᄒᆞᆫ두등디ᄒᆞ여소도령님거동보소
옥안선풍고ᄒᆞᆫ얼골젼반갓탄치머리곱게

비셔밀기름의잠저외상ᄌᆞ당기셕환물여
밉ᄇᆞ시잇게잡바ᄊᆞ코쳥쳔슈쥬졉동비셰빅
져상침바자극상셰목졉보쳔외남갑자단
임치고융과사단졉비ᄎᆞ홈라화단ᄌᆞ다라옵고
동ᄒᆡᆼ건을무릅아리는짓미고영조단ᄒᆡ
라ᄯᅴ모조단도리낭을ᄂᆡᆼ필사가졈미단고
를니여는짓미고ᄊᆞᆼ믄조진동쳥즁주가
막의도포빗쳐ᄌᆞ사ᄯᅴ를ᄌᆞᆼ즁의눌녀만
고융믄당혜셔으면셔나구를부ᄉᆞ려라등자
뒤ᄉᆞ고쳔듯올나뒤를싸고나오실제롱인한나뒤
을ᄯᅡ라산뮨밧나솔젹그쇄굽부치ᄌᆞᆼ더셩을
로실팡을가리우고판도셩남디류길의싱
기잇게나갈졔주리업슈ᄌᆞ던두목지의풍졀

넌가시〻요부ᄒᆞᆫ단주판의고음ᄉᆞ리◉상가자미라
춘설ᄉᆞ녀요만설ᄉᆞ견자슈불ᄋᆞ이라 광찬누셥격
올나시면을살펴보니 경기가잔ᄒᆞ니조타 격셔ᄉᆞ이
침날의느진안기 셕여잇고 노슈의져문봄은
화류동풍둘너잇다 자가달노분조회요
벽바ᄉᆞ금쳔식ᄋᆞ연ᄉᆞ놉ᄋᆞᆫ임고딕를일너잇고요현
기구하쳐외는광ᄒᆞᆫ누을 일의미라ᄒᆞ야ᄉᆞ누고
소딕와오조동ᄉᆞ남슈는동ᄉᆞ졍ᄒᆞ오로ᄒᆞ르너 지고연
지셔북의평ᄉᆞ퇴이완연ᄒᆞ되 또ᄒᆞᆫ곳ᄇᆞ리보니
벽〻층〻난만ᄒᆞᆫ중의 입음무공작나ᄒᆞᆫ들고산쳔
경ᄉᆞ긔둘너보니 세구분반송졸셕갈입은아
쥬귀츈풍못ᄉᆞ이기여 츈늘ᄃᆞ 폭포유슈셰닉 기
의거변화는쌍ᄉᆞ 굿ᄃᆞ 낙ᄃᆞ 장ᄉᆞ송ᄉᆞ을ᄃᆞ ᄒᆞ고녹

음방초승화시라 계슈자단모란벽도의 취한
산색장강요쳡의 풍등솔잠게잇고 또한
꼿바라보니 잇더ᄉᆞ한일미인이 봄서 우름한낙
지로온가ᄉᆞ춘졍못이게 뻬 두견화 칠손 색거며
리여도 꾀꼬자 보며 함박꼿도 질근ᄲᅢᆨ거 입으 함숙
물러보고 옥슈나 삼반 만것고 쳥상유슈 말근
물의 손도 싯고 발도 싯고 물먹음어 양슈ᄒᆞ며
조약돌 덥셕 쥐여 버들가지 꾀꼬리을 희롱
하나타기 황성이 안인야 버들입도 주루룩
훌터 물의 ᄯᅥᆯ쪄 보고 빅결갓튼 흰나
부상봉자 겹은 화수물고 너울너울 춤을
춘다 황금가튼 꾀꼬리는 슈빈이나 라든다。
광한진경조 건이와 오작교가 더욱좃타 ᄒᆞ

가ᅀᆞᆫ지ᄌᆞᆫ나ᅀᆡ게일ᄒᆡᆼᅀᅵ로다소작교법ᄆᆡᅀ
ᄒᆞᆫ、번념ᅀᅮ작태ᅀᅥ두엇、쇠련ᅀᅮᆫ거ᅀᆡ교ᅀᅥᆯ
이언실ᄌᆞ나노련입이그ᄅᆞ단ᄉᆞ지ᅀᅥ소되고명ᅀ
소작션이요◎왕ᅀᅵ환오우ᄒᆡᄂᆞ다◎차ᄆᆞᆫᄌᆞᆯ상수
지、여요◎지ᄒᆞᆫ금일아ᄒᆡ나과◎잇、대、ᄒᆞᆯ아ᄋᆞ셔
잡술상ᅀᅴ나、소거늘일비슈먹은ᄌᆞᄋᆡ동ᅀ
인방자물여주교쥐ᄒᆞᆼ이도ᄒᆞ하야단부푸여
입ᅀᅳ다물고일이절리거날체경쳐ᅀᅴᄒᆞᆼᅀᅳᆯ
계위츙쳔도교마슈여ᅀ보련암을일너슌ᄃᆞᆯ
이끗벙쳐당ᄒᆞᆯ순야、보ᄅᆞᆯ단푸랄졍ᄒᆞᆫ빈
불글ᄒᆞᆼ고몰ᄏᆞ리단쳐ᅀ유마ᄒᆞᆼᅀ환윤셩
은니ᅀᅴᄒᆞᆫᄒᆞᆫ도와ᄒᆞᆫ다ᄒᆞᆼ봉빈졉완나븐는
흔기차납거동ᅀᅵ라비가비리ᄎᆞᆫ쇼ᅀ니쇼여ᅀ쥬

二

방장봉ᄂᆡ산이안ᄒᆞ의갓차오나물은본이
은하수요경ᄀᆡ는잠깐옥경이라옥경은보면ᄒᆞ면
엇월궁항아업슬손야잇ᄯᆡ은삼월이라일너
스되오월단오일이엿다천중지가졀이라잇
ᄯᆡ월ᄆᆡ딸춘향이도ᄯᅩ한시셔음율이능통
ᄒᆞ니천중졀을몰을소냐추천을ᄒᆞ랴ᄒᆞ
고상단이압셰우고나려올계난초갓치고흔
머리두귀를눕너곱게ᄯᆞ아금봉차를졍졔ᄒᆞ
고나운을두룬허리미양의간ᄂᆞᆫ버들심업시되
운듯이름답고고은ᄐᆡ도아장거려흐늘거려가만
가만나올져그장림속으로드러가니녹음방초우
거져금잔듸좌르륵살인고ᄃᆡ황금갓튼쇠ᄭᅩ리는
쌍거쌍ᄂᆡ나라들제무셩한버들보쳔장고늠께

미고주젼을ᄒᆞ리질계슈쇄슈고초록장옷남
방사ᄌᆞᆺ단조미쳘〻비셔가리두고자쥬연초
슈당혀을셕〻버셔던져두고벗사진솔속
거ᄉᆡ퇴미티쳘신주고연슈마쥬젼줄을셤〻
옥수년깃슨리양슈의갈나졉고벗는보션두발
길노졉졉올나바루구를졔셰유갓든고ᄌᆞᆷ몸을단
졍이돈이난뒤두단장옥비ᄂᆞ은주괴절파아치례
볼쟉시면밀화장도옥장도며ᄌᆞᆷ쉬사졉겨골리계
셕고름의틔가난다상단아미리라ᄒᆞᆫ번굴너심을
쥬ᄯᅥ두번굴너심을쥬니발미티가는셰걸바람
ᄌᆞᆺ자펄〻압뒤겸〻머리가니머리우의나무십븐
몸을ᄡᅡ라흔들〻소고갈계살ᄢᅦ보니녹음속
의홍상자라이바람결의나비ᄉᆞ지니구만장

츈도장 上

천박ᄉᆞᆸ간의번기불리ᄡᅬ이나ᄂᆞᆫ듯천지진결
ᄒᆞ련ᄒᆞᆫ후라압푸열ᄂᆞᆫ하ᄂᆞᆯ앗은가부야ᄉᆞᆫ경
계비가도화인졉ᄯᅥ러질쳬차려ᄒᆞ고ᄭᅩᆺ치난
듯뮈로번듯ᄒᆞᆫ양은광풍의 놀닌ᄒᆞᆫ졉쌍
을일코가다가돌치지난듯무산셩에구름타고쌍
ᄒᆞᆫ상의나리난듯나무입도무리보고ᄭᅩᆺ도길은
혁거머리에다실근〳〵ᄉᆞᆫ이상단아근되바람이
도ᄒᆞᆫ기로졍신이어질ᄒᆞᆫ다 근되줄붓드러
라붓들라ᄭᅩ무수이잔되ᄒᆞ며한창이리논일졀
의셰난셔반셕상의옥비녀ᄯᅥ러져정〳〵ᄒᆞ고비
너〳〵ᄒᆞ난소리산호채을드리옥반을ᄭᅢ치난
듯그티오그흰용은세상인물안이로다。연자
삼츈 비거ᄐᆡ라이도령마음이울젹ᄒᆞ고경신

이졀ᄒᆞ야별ᄉᆡᆼ각이다[illegible]ᄒᆞᆫᄌᆞ말노셜어ᄒᆞ
되오ᄒᆞᆫ호편주타고범소ᄇᆡ을조ᄎᆞ스니셔
시도오를이업고히경일아의옥창비가로
쵸퓌왕을이별ᄒᆞ던우미인도오를의업고
ᄂᆞᆫ봉걸ᄒᆞ작ᄒᆞ고뵈욯퇴과연후의독이
쳐쳐죵ᄒᆞ여찬이왕소군도오를이업고장신궁지
피닷고빌두름을ᄃᆞ퍼슨이반쳡여도오를이업고소
양궁아침날의지치ᄒᆞ고도라온이조비련도오를이
업고낙포졀연가무잔션녀가도련임돈비즁
쳔ᄒᆞ、야일신이고단이라진실노미혼지인이로다
통신아예쳐천네화류즁의오라가락희쓱ㄷㄷ
얼는ㄷㄷᄒᆞᆫ계무엇신지자쳐이보솨라롱인니
살피보고엇자소되다른무엇산외소라이골기

칠월미살춘향이란계집아ᄒᆡ로소이다두렴심이업결
의한ᄂᆞᆫ말이장이옷타ᄒᆞ온응하다되ᄋᆞᆸ알외되계
어미ᄂᆞᆫ기생이오나춘향이ᄂᆞᆫ도도ᄒᆞ야기생구실마다
ᄒᆞ고백화초엽의글ᄌᆞ도ᄉᆡᆼ각ᄒᆞ고여공지질이며문
장을겸전ᄒᆞ야여렴처자와다름이업ᄂᆞ이다도령
이 ᄯᅩ웃고방자을 불너분부하되들은즉기생의ᄯᆞᆯ
이라ᄒᆞ니급피가불너오라방자놈엿ᄌᆞ오되설부화용
이남방의유명키로방쳠ᄉᆞ병부ᄉᆞ군수현감관장
님네엄지발ᄀᆞ락이두ᄲᅧᆷ가옷식되난양반외입징이
덜도무수이보려하되장강의ᄉᆡᆨ과임ᄉᆞ의덕ᄒᆡᆼ이며이두
의문필이며태ᄉᆞ의화순심과이비의정절를품엇ᄉᆞ니금쳔
하지절ᄉᆡᆨ이요만고여중군자오니황공하온말삼으로초
래ᄒᆞ기어렵도소이다도련님ᄉᆞ하고방자야네가물각유주를몰

르난쇼다 형산빅옥과 여수황금이 님ᄌᆡ각〻
이라 잔말〻고 불너오라 방ᄌᆞ 잔분부 듯고 춘향 초리
■져 네갈졔 밉시 잇난 방ᄌᆞ 열셔 셔왕모 요지연의
■지 결단 쳥ᄉᆞ조 가ᄉᆞ치ᄉᆞ리져리 건네 가셔 바라ᄉᆞᄋᆞ
춘향아 부르난 소ᄅᆡ 춘향이 ᄭᆞᆷ짝 놀나 무ᄉᆞᆫ 소ᄅᆡ
를 그ᄯᆡ 우로 질너 사람의 졍신을 놀난ᄉᆞ야 이ᄋᆞᄉᆞ말
막나 ᄉᆞ리낫다 ᄉᆞ리란이 무ᄉᆞᆫ일 사또자제 도련님ᄉᆞ 광
한누의 오셧다가 너 노난 모양ᄉᆞ보고 불너오란 영ᄉᆞ 나셧다
춘향이 ᄒᆡ를 너여 네가 미친 자식일다 도련님ᄉᆞ ᄋᆞ엇지나
를 알어셔 부른단 말이냐 ᄉᆞ 자식 네가 나 말을 죵지리ᄉᆞ열
씨 ᄉᆞᆷ 듯ᄒᆞ엿나 부다 안ᄉᆞ다 나가 네 말을 할ᄉᆞ 가업시도 네
가 글 졔 니 가 글 아 니 글 을 너 러 을 트 러 보 와 라 계 집 ᄋᆞ ᄒᆞ
ᄒᆞᆫ실도 쥬쳔을 ᄒᆞ랑ᄋᆞ이면 네 집ᄒᆞ 우원 ᄐᆞ 진ᄉᆞ 의 즁ᄂᆞᆫ

을비고남ᄉᆞ알가물을가은곤ᄉᆞ미고추쳔ᄒᆞ나니
리의당연ᄒᆞ미라광ᄒᆞᆫ누마전하고쏘ᄒᆞᆫ이고졀ᄂᆞᆫ졔
할진된녹음방초승화시라밧ᄉᆞ조난푸러나되습
나비들은조록장두르고두나비들은유록잣들
너ᄒᆞᆫ가진러지고쏘ᄒᆞᆫ가지펴ᄉᆞ펴져광풍을게워ᄒᆞᆫ
늘ᄉᆞᄉᆞ춤을주니ᄃᆡ팡ᄒᆞᆫ누귀넘ᄉᆞ져의근듸을밋고네
갈셜졔와씻갓탄두발길노빅ᄉᆞ윤관의논일져기롱
상자라ᄉᆞ펄ᄉᆞ비ᄇᆞᆫ사속것가리동남풍의펄넝ᄉᆞ
ᄉᆞᄉᆞ박속갓탄내ᄉᆞᆯ기리보ᄃᆡ윤고ᄉᆞ의힛득ᄉᆞᄉᆞ도렴일
이보시고ᄃᆡ녀ᄉᆞᆯ발롬ᄉᆞ시계나가무삼말을한단말가잔
말ᄉᆞ고걸네ᄀᆞ자춘향이되답ᄒᆞ되네마리되연ᄒᆞ나오
리ᄃᆞᆫ소ᄉᆞ리리비단나삽이라다른집쳐자들노뫼와
즘긴추쳔ᄒᆞ야쏘뫼를업샌안이라셜ᄒᆞ되나ᄂᆞᆫ골

지리도ᄂᆞᆫ가지금ᄉᆞᄉᆞ가ᄋᆞ나ᄒᆞ여든ᄯᅩ렛사ᄅᆞᆷ을조리ᄂᆞᆫ
치거로부ᄅᆞᆯ이도업고부ᄅᆞᄃᆞᆫ도갈이도업ᄃᆞ다ᄉᆞᄌᆞ
의네가말ᄉᆞᆯ잘못ᄃᆞᆯ름빈리바ᄉᆞ가ᄋᆞᄃᆞᆫᄉᆞ의ᄇᆞᆯ가ᄋᆞᆺ파ᄉᆞ
ᄒᆞᆫ누로도리ᄉᆞ와도련ᄉᆞᆯ계ᄋᆞᆺ자ᄉᆞᆫ니도련ᄉᆞ고ᄑᆞᆯ든ᄌᆞ유거
득ᄒᆞᆫ사ᄅᆞᆷ일다ᄉᆞ인ᄌᆞᆨ시아ᄒᆞᆫ다시가말ᄉᆞᆯᄒᆞ고ᄋᆞ란ᄃᆞ
ᄒᆞ여라。빙ᄉᆞ자젼ᄀᆞᆫ고ᄉᆞ와조ᄒᆞᆫᄉᆞ계건너가나그ᄉᆞ의졀집ᄋᆞᆺ
로도라갓거늘졔ᄉᆞ집ᄇᆞᆯ을ᄎᆞᄌᆞ가나도며관미조ᄉᆞᆫ견ᄇᆞᆯ실
밥이밥장ᄉᆞ라바ᄉᆞ잔ᄃᆞ러가나너웨ᄉᆞ오ᄉᆞ나나ᄒᆞᆫᄉᆞᄐᆞᆯ도련실
ᄋᆞ다시졀갈ᄒᆞᆫᄉᆞ시ᄃᆞ라나가ᄇᆞᆯ를가ᄉᆞᆷᄋᆞ로알매ᄉᆞ나라ᄃᆞᆯ르나
네가글을잘ᄒᆞᆫ다가로졍ᄒᆞ노라ᄯᅩᄋᆞᄋᆞᆺᄂᆞᆫ쳐자불너보
기쳣음문의고ᄒᆞ고ᄒᆞ나쳠의로ᄋᆞ지밀고졉ᄉᆞᆫ외단ᄯᅥ가라
ᄒᆞ시ᄃᆞ라주ᄒᆞᆫᄉᆞ의도랑ᄒᆞᆫ삭시ᄯᅥᆫ부도라ᄑᆞᆫ그러ᄒᆞᆫ지
ᄒᆞ오련ᄉᆞᄉᆞ가ᄒᆞᆫ나가ᄅᆞᆫ맘음ᄋᆞ나되고쳔의ᄯᅩ슬볼나칠

음샹수 외말산고 안져더니 춘향모 쇽나 산자경
실업게 말을ᄒᆞ되 쑴이라ᄒᆞ는거시 결수이허사가
안이로다 간밤의 쑴을우니 난드업는 쳥요한나
벼도지의잠겨보이거늘 무순 조흔이리 잇슬가ᄒᆞ엿던
니우연한일 안이로다 산현드른이 사산지계도련님일
ᄒᆞᆷ이 몽을이라ᄒᆞ니 셜몽와 윤ᄃᆞ와 신도흥게맛
치여 ᄉᆞ다 그런나 경련나 이버니 입부로시난되 안이갈유잇
겨나사 잠간가셔 단여소라 춘향이가 그졔야 못이기
난체로 계우이러나 광한누 건너 길계 드면전더들
보의 땅미기 거름으로 ᄉᆞ지마다ᄉᆞ의 셧ᄉᆞ다 거름으
로 빌모리밧 탕금자리 가른모로 월두화 욘교은
타도 완보로 건너 갈신ᄌᆞ는ᄃᆞ 쉴셰시 도셩이십
보ᄌᆞ 되거름으로 ᄌᆞ늘가련 거너 올계 도련님 난간

의결단만비겨셔ᄂᆞᆫ외ᄂᆞᆫ니벽리보니춘향의가긴
너모낫듸광ᄒᆞᆫ누의가ᄉᆞ진지라도련님조와라고
지셔이실펴보니음겻ᄂᆞᆫᄒᆞ야쉴ᄐᆡᄒᆞᆫ음이셔
장의무씨리얼풀이조졸ᄒᆞ나ᄌᆞ가의노낫하이
설원은ᄇᆡᆺ칠기고ᄃᆡ순조짓반기ᄒᆞ나발로가슈속도
기다연진을묘ᄒᆞᆫ듯지ᄒᆞ시고을티도ᄉᆞᆫ안ᄀᆞ셔이의
빗처온듯취군이엇놋ᄒᆞ야문진는ᄉᆞᆫᄌᆞ유골결가다
연보을졋ᄉᆡ이옴가집연이누의올나부ᄅᆞᆫᄉᆞᄎᆞᄉᆡ가날
통신부ᄒᆞᆫ데안지고ᄉᆞᆫ니라춘향이보고ᄌᆞᆫ면도렴용
증、고안난거동ᄭᅩᆺᄉᆞᆯ펴보니비ᄇᆡᆫ것ᄉᆞ고ᄉᆞ빗ᄉᆞ두에
모욕하고안진거비사람을보고노ᄅᆞᆫ나난ᄇᆞᆯ별노단강
한설엽시쳔연한국ᄉᆡ이라옥안을ᄉᆞᆯ도ᄒᆞᆫ니
며운간지땅ᄋᆞᆯ원이요단순을반경ᄒᆞᆫᄋᆞ야유충ᄌᆞᆯ연

화로다신션을ᄂᆡ몰나도영쥬의노던쳔녀남원의젹
거ᄒᆞ니월궁의모던션녀벗ᄒᆞᆫ나을일러구나
네얼골네ᄐᆡ도는셰상인물아니로다。츈향이
추파을잠간들어이도령을살펴보니금셰의호
걸이요진셰간기남ᄌᆞ라쳔졍놉파스니소년공
명할거시요오악이조귀ᄒᆞ니보국츙신될거시
미마음의ᄌᆞᆷ모ᄒᆞ야ᄋᆞ미을수기고엄실단좌ᄲᅮᆫ이
로다이도령ᄒᆞᆫ마ᄅᆡ셩현도불ᄎᆔ동셩이라일너
스니네셩은무어시ᄯᅧ나ᄒᆞᆫ몃ᄉᆞᆯ니요셩은셩가
옵고년셰난십육세로소이다이도령거동보소허ᄂᆞᆫ
그말반갑도다네연셰드러ᄒᆞ니나와동갑이팔이라
셩ᄊᆞ을드러보니쳔졍일시분명ᄒᆞ다이셩지합조
ᄒᆞᆫ년분평ᄉᆡᆼ동낙ᄒᆞ여보ᄌᆞ너의부모구존ᄒᆞᆫ

야편모ᄒᆞ로소이다맺평케나뫼ᄂᆞᆫ야욕심당연ᄂᆞ의
모친ᄂᆞᆷ우남도ᄯᅥ나ᄌᆞᆷ나요너모나무심ᄒᆞ구한ᄯᆞᆯ이
로다쳔쳥ᄒᆞ신 연분으로우리두리만나ᄉᆞ니말ᄉᆞᆷᄒᆞᆸ
일우부자ᄌᆞᆫ치ᄒᆞ이기동보소 ᄑᆞᆯ자쳥산 ᄭᅮᆷ그리
머주순을 반기ᄒᆞᆫ야ᄀᆞᆫ을우개우여러ᄀᆞ지ᄉᆞᆼ으로엿ᄌᆞᆺ
소뫼ᄒᆞᆫ신은ᄃᆞᆸ사이ᄆᆞᆫ이요열어ᄂᆞᆸ불경이부결은옛
글ᄋᆞᆯ일너ᄉᆞᆫ이도련임은귀공자요소녀ᄂᆞᆫ쳔쳡이라ᄒᆞᆫ
번타졍ᄒᆞᆫ연후의인ᄒᆞ야바리시면일편단심이나마음
둘ᄃᆡ우ᄀᆞᆼ방ᄒᆞᆫ올노누워우는ᄒᆞ니ᄂᆞᆫ이ᄒᆞᆫ셔세나안이면뉘
ᄒᆞᆯ고글럽부마습소셔이도련님은말이너말을들
어볼어어안이기두ᄒᆞ라우리두리인연ᄆᆡ결ᄒᆞ고금셕
노아마ᄌᆞᆯ리네집이어ᄃᆞ미나춘ᄒᆞᆼ이엿ᄌᆞ오되방자
불너무르소셔이도령ᄒᆞ고웃고나니다리묵실을ᄒᆞᆸ

하다 바삭자 춘향의 집을 넌일너리 방자손을
넌지ᄉᆞ 드러 가르치되 져 건네 동산은 울울하고
연당은 쳥쳥ᄒᆞᆫ듸 양어ᄉᆡᆼ풍ᄒᆞ고 그 가온ᄃᆡ 긔화요초 난
만하야 나무〻〻 안진 ᄉᆡ는 호ᄉᆞ를 자랑하고 암상의 구
분고은 솔은 쳥풍이 건듯 부면 노룡이 굼이는 듯 문압
ᄑᆞ 버들은 유사무사 양유지오 들쥭 측ᄇᆡᆨ 젼나무며 그 가
온듸 ᄒᆡᆼ자목은 음양을 좃차 마쥬셔고 초당 문젼 오
동 ᄃᆡ쵸나무 깁푼 산즁 물푸레 나무 포도 다래 으름
넌출 휘〻친〻 감겨 담장 박기 우뚝 소사난듸 송졍
쥭임 두 사이로 은〻이 보이난게 츈향의 집인이다 도련
임이 르마리 장원이 졍결하고 송쥭이 울밀ᄒᆞ니 여
자 졀ᄒᆡᆼ 가지로다 츈향이 〻리 ᄯᅢ 부쇼리오 여자
쇼되시 쇽이 오실 쪼안ᄒᆞ니 그만 두고 가시다 도렴

입고말을듯고길득ᄒᆞ다그럴듯ᄒᆞᆫ소리로다오ᄂᆞᆯ밤
되련쥬의네의집의갈거시니ᄭᅳᆯ셔나부ᄃᆡ리쥬ᄒᆞᆼ
이ᄃᆞ단ᄒᆞ도나ᄂᆞᆫ몰나요네가ᄃᆞᆯ물면쓰거ᄉᆞ니ᄌᆞᆯ기
거라곰아의상봉ᄒᆞ자누의나라건너간이춘향모마ᄂᆞᆯ
조나와ᄋᆢ고너ᄯᆞᆯ단ᄯᅥ온나도련님이무어ᄉᆞ라ᄒᆞ시던
야무어ᄉᆞ라ᄒᆞ여요조곰안져셔가〻갓노라오리ᄂᆞᆫ이건
ᄯᅥ의우리집소시마ᄒᆞ옵ᄯᅦ다글헤엇지도ᄃᆞᆸᄒᆞ엿ᄂᆞᆫ야
모르다ᄒᆞ엿지요잘ᄒᆞ엿다싯ᄯᅥ도련님이춘향을의
연이보님쥬의미망이눌더업셔쳐실노도라와만사
의쓧시업고다만성과이춘향이라말소ᄅᆡ에정〻
고흔티도눈의삼〻ᄒᆞ치기를기달일서발ᄉᆞ거보ᄂᆞᆫ네쥬
가연으셔나되ᄉᆞᆫ나아동ᄋᆢ쳐악구트난이다도련님되로
하야이놈패심한놈셔울로지난히가봉으로도로가

라다 ᄉᆞ람 살펴보라 이윽고 방ᄌᆡ 엿ᄌᆞ오ᄃᆡ 일낙ᄒᆞ지 황
혼되고 월츌동령ᄒᆞ옵ᄂᆞ다 셕반이 맛시 업셔 젼
〻반칙ᄒᆞ야 ᄒᆞ리 퇴령을 기달나 ᄒᆞ고 ᄎᆡᆨ실 ᄎᆡᆨ을 보
려ᄒᆞᆯ제 ᄎᆡᆨ상을 압푸노코 셔ᄎᆡᆨ을 상고ᄒᆞ난ᄃᆡ
즁용 ᄃᆡ학 논어 ᄆᆡᆼᄌᆞ 시젼 셔젼 쥬역이며 고문진
보 통ᄉᆞ략 파ᄋᆡ빈 두시 쳔ᄌᆞ까지 ᄂᆡ여노코 글을 실
글셔 ⊙ 시젼이라 관〻져구 ᄌᆡ하지쥬로다 요조숙녀난
군자호귀로다 아셔라 그 글도 못일을 거시다 ⊙ ᄃᆡ학
을 이로되 ᄃᆡ학지도난 ᄌᆡ명〻덕ᄒᆞ며 ᄌᆡ신민ᄒᆞ며
져츈향이로다 그 글도 못일을 거시다 ⊙ 주역을 이난
ᄃᆡ 원은 형코 졍코 츈향이 코 싹 된 코 조코 ᄒᆞᆫ이
라 그 글도 못일을 거시 ⊙ 등왕각이라 남창은 고군이요 홍
도난 신부로다 올타 그 글 되얏다 ⊙ ᄆᆡᆼᄌᆞ을 일글셔 ᄆᆡᆼᄌᆞ

개샹졔와옥ᄒᆞ신뎡왕알슈불근쳔리ᄒᆞ나ᄒᆞ신이춘향ᄋᆞᆯ
보시니오신인가ᄒᆞ사랑을이ᄅᆞ되투고라쳔왕세나이셕
셕으로왕ᄒᆞ야셰기셥졔ᄒᆞ니부유ᄒᆞ야화의라ᄒᆞᄂᆞᆫ쳔
계셥일언ᄒᆞ고일만팔쳔세ᄅᆞᆯ하ᄃᆞ니빙젼엿즈오되여보오
관셥쳔황씨가목셕으로왕이란말은들어스되삭
셕으로왕이란말을금시초문이요이쟈식네모른다쳔왕
씨일만팔쳔셰를살던양반이라ᄒᆞ가ᄂᆞᆫᄒᆞ여목ᄃᆞᆯ
잘쟈식건이와시속셕부ᄃᆞ를목셕을먹건ᄂᆞᆫ야공
쟈일계옵셔후싱을싱과하시명윤당의쳔ᄇᆞᆫᄒᆞ고
시속셕부ᄃᆞ를이가부족ᄒᆞ야목셕을곳먹기로션
ᄌᆞᄌᆞ한쌱셕으로ᄒᆞ라ᄒᆞᆫᄃᆡ삼빅육십주회ᄂᆞᆫ의톳ᄉᆞ
문ᄒᆞ고쑥셕을로곳쳐난이라바젼ᄒᆞᆫ거말을하
되ᄋᆞ보하날님이들으시면엄쌱노ᄅᆞᆫ닛실거진말도

못거산고소ᄌᆞ젹벽부를드러보소임술지추칠월
기망에소자와객으로범주유어젹벽지하ᄒᆞᆯ새쳥
풍은셔래ᄒᆞ고수파는불흥이라아셔라그글도못
일것다◐쳔자을일글ᄉᆡᄒᆞ날쳔ᄯᅡ지방지못고여
보도권원졀찬이쳔치는엡이리요쳔자라ᄒᆞᄂᆞᆫ글리
칠셔의본문이라양나라주실변쥬흥사가ᄒᆞ로밤
의이글을짓고머리가ᄒᆡ엿기로ᄎᆡᆨ일홈을ᄇᆡᆨ수
문이라낫낫치ᄉᆡ겨보면ᄲᅦ똥쌀일리만ᄒᆞ지야소인
놈도쳔자속은아옵니다네가알도란말이냐알기
을일르것소안다ᄒᆞ니일거바라예들르시오놉고놉푼
ᄒᆞ날쳔집고집푼ᄯᅡ지ᄒᆡᄒᆡ친친가믈현불타졋
다누루황에이놈상놈은걱실ᄒᆞ다이놈어듸셔장
타령ᄒᆞᄂᆞᆫ놈의말을드럿구나너일글게드러라쳔

마지시은젼하니토국의광냥하는일천◐지박의축시
하니오힘팔패로삭지◐삼십삼천공부홍의인
신지시가문체◐이삼팔숙금목수화토지경석
누루황◐우츄일월은친하니오옥우징염집우◐
연복도흥영쇠와요니음의집쥬◐우친홍수기차
초의흥변귀쥬너블홍◐삼왕오졔붕하신후난
신져자것칠황오◐동방의정치계명궁교〻천변실윤
응종번뜻소식날실◐의조창신영상가의강구연월
으달일젼◐한심미월서〻부터삼오일의왕차리◐셰
상만사생각하니달빗과갓탄지라신소야발근다
리기마읍부터길흘쳐◐이십팔숙하도나셔버린법
일월건영신별진◐가린금야숙창가린남금칠음
잘숙◐졀되가인존흔품유나열흔쥬으버릴

열◐의 ᄒᆞ월식 ㅇ 삼경의 만단졍ㅇ회 베풀장◐금
일한풍슌ᄋ 관ᄒᆞ니 쳡슬와들 거라 찰한◐베
마가놉거든 팔을 베ᄋ라 ㅇ 마만 금소니라 올닝◐
예후리쳐진곤 안고 인과의든이 셜한풍ᄋ으도더울
셔◐ 집실리더니거든 음윤응을 주ᄒᆞ여 ㅇ 리져리갈
왕◐ 불ᄒᆞᆫ분열연으 셕냐 엽낙소동의가을휴◐
빗발리자차우거젼이소년풍도을거들슈◐낙목한
풍찬바람비소윤강산의져으동◐소미불만유리소
랑귀즁시몸쳐의갈몸장◐부용작야 ㅇ 셰우즁의
광윤을 티부루요◐리러한교ᄒᆞᆫ틴도평싱을보
끝도나무러◐빗연 기약집풍밋세만경창파일슐
셩◐ㅇ리져리논실져의부지셔월회세◐조강지
쳡불ᄒᆞ다ㅇ 안ᄒᆞ번 다못ᄒᆞ난ㅇ되도록편법즁올

군자조귀ᄒᆞ온니ᄒᆞ야 춘향이나심복ᄒᆞᆫ티ᄯᅡ티고쪽
두셰이벗줄여ᄋᆞ야난ᄉᆞ야ᄋᆞᆯ피ᄂᆞᆫ보거ᄀᆞ스란을독
계길녀보나 사쇼진억진치를잡수시고ᄌᆞᆨ고
징이나계옵셔펑상의춘쥐ᄒᆞ사다 ᄋᆞᆯ곱보고지거ᄉᆞ리
에안ᄯᅩ놀너ᄂᆞ이로니라예촉방ᄉᆞ셔누구셔집을
맛넌야신다리을쥬물넛야아라드리라통인드리
가도련임웬목통이요고함순펴에사쇼놀나서사
염문하라하옵서나잇ᄉᆞ로잇가사한이라도다나
무집늘근이는리공징도잇난이라마는귀너무발
근거스도예상실안이로다글러한다ᄒᆞ제마는글월이가
웨위잇슬고도련임디ᄒᆞᆫᄒᆞ야ᄉᆞ도로엿ᄌᆞ와라나가는
어라하난글을보다가ᄎᆞᆷᄒᆞ라외도의귀ᄉᆞ리곱ᄇᆞᆯ로근주
공이라다문을보다가나도주곰을보면고리ᄒᆞ셔

볼가ᄒᆞ여 흉치로소리가 노ᄇᆞᆸ과 손이 그ᄃᆡ로 만엿가
와라 통인이 드러가 그ᄃᆡ로 엿자오니 사또 도련님ᄋᆞ
벅의 잇슴을 고계 직켜 주야 ᄉᆞ리 오너라 착방으 가목나ᄋᆞ
청을 가만이 오시리라 낭청이 드러오난되 이양반이
엿지고리 계신기던지 만지 거름 속ᄒᆞᆫ 전근시이다
숙그러던 거시엿다 사또 그시심ᄃᆞ ᄒᆞᆼ지요 아계안 소할
말이 잇네 우리 표차고 우로서 동문수업ᄒᆞ엿건과 ᄋᆞ시의
글의 ᄀᆞ가 ᄀᆞ지실ᄋᆞᆫ 거시업거 만ᄂᆞᆫ 우리ᄋᆞ시ᄂᆞᆫ 보ᄂᆡ어ᄋᆞ
안이 길걸ᄒᆞᆫ 가인 양반을 지ᄉᆞ 부ᄌᆞ갈 ᄋᆡ드랍 ᄒᆞᆫ겻다
아ᄒᆡ 뵈곰의 ᄀᆞ짓ᄎᆞ실 은을 뵈엿더 ᄋᆞᆯ 놈의 ᄋᆞ요의 가신
ᄉᆞ면 갈도 오고 쇠가 무ᄒᆞ하 ᄌᆡᄋᆞ ᄒᆞᆫ 놈와 귀을시
괄ᄒᆞ면 의 교산 뵈 ᄒᆞ야 ᄒᆞᆫ 쇠 ᄒᆞᆫ 럽되 ᄇᆡ순
비ᄋᆡ 엿쟈로 ᄑᆡᆯ치 ᄎᆡ ᄒᆞ계 그러지 ᄋᆞᆫ쳐 ᄒᆞᆯ나 관두

쓰기도고봉두셕갓고한일을쇼어노면잘리지
윤이요갓머리난작두졈이요필법는자ᄒᆞ면풍
낭뇌견이요니리그어칫난획은노송노매젼벽이
라칭과로일를진되마를통녀졸ᄒᆞᆯ엇배다가다
도로천는듸는셩뇌손우옷깃쇼기운이복족ᄒᆞ
면발길노투ᄀᆞ치ᄉᆞᆯ여도획은획되로되나니글시
을가만니보면획은획되로되옵되다글시듯계
경아ᄒᆞ시ᄂᆞ좁살머이쏠제셔울진ᄯᅳᆯ의늘근뫼화
잇난고로뫼화남글무고글을지으라ᄒᆞ셔ᄯᅥᆫ이잠시
지어스되졍셩되린것파용사비등ᄒᆞ니실나쳔기
라묘당의다ᄃᆞᆫ한명사될거시니남명이복고ᄒᆞ고부
츈추어일수허여세창녀졍승ᄒᆞ소리ᄃᆞ사시너머
감격ᄒᆞ야ᄒᆞ라고졍승이야엇지바랄거시나마는니실견

으곱계는수ᄒᆞ리마는곱졔마수업계ᄒᆞ면줄순이야
베면이진ᄂᆞ긧나ᄉᆡᆸ이요그리ᄒᆞᆯ말ᄉᆞᆷ이안이라결승
을못ᄒᆞ오면장ᄉᆞᆼ씨라도되지요사ᄯᅩ이호령ᄒᆞ
되자나뉘말ᄂᆞᆫ알파되난을그리ᄒᆞ나ᄃᆡ답은
ᄒᆞ여사오나뉘말린지몰나요글러다고ᄒᆞ여스되
그계ᄯᅩ다거깃마리엿다[illegible]ᄋᆡ도령은되리ᄂᆞᆷ을
졀실졔방ᄌᆞ야되련ᄂᆞᆫᄉᆞᆫ나ᄋᆡ라ᄌᆞᆫ산인노와
순ᄌᆞᆫ금잇더ᄒᆞᆫ물이라되런소러저게나니조타
ᄃᆞ올라ᄃᆞ방ᄌᆞ야등농의불발커라동ᄋᆡ화나무
믈ᄒᆡ라춘향의집고네갈졔ᄉᆞ조ᄉᆞ시만ᄃᆞ ᄃᆞ길의
면셔방ᄌᆞ야사ᄉᆞ밧의보ᄇᆡᆺ쥬다ᄉᆞᆼ을얼뷰엿라
산ᄂᆞᆫ밧ᄉᆡ엿나셔흔쳡노지ᄀᆞᆫ의쉽ᄉᆞ엇ᄂᆞᆫ흔고ᄒᆞᆫ
관ᄂᆞᆫ린빗들ᄯᅥᆺ반인나셔가ᄯᅥᆨ드ᄯᅳᆯ셧ᄃᆞ아ᄒᆞ니ᄂᆞᆫ

야입혀ᄂᆞ구하야 쓴이치쳡고이셔 가지
당도하니 가련담야 요젹한듸 가기문쇠이 산산
야 가소롭다 어쥬사는 도원길을 모로던가 춘향
문견 당도하니 인젹은 신한듸 월쇠은 삼경이라
이악은 출몰하고 듸졉갓튼 금부이 난입슬 보
고 반기난듯 어긋하의 두루며 번둥을 계우 쌍부
른다 잇듸 춘향이 칠현금 비겨안고 남풍시를
히롱타가 침셕으로 조우더니 방졍 안으로 들어가되
가지 실가렴예하야 치초업시 가만〻〻 춘향방 영창
밋틔 가만이 살쬑드러가셔 이ᄋᆞ 춘향아 잠드련야
춘향이 션쌕 놀여 네 엇지 오냐 도련님이 와겨시다
춘향이가 이말을 듯고 가삼이 얼넝〻〻 속이 답〻하
야 북그럼을 못이기여 문을 열고 나오더니 건넌방

거더가셕쳐의모친ᄊᆡᄉᆞ고퇴 ● 의고어든이무슨잠을의
되치친피섭무시쇼춘향의모집을ᄎᆞ여아가무어슬말
나고부르난야뷔가무엇달닌곳그려면엇게볼너
는야언겁결으하는말이도환이방으지모시고오셔셔
소춘향이모든을열고방자불녀무신다리누가와
야방자되답하되사또자제도련님이와겨시뇨춘향
어모그말듯고상단아네뒤초당의좌셕등촉신칙
하여 보젼하라당부하고춘향모가나오난듸셰상사
람이다춘향모을일캿더니과연이로다잘고로사람이
외탁을만이하나고로춘향갓탄딸을나엇다춘향
모나오난듸거동을살펴보니반빈이넘어뇨소탈한모
양이며단경한기상이꾀〻정〻하고기부가풍연하
야보이빈한지라슈시럽고졀잔하계발막을쓴어

다오난되가만〻방ᄌᆞ두ᄉᆞᆷ따라ᄉᆞᆫ다앗더든ᄃᆡ도
이ᄇᆡ회피면ᄒᆞ야무류이셔잇슬졔방ᄌᆞ나와엿ᄌᆞ
오되져기오난게츈향의모로소이다츈향의모가나오ᄆᆡ
니공슈ᄒᆞ고셧ᄉᆞ오셔ᄂᆡ그셔의도련님분안이엇ᄃᆡᄒᆞ오
도련님반만웃고츈향의모이라계평안ᄒᆞᆫ가ᄯᅢ계
우지뇨읍니다오실줄진졍몰나영졉이불민ᄒᆞ
온이다그러ᄒᆞᆫ이가잇나츈향모압을셔〻인도ᄒᆞ야
ᄃᆡ문즁문다지ᄂᆡ여후원을도라가니연구ᄒᆞᆫ별초
당의등롱을발케난ᄃᆡ버들가지느러져불빗슬
가린모양구실발리갈공이의걸인듯ᄒᆞ고우편
의벽오동은말근이실리ᄯᅮᆨ〻ᄯᅥ러져학의ᄭᅮᆷ을
놀니난듯좌편의셧난반송쳥풍이건듯불면노
룡이굼이난듯창젼의시문파초일난초봉미장

은속이압이쌕여낙고유신에쥬어린엽쏫몰박기
계우떠셔속노을박쳐잇고뎌졉갓터즘부어
낙어번셩용ᄒᆞ랴ᄒᆞ고혀〻마다몹뎐쳐셔츔넝
둠벙군실노떠마다조롱ᄒᆞ고시호나는연입
은바들셕기바라지피금연상봉셔가산은칭〻
이싸여난되계ᄒᆞ의ᄒᆞ두군이사람을보며놀나
여두쪽지를떠버리고진다리로깅졉〻끌눅
뚜루룩소리ᄒᆞ며계화ᄆᆞ티삽살기짓는구나그
즁의반가올사못가온되쌍오리는순임온시노라
두덩실떠셔기다리난모양이요취마의되〻글이
그제야겨으모친영을되〻여셔삿창을반겨ᄒᆞ
고나오난되모양을살펴보니두렷한얼골명월
구름박기소사난듯화용졀ᄃᆡ모양은칭양키어

렵쇼다 북그려ᄋᆞ 당의난 련쳔년이 쉿난거동은 사
람의간장을 다녹넌다 도련님 반만웃고 춘향다려
문난마리 펀지안이ᄒᆞ며 밥이나 잘먹건야 춘향이
북그려 우두 담지 못ᄒᆞ고 묵〻키 셔잇거날 춘향이
모가 몬져 당의 올나 도련님을 자리로 모신 후의 자
슬드러 권ᄒᆞ고 담부〻 쳐올이온이 도련님이 바다
물고 안자실졔 도련님 춘향의 집 소실허는 춘향
의게 듯시잇 셔와겨시제 춘향의 셰간기물 귀경온
비아니로되 도련인칫 외인이라 박그셔난 무슨마리
잇실듯ᄒᆞ더니 드러가안고 보니 별노이 할마리 업교
공연의 천죠기가 앗셔 오한졍이 들면셔 아모리 셩
과하되 별노 할마리 업난지라 방즁을 둘너보며
벽상을 살펴보니 여간기물 노야난뒤 요장 봉장

긔예수리일랑겨넘버려난듸무슨기림잔두붓쳐
잇고기림을도려붓쳐쓰되셔방업난춘향이요
하하난계자아ᄒᆞ가셰간ᄒᆡ롭파기림이웨잇슬고만
는춘향어모가유명ᄒᆞ명기라그얄을쥬랴고장만
ᄒᆞᆫ거시엿다됴션의유명ᄒᆞᆫ명ᄀᆡ글시붓쳐잇고
그ᄉᆞ이에붓친명ᄒᆞ와다쥬리쳐던져두고실걸션문
기림붓쳐쓰되실걸션도제목이이렷턴거시엿다
상제고기상결조의고신조회밧던기림결년
거사이투빈이황하의젼쇽려안져황졍경의던가
름빅옥누지은주의자기붓녀올여상양문잇
던기님쳔월칠셕오작교의견우직녀만나난
기름팡ᄒᆞᆫ진일면샤의도악ᄒᆞ던ᄒᆞᆼ아기름진ᄒᆞ
이ᄇᆡᆺ쳐쓰되팡쳐가찬난ᄒᆞ야정신이살난ᄒᆞᆫ자

라ᄯᅩᄒᆞᆫ곳바라보니부츈산엄ᄌᆞ릉은간의ᄃᆡ부
마다ᄒᆞ고비구로벗슬삼고원학으로이웃삼아양
구를ᄯᅥᆯ쳐입고추동강칠리탄으나슈쥴⊙
던진경을역역키그려잇다바ᄋᆞ가위지션경이
라ᄒᆞᆫ자조귀놀더로다 츈향이일편단심일부
종사ᄒᆞ려ᄒᆞ고글ᄒᆞᆫ슈를지여ᄎᆡ상우의붓쳐
슈되⊙ᄃᆡ운츈풍죽이요분향야독셔라기특
ᄒᆞ다이글ᄯᅳᆺ은목난의졀기로다이러ᄐᆞᆺ치ᄒᆞᄒᆞᆯ
졔츈향어모엿ᄌᆞ오되귀즁ᄒᆞ신도련임이누지의
욕ᄉᆞ이ᄒᆞ시니황공감격ᄒᆞ옵니다도련임그말
ᄒᆞᆫ마듸여말구긔가ᄯᅥᆫ이엿계그럴이가웨잇난
가우연이과ᄋᆞ찬누의셔츈향을잠간보고연
ᄋᆡ이보니기로단화봉겁취ᄒᆞᆫ마음오날밤의

숀난듯시션춘향어모보려왓건이와자닉얄춘
향과빅연언약을밋고자하니자닉의마음
이엇더한가춘향어모엿자오되말삼은황
송하오나드려보오자학끌셩참판영감
이보후론남원의좌졍하여실녀소리가
을미로보고슈쳥을들나하옵기로판장을
의명을못어긔여모신지사삭만의올나가신
후로숏박근보통하야나은겨거시라그연유
로고목하니졋줄떠더지면다려갈난다하시던
너그양반이불힝하야셰상을바리신니보너들
못하옵고져거슬질너뇔졔어려셔잔병조
차그리만코칠세의소학일켜슈신졔가화순쳠
을난낫치가라치니씨가잇난자식이라만사

를달퉁이요십가ᄉᆞ흘시ᄂᆞ니리ᄭᆞᄂᆞ엿리라ᄌᆞ리요가
셰가부족ᄒᆞ니지ᄉᆞ기부다ᄉᆞ이요사셔인상ᄒᆞ불급
ᄒᆞ온인이ᄂᆞ져가며귀이로그것ᄉᆞ이나도련임말삼은잠
시춘향과보던기ᄉᆞᄒᆞᆫ단말삼이오나그런말삼마ᄋᆞ
시고노ᄅᆞ시다가옵소셔ᄋᆞ미ᄅᆞᆫ찬마리순ᄋᆞ라이도련임
춘향을엇는다ᄒᆞᄂᆞ니두사을몰나뒤을늘너ᄒᆞ
난말리엿다이도련ᄉᆞ기카모져ᄒᆞ사ᄋᆞ다마로셰춘향
도미ᄒᆞ온졀이요나도미장ᄉᆞ젼이라피차연ᄋᆞ이더러ᄒᆞ
ᄒᆞ고ᄉᆞ유곡에난못ᄒᆞᆯ마ᄉᆞ죄ᄉᆞ야ᄉᆞ반ᄉᆞ자식ᄋᆞ일구ᄋᆞ원
을ᄒᆞᆫ이잇나춘향이ᄋᆞᆸ안말든ᄃᆞᆺ고또니말드르시요고
셔의ᄒᆞ여ᄉᆞ도지신은마어쥬요지자는ᄯᅥ부라ᄒᆞ
너지어는모안신가ᄂᆞ뎐섭곡ᄂᆞ가ᄋᆞ채어러부텀
결곡한쏘시의셔ᄒᆞᆫ어시ᄉᆞ긔ᄅᆞ그ᄃᆞᆺ칠하ᄋᆞ심

이요일부중사ᄒᆞ리라ᄒᆞ고사ᄂᆞ이ᄒᆞ논ᄒᆞᆫ실졀ᄉᆡᆨ갓
치구든또시쳐음소녹죽져나무사시졀을닷도
난듯상젼벽ᄒᆡ될지라도니ᄯᅡᆫ마음변ᄒᆞᆯ손가
금은옥촉지뵈이셕여구산이라도밧긋안이ᄒᆞᆯ
터이요비와옥가탄니ᄯᅡᆫ마음쳥풍인들미시칠리
요다만고으를회칙고자ᄒᆞᆯᄲᅮᆫ이온되도련임은
욕심부리인연을미자ᄯᅡ가미자젼도련임이부
모몰이집표사관금셕갓치ᄆᆡᆺ자ᄯᅡ가소문어리
바리시면옥결가탄니ᄯᅡᆯ신세문치조은되오진
주고은구실군역노리쉬이진듯쳥강으노든원
낭조가ᄶᅡᆨᄒᆞᆫ나를쉬이슨들어이니ᄯᅡᆯ기실손
가도련임니쳥이발파가시던진되실양ᄒᆞ여ᄒᆞᆫᄒᆞ
소셔도련임더옥다ᄂᆞᆫᄒᆞ야ᄒᆞᆫ두번염에ᄒᆞᆯ니말

소녀마음셰아리니특별간결구든마음즁즁의가
득한이분으난달을망정제와노와평싱기약미질
졔졀안납폐안니한들치싊파가지지블마음춘향사
졍몰을손가이리타시이가지셜화하니쳥실홍실육
뗴갓좌만난되도이우의테쎈쪽한가니져들조취
갓치뗴길더니사하리고염예말고미장견도염예마
소되가상부머나마음바되흥실이스슬손가허라만
허여쥬소춘향어모이밀듯고이욕키안겨던이
몽조가잇난지라뗩분이읏즐지묘자하고흔뗜이허
락하며봉이나뫼화하니고장군나미융마나고님의의춘
향나미이화춘풍쏫다읍다상단아주반등되하엿난
나예되답하고주됴롤차일져키안주 둠굴보리자각
시면고음셔도졉답하고되양판가리 셤소양판졔와

쳠풀ᄂᆞᆫ뛰난숭어쳡풀ᄂᆞᆫ동나ᄂᆞᆫ미쵸리탕의동ᄂᆡ
울산ᄃᆡ젼복ᄃᆡ모장도드난칼노밍상군의눈섭
쳬로어슈비슈오려노코염통산젹양복기와춘
치자명싱치다리젹벽ᄃᆡ첩분안기의남면조차비벽
노코싱율숙율잣송이며조도ᄃᆡ초석유ᄃᆞ자준시
잉도탕기가ᄐᆞᆫ쳥술이를칫슈잇게고야난ᄃᆡ술
병치레볼작시면티견어법반빅옥병과벽히슈상산
호병과연낙금정오동병과목진황시병자라병당
화병쇄금병소상동정쥭결병구가온ᄃᆡ쳔은알
안자젹동자쇄금자를차례로노와난ᄃᆡ구비참도가졀
사고술일졈을실을진ᄃᆡ이젹션포도쥬와안기싱
자하쥬와살인쳐사승엽쥬와과하쥬방문쥬쳔
일쥬빅일쥬금고쥬팔ᄂᆞᆫ뛰난회쥬약쥬그가온ᄃᆡ

황기룡은연엽ᄌᆞ길나ᄂᆞᄯᅵ인ᄉᆞ자가흔바어청당
화로비튀널의나비갓치실나가소리알상잔돌
너부칠남에예시년금창속자취무비를그가
순위ᄃᆡ여스니속인이잠까빗시드을쉰며ᄯᅥ연
셜썩듯더광보국영스정파조셜썩듯든당신썩
여부고권쥬가할끌조의실비부실부라이도령
영순마리금야의와는결자본니판청이안이석던어
이그괴구비한가춘창보영자순더나쌀춘장곱게
길너요조속석균자종기거리석금실수지편심동
나하운계기사라의는산신영송졀결도차들파
초오마공번신너가야군기시체나의하인불니
반상술상처족할제보교비장지로화교논어이곳
도디하리나자가보리민조변가장나설석가다라나

ᄉᆡᆼ쳔신쳬갈쳐야ᄆᆞ 조로부터바다칭ᄒᆞ라고도셩
김면삼ᄂᆞ와셔손ᄋᆞ로만드러셔눈의ᄋᆞ고손의도ᄋᆞ
키라고일시반ᄡᆞᄂᆞ지안코시간바라보ᄂᆞᆫ족다마르
시고구미되군강녀슈사ᄉᆞᆯ 잇ᄉᆞ무비손 가득부어도
련인계드러오나도러ᄉᆞ잔바다손의ᄋᆞ드러고탄식ᄒᆞ
여ᄒᆞᆫ는마리나마ᄋᆞᆷ미로칠젼ᄒᆞ는ᄉᆞᆯ과예ᄅᆞᆯ힘ᄒᆞᆯ
터나그러텬못ᄒᆞ고기구녀셔밧ᄋᆞ로드러고보니ᄋᆞ이
산ᄋᆞ원통ᄒᆞ라ᄋᆞ이츈향ᄋᆞ아그러나우리두리ᄋᆞ숨ᄋᆞᆯ
녀러손ᄂᆞ알고무자ᄋᆞ임비쥬부어드러고네나말드러셔
라쳐쳐진은ᄋᆡ삭쥬요두치자ᄂᆞᆫ차환쥬라야슈ᄂᆞᆫ이다
르손손ᄋᆞ니라가ᄋᆡ원근본사ᄂᆞᆫ구러다되순의ᄋᆞ환셔엿
귀ᄒᆞ〻 ᄋᆞᆫ난선비ᄀᆞ지줌타ᄋᆞ엿스되우ᄂᆞᆫ의우리연보고
신심ᄋᆞ가얀ᄋᆞ미쳔연ᄒᆞ고쳐마ᄅᆞᆫ이라도반치안ᄋᆞᄒᆞᆫ업븐

뎌ᄒᆞ로샹티욕ᄀᆞᆼ잔산이만이비셩ᄒᆞᆷ아지ᄉᆞᆫ김슌교
슌이ᄯᅢ묵몀슈의안쳐ᄂᆞ고죄삼ᄋᆞᆯ담가ᄋᆞ뵈셰상
슈ᄒᆞ다가ᄉᆡ쳔날ᄌᆞᆫ셔마ᄌᆞᆫ구워쳔쥬일시결거드면쳘
리의졔일가난연보ᄋᆞᆫ졔슐쟌들어갑슌쥬의상단
아슐ᄇᆞᆫ어니의마무리계드리라ᄌᆞ모졍사슐산이ᄒᆞᆫ
잔먹소츈향이고슐잔드고실ᄒᆞᆫ실비ᄒᆞ난마리
오나리여스의비연지ᄭᅩ락슬밋기는날리라무삼
실픔잇슬시가마은져거슬질너날졔ᄋᆞ비엽시
쳘이질너잇던슐몬ᄒᆞ오니역간셩ᄒᆞ이간졀ᄒᆞ야
비창ᄒᆞ여이다도련님은마리이왕지사ᄉᆞᄉᆞ가말고
슐리나먹소츈향모슈심ᄇᆡ막은쥬의도련님동인
불너삼문열쥬면셔너도먹고방자도먹소리동인
방자삼문에머은쥬의디문죵문다닷치고츈향

어모샹단ᄋᆡ 불근녀자리보젼시길켜쉰낭금쳡갓베
기와식별갓탄요강ᄃᆡ야자리보젼을졋ᄉᆡ하고도협
임편안ᄋᆡ쉬옵소셔상단ᄋᆞ나소ᄃᆡ라ᄂᆞᄌᆞ고참기자
〻두리다건네갓구나츈향파도련님파ᄃᆞ조안쳐노
와스니그ᄋᆡ리엇지되갓나ᄋᆞ사 양을바르며셔상고산
췌일봉〻한 안자츈츄난듯두좌리기를에구부사
늘고츈향의셤〻옥슈바드사겨쳐잡고음복
을ᄭᅮᆯ교하게ᄯᅢ기난듸두손길셔 굿텬ᄋᆡ츈향
가유허리ᄋᆞᆯ다숙 산고나사ᄉᆞᆯ베셔리 츈향
ᄋᆡ가켭ᄋᆞᆸᄋᆡ릴ᄲᅡᆫ산ᄋᆡ라뮤 그리워꼬기ᄋᆞᆯ슈거몸
슬그 트로제ᄋᆡ리ᄭᅳᄃᆞ술쳐리ᄂᆞᆫ셜녹슈에홍셤화
미풍ᄋᆞ맛나그ᄋᆞ이난듯흔합ᄉᆞᆫ흔ᄃᆞ벽겨제쳐노코
바지속옷던져쥬ᄋᆞ롤ᄋᆞ실 ᄂᆞᆫ물다ᄋᆞ리구실쳐

리고실도춤쳥〻구부믈지나듯ᄒᆞ고노와요
좁고ᄉᆞ와요예라ᄒᆞᆫ되말리고다섯날곱ᄒᆞᆫ옷신설너
발가락으ᄯᅥᆨ건고셔외씨ᄀᆞᆫ고겯도신눌으며
지도리ᄊᆞ니발길아래셔러져다소시활ᄯᅡᆨ버셔
지니형신의뵈옥ᄉᆡᆼ니ᄒᆞ수에비칠소나소시활
신버셔지니도련이ᄇᆞ거봉을보려ᄒᆞ고실금이노ᄒᆞ
면셔아차〻손셕겻다춘향이가짐금속으로달
ᄯᅥ든다도련임왈캬조치들어누어져고리을벗겨
놓도련임옷파모도ᄒᆞᆫ터다둘ᄃᆞ무ᄒᆞ쳐ᄒᆞᆫ편구셕
의던져두고두리안고마조누워ᄉᆞ니그ᄯᅴ른절이
가잇스나끌집널제삼승이불춤을추고셰별
요강은장단을마추워칭〻그릉〻문고루난
탈낭〻〻등잔불은가물〻〻마시ᄉᆡ게잘자고낫

구나그가손디친ᄃᆞ한이리야소죄하라하로이것들
지나간이어린것더리라신마시간ᄃᆞ서로와북그
럼을차〻머러지고그제는기롱도허고우순말도
이셔자연사랑가되야구나사랑으로노난되쏙이모
양으로노던거시엿셔◐사랑〻〻너사랑이야동졍칠
빅원하초의무산갓치노표사랑◐목단무변
슈의연쳔창하갓치집표사랑◐오산졀달발
근디츄산쳔봉원업사랑◐진경한무하올격
차무교취소하던사랑◐슈〻나일원염간의도리화
기비친사랑◐셤〻초월분빈,한되합소합되
슌한사랑◐월하의삼성연분너와나와만난사
랑◐첨물업난부〻사랑◐화순옹산목단화
갓치펴펴지고드은사랑◐연평바다그무갓치얼킈고

밋친새사랑 ◉ 은하직녀직금가치 올〻리 이은사랑
◉ 청누미여침금가치 혼숄마다 감친사랑 ◉ 셰뉴
가지슈양가지 쳥〻혀지고 느리진사랑 ◉ 남창북창노
젹가치다물〻〻 싸인사랑 ◉ 은장옥장〻식가치모
〻이잠긴사랑 ◉ 영산홍노봄바람의넘노난이황
봉빅졉쏫슬물고질긴사랑 ◉ 녹슈쳥강원낭
조격으로마조둥실써노난사랑 ◉ 년〻칠월칠셕
야의견우직여만난사랑 ◉ 육관디사셩진이가팔션
여와노난사랑 ◉ 역발산초픽왕이우미인을만난
사랑 ◉ 당나라당명왕이양구비만난사랑 ◉ 명
사심이ᄒᆡ당화가치연〻이고은사랑 ◉ 네가모도사
랑이로구나어화둥〻니사랑아어화니간〻니사랑
이로구나이바라춘향아져리가거라가는티도을

보자이만금오느라오는틔도을보자빵긋긋
고아장〃〃거라라걸는틔도보자너와나와만난
사랑연분을파자한들팔고시어되이셔싱견
사랑이러하고 엇지사ᄌᆞ기야 업슬손야너난
죽어될거시잇다너난죽어글자되〃ᄯᅡ지자그늘
음자아나쳐ᄯᅢ계집여ᄶᅡ변이되고나 는죽어글
ᄯᅢ되〃ᄒᆞ날쳔ᄯᅢᄒᆞ날건쳬의비부사나남아
들자몸이되야계집여변으다ᄯᅡᆨ붓치면조을
ᄒᆞᄯᅢ로만나보자사랑〃〃니사랑◎또너죽어될
거시잇다너는죽어물이되〃은하슈폭포수만
경창히수청계수옥계수일다장강되지두고
칠년대한가물ᄯᅢ도일슈진〃쳐져잇난음
양수란무리되고나는죽어시가되〃온누걸조도

되나말고요긔일언쳔졍조경화바화이되
는조그린시기되나말고쌍기쌍니셔날주는모
른난언간앙조라두시가되야누수의원앙녀스로
어화둥〃셰놀니거든날신즈른을알어두나사랑
〃너간〃너사랑이야〇안이그건도나안이되날쇼
그러면너죽어될것잇다너는죽어봉쥬인경도
되라나발고젼주인경도되나말고솟도인경도
될나말고경안종노인경되고나는죽어인경마
치되야사디십삼천이십팔숙을응하야절마
져봉화셰자두세지고나산봉차두자루쉬지
면인경쳣마되치난소릐거덩〃칠셰마다다
른사람듯기여는인경소리로만알어도우리속으
로는춘향덩도련님뎅〃이라만나보자구나사

랑〃〃니간〃〃너사랑이야[illegible]안이그것도나는실소
그러면너죽어될것잇다너는죽어방이확이
되고나는죽어방아고가되야경신연경신월경
신일경신시의강틔공조작방이그져떨쑤뎡
〃〃찍거들난날린줄알여무나사랑〃〃너사
랑니간〃〃사랑이야[illegible]춘향이하난마리실소그것
도나안이될나요엇지하야그마린아나는항시
엇지이싱이나죽싱인나밋티로만될난인[illegible]저
미업셔못쓰거소그러면너주거수단가게하마
녀는죽어도미웃쌱이되고나는죽어밋와되
야이팔청춘졿안미설더리섬〃〃손수로밋여
을잡고술두루면권원지방겨으로휘〃
도라가거던나리줄올알여무나실소그거슨

신이될나요우의로싱긴게시부위나개만싱기
엿소무슨연의원슈로셔일싱한구먹이더
하니아무것도나는실소그러면너주어널것
잇다너는조ᄋᆞ명시십이ᄒᆡ당화가되고나는죽
어나부되야나는네꼿숭이물고너는ᄂᆡ수염물
고춘풍이건듯불거든너울〻〻춤을추고노
라보자사랑〻〻ᄂᆡ사랑이야 ● ᄂᆡ간사랑이지이리
보와도ᄂᆡ사랑겨리보와도 ● 사랑이모도ᄂᆡ사랑갓
티면사랑걸여살슈잇나어허둥〻ᄂᆡ사랑ᄂᆡ에
ᄲᅵᄂᆡ사랑이야 ● 방긋〻〻웃는거슨화중왕모
란화가하로도밤셰우뒤에반만피고잠ᄌᆞᆫ듯아물
리보와도ᄂᆡ사랑ᄂᆡ간〻이로구나 ● 그러면엇져
잔마란야너와나와유졍하니 ● 졍ᄭᅥᆺ로노라보

자음디상동하여경ᄶᅡ노리나불너보셔드릅시
다니사랑아들러셔라너와나와유경하니어이
안니다졍하리단〻장강슈유〻의원귀경
◐하교의불상송강슈원한경◐송고남교◐
불송경◐무인불견송하경◐한퇴조히◐
우경◐삼단퇴쉬경벽판조경◐도량청경◐
각시쳔경쳔교동경◐나셰평녕우리두리
쳔연인경◐일권명셩하소상동경◐셰상만
물주화경군심격경◐순지원경쥬원인경
◐음식투경복업 는겨방경◐송경판경닉경
오경◐쉬송경쳔양 졍양구비친힝경◐이비
의소상경◐한송경◐비화만발호춘경◐기
린도원건벽운경◐너 와나와만난경일졍시른◐

졍논지하면ᄂᆡ마음은원통이졍◎네마음은슬

편타졍◎이깃츠다경다가만일져피경하면

복도결졍◎과졍되니젼경으로원경하잔

그경싸다 츈향이조와라고하는마리경쏙은

도계하오우리전져슈잇계안되경이나좀일

거쥬오도련님하ᄋᆞ웃쇼그샹인쥴아는야쇼인

지야◎궁와노ᄅᆡ을드러보와라이고얄굿고우

슌다궁싸노리가무어쇼베드러보와라조

흔마리만한이라존븐쳔지ᄀᆞ퇴궁◎뇌셩벽

력풍우속의셔기셥광곤여잇난셥쟝하다

창합궁◎셩되이너부시사조린어인일고쥬

지리운셩하던운왕의되경궁◎견씨황아방

궁◎문천하득한실겨기한퇴조한양궁◎그

겨틔장낙궁 ◐ 반쳡여의장신궁 ◐ 당명황제
상츈궁 ◐ 이리올나이궁져리올나셔벽궁 ◐
용궁속의수졍궁 ◐ 월궁속의광한궁 ◐
너와나와합궁하니한평성무궁이라 ◐ 이궁져
궁다바리고네양과서슈룡궁의너으심줄방망
치로질을나자구나 츈향이반만웃고그런잡담
은마르시요그계잡담안이로다 츈향아우리두
리어붐지리나하여보자 이고참잡성시러워라
어붐질을엇뎌케하여요어붐질여러번한셩
부르계말하던거시엿다어붐질쳔하쉽이라
너와나와활신벗고업고놀고안고도놀면그계
업붐질이졔야 이고나는북그러워못벗것소에
라요겨집아하야안될말이로다 니먼져버스마

보션단이ᄒᆞ리ᄃᆡ바지져고리쳘신비셔ᄒᆞᆫ편구
셕의밉쳐잇권웃둑셔니츈향이그거동을보
고쌩긋웃고도라셔며ᄒᆞᄂᆞᆫ마리ᄉᆡᆼ낙업난낫도ᄉ
치비갓소소나네만조타쳔지만물이ᄶᅡᆨ업ᄂᆡ
압나ᄋᆞ라두ᄃᆞᆺ차비노라보자그려벼ᄇᆞᆯ이나쇼고ᄂᆞ
사이다벌리업시면무슨저미잇것ᄂᆞ야어셔버셔
라〻〻ᄉᆡ고나ᄂᆞᆫ실어요도련이츈향오슬벗기
려ᄒᆞᆯ제넘ᄂᆞᆫ면셔어룬다만쳡쳥산늘근범이
살진암ᄏᆡ를무러다노코이ᄂᆞᆫ업셔먹든못ᄒᆞ
고흐르릉〻〻아웅어루난듯북ᄒᆡ흑룡이ᄯᅢ
의쥬를입어다물고치운관의늠노난듯단산
봉황이쥭실물고오동속으늠노난듯구〻
쳥학이난초을물고셕오송간의늠노난듯츈

향의간ᄃᆞ허리를후리쳐다담숙안고지〻기아ᄃᆞ
득떨며귀쌈도쪽〻쌀며입셔리도쪽〻쌀면셔
주홍갓턴셔을믈고오식단칭◐순금장안의
쌍거쌍니비둘기갓치꾹〻꿍〻으흥거려뒤
로돌녀담쑥안고져설쥐고발〻떨며져고리
ᄎᆞ마바지속것ᄭᆞ지활신벗겨노니춘향이북그
려워한편으로잡치고안져슬제도련임답〻하
여가만이살펴보니얼골이북집ᄒᆞ야구실ᄯᆞᆷ
이송신〻〻안자셕나ᄭᅵ인춘향아이리와업피거
라춘향이북그려ᄒᆞ니북그럽기는무어시북그
러워이왕의다아난ᄇᆡ니어셔와업피거라춘향
을업고추〻스며업다그계집아히똥집장이무
겁다네가나둥의업피인기마음이엇더ᄒᆞ나ᄒᆞᆫ끗

나계좃소이다 존아조와요나도조타조흔말을할
거신나네가단단만하여라말삼ᄃᆡ답하올터니하여
보옵소셔네가금시야금이란이당치안소팔
연풍진초한시절의육국ᄎᆞ기게진평이가범
아부를자부랴고황금사만을헛터쓴니금이
어이나문잇가그러면진옥이나옥이란이당치안
소만고영웅진씨황이형산의옥을어더이사
의명필노 슈별수전기슈영창이라옥쇄를
만드러셔만세유전을하여쓰니옥이어이되올잇
가그러면네가무어신냐희당화나희당화란이당치
안소명사십이안이녀든희당화가되오리잇가그
러면네가무어시냐민화금피오박준유나안이
그거도당치안소산티육괴경되산정상팔도방

빅슈령인네갓슨픔ᄉᆞ잡다ᄒᆞ고셔나문거슨경
힘으일ᄃᆞᆼ명기지환벌ᄒᆞ다이다만드니ᄒᆞ박
쥰쥬부당하소네가그려면더고산ᄒᆞ냐아니그것
도니안나요되모관큰병굿산ᄒᆞ로난관하야광
히왕상양문의수궁보물되야순니되모산ᄒᆞᆼ
부당이요네가그려면반달인야반달이란이당치
안소곰야초싱안이여든벽끔의도든명월너갓엇
지기ᄋᆞᆯ잇가네가그려면무어시나난ᄎᆞᆯ여먹난◎
불여수냐너어만이녀을나셔곱도곱게질너넘여날
만ᄎᆞᆯ여먹그라고싱견는야사랑〻〻사랑이야네
간〻너사랑이야네가무엇슬먹으랴는야싱읍
숙음만을먹으랴는야둥굴〻ᄒᆞᆨ수박웃봉지
되모장도드난칼노쏙떼고강능빈쳥을두루

부어은수졔반간지로븐군겸한졉을먹으오
란야안이그것도너사실손그런변무얼슬버스랴
는아사금털〻기살구를먹으랴안으그것는
너사실손그러변무얼슬버으랴야돗자바쥬랴
기자바쥬랴니몸둥자바먹으랴는야여보도련
님너가사람자바먹는것보와소예라요것안
될말이로다어화둥〻니사랑이지으읜만너
리겸무나비사만사가다풀아시가잇난이라니가널을
어바손이너도나를어바야지위고도련님은기운이세
여셔나를어버건이와나는기운이업셔못업것소업
난슈가잇닌이라나을도두어붑나말고발리ᄯᅡ의자
슌〻하기뒤로자전듯하게업어다고도련님을업
고투〻츄워노니되좃이틀여구나위고집셩시러

워라이리ᄒᆞᆫ들져리ᄒᆞᆫ들나가네둥의업펴ᄒᆞ니마음
이업더ᄒᆞᆫ야나도너을업고조ᄎᆞᆫ말을ᄒᆞ엿시니너도
날을업고조ᄎᆞᆫ말을ᄒᆞ여야제조ᄎᆞᆫ말을ᄒᆞ오리다
드무시요부여리를어부듯◐녀셩이을어부듯◐
츙갑즁더라풍어쓰니명만일국더쉬되야주셔
지신보국츙신모도쇄아린이사육신을어부듯
◐셩ᄉᆡᆼ요괴신을어부듯◐인션셩원셔셩교슈셜
ᄉᆡᆼ을어부듯◐제봉을어부듯◐요동빅을어
부듯◐졍송강을어부듯◐츙무공을어부
듯◐우암되계사계명졔를어부듯◐ᄂᆡ셔방의
졔ᄂᆡ셔방알들간〻ᄂᆡ셔방전사급계도빗경지
부쳐셩인ᄒᆞ사 이리타시된연후부ᄉᆞ기좌숑
지도승지로당상ᄒᆞ야팔도방빅지낸후니져

ᄉᆞ루가신ᄃᆡ피복심ᄯᅵ게ᄒᆞᆫ듯시ᄉᆡᆼ판셔좌ᄉᆞ우상
엇ᄉᆞ시ᄉᆞ귀장과ᄒᆞ신ᄌᆞ의ᄂᆞᆫ샹렬외팔ᄇᆡ의주셕
지신너셔빈ᄉᆞᆯ들간ᄃᆞᆫ너셔바ᄉᆞ이계ᄃᆞᆫ손조ᄂᆞᆼ집
나계뷰질ᄂᆡ삭나존ᄒᆞᄋᆞ아우리말노리ᄆᆞ이나좀ᄒᆞᄋᆞ
보차ᄋᆞ고잣ᄂᆡ우수유리말노ᄅᆞᆷ이무엇시요말노
림만이ᄒᆞᆫᄯᅢ본셩ᄉᆞᆸ부르게쳔ᄒᆞ쉽지아ᄂᆞᆫ외나와
버신짐의녀은온방바다을기ᄯᅥᆫ러라나는내궁
둥이ᄯᅥ쥐븟터셔네히리를잔ᄯᅳᆨ쎄고볼기ᄶᅡᆨ
을니손바다으로타치면셔이리ᄒᆞ거든호ᄒᆞᆼ그려
되금질노무릅ᄂᆡ시며쒸여라알십이게ᄯᅱ거든면탈
ᄉᆞᆼ솨노리가잇난이라타고노자ᄃᆞᄃᆞ흰원씨심ᄋᆞᆫ간
과ᄂᆞᆫ작ᄃᆡ무치우타ᄂᆞᆨ야의사로잡고승젼고을
움이면셔지납거를ᄂᆞᆸ피타고◉하우씨구연지수

다살리졔육칭숑거놉피다고○젹숑자구름타
고려동빈빅노타고○이젹션고리타고○밍호연나구
타고○퇴을션인학을타고○되국쳔자쇠코리타고○유
우리젼하는연을타고○삼졍승은평교자을타고○육
판셔는초헌타고○훈련되장은수리타고○각읍수
령은독교타고○남원부사는별연을타고○일모장강
어옹들은일엽편주도다타고○나는탈것업서
신나금야삼경깁푼밤의춘향비를너짓타고홋
이불노도을다라니거로노를저어오목셤을드
리가 되순풍의음양슈를실음업시건네갈제말
을삼어타랴이만거름거리인슬순아마부는니가
되야네구졍엽는지시잡아구졍거리빈부시로
좌장으로거러라 기좀마 뒤듯뒤여라온가자난

을다좃차보니 이런장관이 또잇시랴 이팔ㄷ두
리ᄯᅡᆺ나 맛젼마음쉬원가는줄모르던가부더라 ○
이ᄋᆡ 웃방속방자나와 도련님사또계옵셔부릅
시오 도련님드리가니 사또말삼하시되 여바라 셔울
셔동부승지교지가ᄂᆞ려왓다 나는문부사졍하고
갈거시니 너는ᄂᆡ힝을비ᄒᆡᆼᄒᆞ야 ᄂᆡ일노ᄯᅥ나거
라 도련님분부듯고 일은반갑고 일변슴츈향을
싱각ᄒᆞᆫ즉 ᄒᆞᆫ숨이답ㄷᄒᆞ야 사지의ᄆᆡᆨ이풀니고 간
장이녹난듯 두눈으로더운눈물이펄ㄷ소사옥면
을ᄯᅧ시거든 사ᄯᅩ보시고 너웨우는냐 누가남원을일
싱살쥴노알아ᄯᅥᆫ야 ᄂᆞ지으로승자된이셥ㄷ나 싱가
말고 금일부텀지힝든졀을 그ᄆᆡ자리ᄯᅥᆼ알쇼
젼으로셔 나거라 게우되다ᄒᆞ고 물너나와 나ᄒᆞ의들

여기사ᄅᆞᆷ이무로상스럽ᄒᆞᆫ 고모친계나희무리져
근지라 츈향의마를ᄉᆞᆫ며경ᄒᆞ다가ᄉᆞ죵만실워시
듯고츈향의집을나ᄉᆞ나되쳐음은기가마키나노상
으셔울수업셔잠과나오나되속의셔두부장을튼ᄒᆞ
난지라츈향이문견당도ᄒᆞ니 동치건대기쳐보차왈
카쓰다져노니업부ᄃᆞ 어허츈향이쎤쎡노니여왈
각ᄉᆡ이나다라의고이계원일리요안으로드러가시더니
우츙슬들로쉬쇼노상의오시다가무삼벼고ᄒᆞᆫ당ᄒᆞ
겨신셔울셔무슨기별이왓다더나ᄌᆞ봉슬입어겨소
졉장ᄒᆞ시도련님이 ᄃᆞᄃᆞ거시웬이리요 츈향이도련님
모ᄋᆞᆯ다ᄂᆞᆺ쥭산고조ᄃᆞᆫ자라슬기더잡고오구안의ᄂᆞ
로난눈물이리쑷고져리쑷시면셔우지마오ᄃᆞᄃᆞ
도련님가가마켜우름이란게말이나사람이잇시

면다수틀거시엿다 츈향이 홰을니여다보도련님
아곤지보기실소 그만숩고니러말리나좀오사쇼게
옵셔동부승지하게시단다 츈향이조와하여되의
경사요그래셔그러면웨요단마리요너을바리고갈터신
니나안이단니한스수켓는날원생스셔평생사르실
줄노알어겟소날과이지함기가기를바리리요도
련임면져올나가시면나는예서팔거시팔고주츄
에올나갈거시니아무거시졍마르시요니말디로츈
엿스면굼숙잔코졸거시요니가올나가드리도련임
큰되스룸가셔살수업슬거시니큰되각가이조구만
한집밧이나두엇되면조후하소니엿탐츈여사두소셔
우리권구가더리도끔밥먹지아니할터이니그렴켜치
나다가도련임날만밋고졍기안이갈수잇소부귀영춍

저상가의요조숙녀가리여셔존졍신셩ᄒᆞᆯ지라도아
주잇ᄂᆞᆫ마ᄋᆞᆷ소셔도련님파가ᄒᆞ야벼살놉파외방가
면실낭마ᄂᆞᆫ치ᄒᆞᆯ할체마ᄂᆞᆫ로니셰우면무삼마리되오
릿가그리아라조쳐ᄒᆞ소그게일를말인야사졍이그리
커로네말을사쏘게난못엿주고ᄃᆡ부인젼엿자오니
수죵이되단ᄒᆞ시며 양반의자식 이부형ᄯᅡ라ᄒᆞᆫ의
왓다화방작쳡ᄒᆞ야ᄂᆞᆫ리간다마리졀졍으로고이ᄒᆞ
고조졍으ᄂᆞᆯ괴ᄇᆡ살도못ᄒᆞᆫ다던구나불가불이ᄇᆞ리ᄃᆞᆯ
밧그수섭다춘향이ᄂᆞᆫ말을듯더니고다기발년변ᄉᆡᆨ
이되며요두졀목으ᄇᆞᆯ그라프르라눈을간잔조롬
ᄒᆞ게ᄯᅳ고ᄂᆞᆫ셥이ᄶᅵᆨ옷ᄒᆞ며지면셔코가발심〻ᄒᆞ
며이를ᄲᅡ드득〻〻갈ᄯᅢ온몸을사순이ᄇᆞ들덧ᄒᆞ
미ᄆᆡ웅ᄎᆞ날듯ᄒᆞ고안더니ᄒᆞ〻이게웬말이요왈

칼쓱ᄋᆡ달ᄋᆡ들며ᄌᆞᄋᆡ자라도와드득쥐ᄅᆞᆨ숙섯처
바리나바리도와드득쥐어쓰더싸ᄾ비비도린얼삽
푸다단지면셔무어시엿쳐고엿께요이것도살더
섭다멋켸거산호주칠슴루로쳐방문바그
탐ᄃᆞ보듯치며바ᄅᆞᆯ도곰ᄃᆞ곤ᄂᆡ손ᄲᅧ치고도라산
자ᄃᆞ탐가로우난마리서방업난춘향이가세간사
리무엇하며단장하여누눈의괴일고몹슐연으팔
자로다이팔청춘절문가시이별된줄엇지알냐부
질얼신이남몸을히망하신말삼으로쳔졍신세바
러구나이고ᄾ내신세야쳔신이도라안져보도런
임인자마하신말삼잠말이요놋티여요우리두
리쳐음만나뵈연얀야미진쳔으로부인사산개옵
셔시기시던일리온잇가비ᄉ자가웬일이요팡한

누셔잠간보고나집의자쳐와개칠ᄂᆞᆫ무산의삼경
의도련님은져기안고츈향난셔기안져나ᄃᆞ리라
신말삼구망부리쳐망이요신망부리쳐망이라
고젼뎐오월단오야의나순질부어잡고우옹
퉁ᄃᆞ박그나와당즁의웃쏙셔ᄃᆞ깃ᄃᆞ이말근하날
쳔번이나가르치며만번이나밋쎄키로나경영미
더던니말벗의가실셕ᄂᆞᆫ톡셰여바리시니ᄋᆞ팔
쳥춘절믄거시낭군업시엇지살고칠ᄃᆞ공방추
야잠의실음상사어이하ᄅᆞ고이고〃〃나신세야모지
도〃〃도련임이보지도다독하도다〃〃〃셔운양
반독하도다원수로다〃〃〃존비귀쳔원수로다쳔
하의다졍한게부ᄂᆞᆫ졍유별권만이럿터시독한양반
이셰상의또잇슬가쉬고ᄃᆞ나이라야ᄯᆞ보도련임츈향

몸이쳔타고쳡부로바려셔도그만인줄아지마오
쳡지박명춘향이가식불감밥못먹고침불안
짐못자면몃칠이나살듯하오상사로병이들려
익통하다죽거되면슈원한넉혼신원귀가될거신
이존중하신도련님이근들안이젹앙이요사람
의뎌쳡을그리마오인물거쳔하는법이그런법웨잇
슬고죽고지거ㄷㄷ이고ㄷㄷ 셜운지거한참이리자
진하야셔리울제춘향모는물색도모르고인고켜
것들쏘사랑싸옴이낫구나어쳡안이깝다군결싸옴
가리톳션일만이분네하고아모리드리도수롤
이장차질구나하던일을미런쳐노코춘향방영
창박그로가만ᄌᄌ드러가며아무리드러도이별
이로구나허ᄌ이것별일낫다두손벽쌍ㄷ

마조지ᄯᅢ허드ᄃᆞ니사람다드러보오드ᄅᆞᆯ날노우리
집의사람드ᄅᆞᆫ죽십네여간마루셥져 올나
염차ᄉᆞᆷ묘을쑤다리미수루룩ᄃᆞᆯ여드러주먹으
로견우면셔이ᄯᅧᆫㄷ ㄷ쎡죽거라사라셔쓸ᄃᆡ업다
너죽은신체라도져양반이지고가게져양반올나
가면뉘간장을녹일난야인ᄯᅧᆫㄷ ㄷ말듯거라날일
상이르기을주회되기쉽ᄂᆞᆫ이라돈한마음먹자
말고ᄯᅥ렴사람가리여셔형세지체네와갸쇼져
주인몰리모도네와갓ᄒᆞᆫ봉황의ᄶᅡᆨ을어더
ᄂᆡ압푸노난양을ᄂᆡ안목으보와쓰면너도좃고
나도좃체마음이도고하야남과별노다르ᄃᆡ니잘
되고잘되야다두손벽쳐〻마조치면셔도령임
아푸달여드러날과말좀ᄒᆞ여봅시다ᄂᆡ셜운

향을바리고간다하니무삼죄로그리시요춘향이도
련임모션졔가쥰일텬되야스되힝실이그르던가
떼절리그르던가침션이그르던가언제가불순
던가잡시련힝실가져노류장화음난던가무어
시그르던가이봉변이웬이린가군자숙녀바리난
법칠거지악안이며는못바리난쥴모로나냐
쎨련춘향어린거슬밤나지로사랑하계안고
셔고눕고지며빅년삼만육쳔일을떠나사자마
자하고주야장쳔이루더니말경의가슬제는쇽
떼여바리시니양유쳔만산들[illegible]관는춘풍어이
하며낙화낙엽되거드면어느나부가다시올가벽
옥갓튼니쌀춘향화요신도부득이셰월리
장차늘거져홍안이빅수되면시졀ㄷㄷ부지

니라다시졀던못ᄒᆞ난니무슨죄가진중ᄒᆞ야
허송빅년ᄒᆞ올잇가도련님가신후의나ᄯᅡᆯ춘
향임가를졔월졍ᄯᅧᆼ야삼경의쳡도수심어린
거시가장식과결노나셔조당젼화계상담부피
ᄯᅧ입부다불고오리지리단이다가불꼿갓탄실음
상사곱종으로소사나손드러눈물쓰고후유
한숨질계쉬고북편을가르치며한양계신도련
임도날파갓치기루신지무졍ᄒᆞ야조잇고일장
편지안니ᄒᆞ신가전한숨으듯난눈물옥안즁
상다젹시고졔으방으로드러가셔의복도안이벗고
외로운베게우의벽만안고도라누어주야장탄
우난거슨벙안니고무어시요실음상사집피든병
닉구지못ᄒᆞ고셔원통이죽거드면칠십당연늘

근거ᄉᆞ셜일코ᄉᆞ외일코틔뵈산가리무거개발무
러다던지다사흴ᄯᅳ던심이나몸이뉘을멋고사간말
고남못할일ᄭᅳ러마소이르ᄃᆞ셔르고지고못하지요
멋사람신세을멋치라고한이다러가오도럽엄다가라
가둘듯졋소숭고무셔라소쎅ᄃᆞ이외과쉬어
단셔드니이말만일사쇼개드러가면큰야단이나갓거
던녀보소장모춘향만다려가스면그만두건네그려안
이다려가고견데널가나미거세우지말고여기안져말
좀듯소춘향을다려간다도가미쌍코말을터어가자
하니필경의마리날거신직당이는변통할수업고
닉이가가뫼게난중의쐬한날를성가하고의네만는이
마리십박그닉셔는양반밥신만하나게안이라수리
션조양반이모도망신를할마리로시무슨마리

그리좃ᄉᆞ든마리잇단마린가ᄂᆡ일ᄂᆡ치ᄉᆞ이나오실제나
ᄒᆡᆼ두의ᄉᆞ당이나올던니비ᄒᆡᆼ은ᄂᆡ가ᄒᆞ거ᄂᆡ글
ᄒᆞᆼ처요그만ᄒᆞ면알제나는그말모로거ᄉᆞ신쥬는모
셔나ᄯᅥ나장옷소미예다모시고춘향ᄉᆞ요ᄃᆞ의다ᄐᆡ와
갈밧그슈가업네거졍말고염예말소춘향이
그만둣고도련님를물ᄅᆞᆫ그럼이바ᄅᆡ던이마소어만
이도련님너머졸르지마소우리모녀평ᄉᆡᆼ신세도련님
장ᄉᆞ옹의미ᄯᅥ쓰나알어ᄒᆞ라ᄂᆞᆫ부나ᄒᆞᆫ소이번는아마
도이별ᄒᆞᆯ밧그슈가엽네ᄉᆞ왕의이별리될바는가
시난도련님을웨졸르잇가만는우ᄉᆔ가갑ᄒᆞᄯᅥ그
러ᄒᆞ제ᄂᆡ팔자야ᄂᆡ만이긴는방ᄉᆞ로가옵소셔ᄂᆡ일
은이별리될턴가보ᄉᆡ고ᄃᆞᄃᆞ ᄂᆡ션세야이별을
엇지ᄒᆞᆯ고ᄯᅥ난도련님웨야ᄂᆡ보잡ᄉᆞ로이별

을할터요족붑을도ᄃᆞ기고두리셔로마조안져
갑이르무샹각하고보닐이글셩각ᄒᆞ니졍신이
아늑하한숨질눈물졔워거슨소열ᄒᆞ야얼플
도ᄃᆡ여보고수족도만져보며날볼날리몃밤이
요이달나ᄃᆞ 샘수자오날밤이마ᄌᆞᆷ이니 낭의셔
문워쳡드러보오연근유순낭의모친일가친쳑
바아셥고다만목여나한나라 도렴임계ᄉᆞ타ᄒᆞ야
영귀할가바리던니 조무리 서기ᄒᆞ고귀신이작
ᄒᆞ하야 아이지경이되야고나 아이고ᄃᆞ ᄃᆞ닝이리야도련
님올나가면나는뉘을밋고사오리가 쳔수만한
낭의회포주야싱각이하리 이화도화만발할
졔수빈황낙어이ᄒᆞ며 황국단풍느져갈졔고
결숨상어이할고독수공방젼ᄃᆞ밤의견ᄃᆞ반

쳐어이하리 쉬나이한숨이요 ᄲᅮ리난눈물이라
격막가산달발근반의두견셩을어이하리상
풍교졀말이번의ᄶᅡᆨ찻난쳐죵안셩을뉘라
셔금하오며츈하츄동사사졀의쳡〃이싸인겹물
보난것도수심이요듯난것도수심이라ᄒᆞ고〃셜이
울졔이도령이을마라츈향아우지마라봉구소관쳡
져의라소관의부소들과옷나ᄆᆡ,졍부덜도동셔임
기루워셔구즁심쳐놀거잇고졍과관산노기즁의관
산의졍과이며녹수부용치련녀도부드신졍극즁
다가주월강산쳑마한디뎐을키여상사하나나올나
간뒤라도찻졍의멍웝커든쳘이상사부디마라너을
두고가는나가인ᄃ편분십이시을넘고들여이무심하
라우지마라ᄃᄃ츈향이쓰우는마라도편엄올나

가련한회츈닷기리〻츄하난게자신주요쳥수
비식전〻바다보신니미소이요져〻의풍악소리
과갓마다화인이라츈〻신도련님이주야추고
강노르실제날갓탄하방천첩이야손톱만치나생
각하올잇가이고〻니이리사춘향아우지마라한
양성남북춘의옥의가인만컨만은귀주신처접
풍경너밧고업셔쓰니낙이무리다장부들실과이
나이질소냐셔로피차기가막켜언쇼별못허일지
라도련님모시고간후비사형이나올겻의헌데〻
드러오며도련인이셔힌차〻옵소셔안으셔야단
낭소사또게옵셔도련님이다가션는야하옵기역
주인이엿잡기을노던천고좌별차 로모바기
잠간나가겨노라하며싸오나어셔춍차흥습소셔

말다령ᄒᆞ엿단ᄋᆞ말맛짐다령ᄒᆞ엿소빈마욕
거장시ᄒᆞ고경ᄋᆞ셔별거나로다말은가자고네
굽을치나니춘향은마루아릭독셔려켜도련
임다리을부여잡고날죽이고가면가지살리
고는못가고못가느니말못ᄒᆞ고기결ᄒᆞ니춘향
모달엽흐러상단ᄋᆞ찹물어셔떠소녀라ᄒᆞ을다
려와가랴〃네ᄋᆞ모습뎐아는군서마셔결나고
됴믐을이리상ᄒᆞ는샤춘향이졍신차려이고가갑
ᄒᆞ여라춘향의모기가따겨여보도련님남우신셔
깃탄자식을이지경이웬이리요결곡ᄒᆞ우리춘
향이듕ᄒᆞ외쥭거드면혈〃단신이남셜세뉘를
밋고사잔말고도련님어이셔이 바 춘향아네
가이게웬일인야나를옛〃안보랴ᄒᆞ야 한단낙일

수운가는소통국의모자이별◐정ᄀᆡᆨ관산노기
즁의오희월녀부부이별◐편삽수유소일인
은용산의형제이별◐셔츌양관무고인은위셩
의붕우이별◐그런이별만ᄒᆞ야도소식드를ᄯᆡ
가잇고ᄉᆞᆯ면ᄒᆞᆯ나리잇셧스나ᄂᆡ계올나가셔
장원급제츌신ᄒᆞ야너를다려갈거시니우지말
고잘잇거라우름을너머울면눈도붓고목도
쉬고ᄭᅳᆯ머리도압푼이라돌기라도망두셕은쳔
말연이지나가도광셕될줄몰나잇고남기라도
상사목은창밧그웃독셔〻일연츈결다지나되
입이필쥴몰나잇고병이라도외신병은오미불
망ᄌᆞ나니라ᄂᆡ가나을보랴거든셜워말고잘잇거
라츈향이ᄒᆞᆯ길업셔여보도련님손의술리

나ᄆᆞᆷ죵잡수시요 ᄒᆞᆫ찬업시가실진ᄃᆡ 너의찬ᄒᆞᆫ
찰마다 가ᄉᆞᆯ소친 절자리 예날보다시 잡수차오
상단아찬합술병니오너라 춘향이일번주가
득부어눈물셕거드리면셔 ᄒᆞᄂᆞᆫ말리 한양셩가
시난길은 강수청ᄉᆞ푸르거ᄂᆞᆫ 원ᄒᆞᆫ경을싱각ᄒᆞ
고 천ᄉᆡ가결ᄒᆡ가되야 셰우가부ᄉᆞᆺ거든 노상의인
요ᄇᆡᆨ단ᄌᆞᆫ이라 마상의곤핍ᄒᆞ야 병이날가염여온
니 방쵸을ᄎᆞᄌᆞ져문날의 일직드리지무시고 아ᄎᆞᆷ날
풍우상의 늣게야ᄯᅥ나ᄉᆞᆷ시ᄒᆞᆫ져근졀ᄋᆡ마의모셜
사람업ᄊᆞ오니 부ᄃᆡᄎᆞᆷ 쳔금귀체시사안보ᄒᆞ오봅소
셔 녹수진경도의평안이ᄒᆞᆷᄎᆞᆺᄒᆞ옵시고 일ᄌᆞ엽
신듯사이다 됴ᄒᆞᆫ편지나ᄒᆞ옵소셔 도련임ᄒᆞ마리
쇼실드ᄅᆡ부경마라 요지의ᄉᆞᆫ조ᄒᆞ문도주복와ᄉᆞᆯ

만나랴표일ᄉᆡᆼ쳥조자ᄅᆞᄒᆞ며수쳘이면〻길의소
시젼숑ᄒᆞ여잇고찬무계쫑낭강슨상암원군
부쳥의실쳐금셔보와시나빈안쳥숑업슬망
졍님원안편업슬손나실어말고잘잇거라말
을타표하직ᄒᆞ니춘향가가나기하는마리수리도련
임애가네〻〻춘이도거진발〻살ᄋᆞ된이말타고도
라선이차무로가는구나춘향이가바부붕너마보야
낭강뵈빌그나설수가업난터니말슬보슨리잡관지
채ᄒᆞ야줏어서가도련임게한발사만엿줄난다춘향이
난다라며보도련심인제가시면언계나오시라오시결
소식쉰어질절보니난니아조영절녹죽창송
빈이숙계만고충절쳔산의조비졀와뵈의인샤
졀ᄂᆞᆫ죽졀송졀춘하츄동사시졀설이져다결분

결혀결도련님은날바리고바결리가시나속결연
난님으졍절독숙공방수결할졔언으연에파결
할고첩의원졍실픈고절주야셜으과미졀할계
부듸소식돈결마오되문박그씌셔려거셧며한
두손길노당을쌍으지며이고나시쳬아의끄
일셩츠난소리하츠산망표송식으요졍기무광일
석박이라엄텬지며잔비질계셔슈찬계가랑이면
몃날멋친되줄모를네라우련임디신말은규
마가편이안인야도련임낙누하고츤기약을당부하
고말을차쳐간양은팡풍의편슈을이니라

春香傳 終

춘향젼하권이라

춘향이하리로엿자오되쳠방으로드
일주렴거쇼안셕밋틋벼개ᄭᅩᆺ고문다더라도긔닐을셔상
시난만나보기망연ᄒᆞ니잠이나들면ᄭᅮᆷ으만나보자
예로붓터이르기를ᄭᅮᆷ의와보이난님은신이업다고
일너건만답답이기를진되ᄭᅮᆷ안이면어이보리ᄭᅮᆷ아
ᄃᆞ네게오너라수심쳡쳡ᄒᆞᆫ니되야몽불셩의어이ᄒᆞ라
이고ᄃᆞᄂᆡ이러야인간이별만사즁의독슉고방어이
ᄒᆞ리상사불견님의신졍게뉘라셔아라주리미친마
음이랑쳐랑흣터리진근심후리쳐다바리그자나누
나먹고셔나안즈나못보와가삼답답어린양기고은소릐귀
의정ᄃᆞᆯ보고지거ᄃᆞᆫ심의얼굴보고지거듯고지거ᄃᆞᆫ
심의소리듯고지거젼셩의무삼원수로우리두리셔

게나셔 가련신ᄉᆞ한테 만나 잇지마자 쳐음 밍세 죽지
말고 ᄒᆞᆫ테 잇셔 ᄇᆡᆨ연 기약 미진 밍세 쳔금 주옥 ᄉᆞᆷ반
기요 셰상 팔ᄃ 게ᄒᆞ라 근원 흘너 물이 되고 지고ᄃ ᄃ
다시 집고 사랑 뫼와 모가 되야 놉고ᄃ ᄃ 다시 놉파 산이 질
줄 모르게 되면 무어 질줄이 ᄋᆞ알이 귀신이 작희ᄒᆞ고 조
물리시기로다 일조낭군 이별ᄒᆞ니 언느 날의 만나 볼
쳔수만한 가득ᄒᆞ야 ᄡᆞ힌 치ᄂᆞᆫ 기운라 옥안운빈 공ᄋᆞᆫ
한이 일월리 무경이라 오동추야 달 밝은 밤은 어이
그리 더듸 시며 녹음방초 비긴 고ᄃᆡ ᄒᆞᄂᆞᆫ 어이 더듸 간
고 이사 사알ᄋᆞ시면 임도 날을 기루련만 독수공방 홀
노 누어 다만 ᄒᆞᆫ숨 바시되 꿈구과 간장구비 쎼어 ᄉᆞ나
니 눈물 괴라ᄂᆞᆫ 물 뫼와 바다되고 ᄒᆞᆫ숨지어 쳥풍되
면 임 잇ᄂᆞᆫ 주무어 타고 ᄒᆞᆫ양 낭군 차지련만 어이 그리 못

보난ᄑᆞ우수ᄯᅥᆼ월ᄃᆞᆯ발근셔셜삼도군ᄂᆞ가소너소
연한ᄭᅮᆷ이로다ᄒᆞ야월무수셩은업게산ᄭᅩᆺ빗치란만
섬즁으안전수삼나호자산이로다 야 ᄉᆞ창망ᄒᆞᆫ되경
ᄃᆞ이빗치난게장외의형화로다 밤은집퍼삼경인되
안자삿든들이ᄋᆞ올가누위순들자ᄆᆡ오라 임도잔도
안이온다ᄋᆞ이를어이ᄒᆞ리ᄋᆞ민도원수로다ᄒᆞᆫ진비리고
진감녀예로부텀잇권만은지달임보졀지안코기문
제도소리건만일존관장구부ᄃᆞ미친ᄒᆞᆫ을임안ᄋᆞ면
뉘라풀고명쳔은ᄒᆞ간ᄒᆞᆫ사수이보게ᄒᆞ옵소셔마자진
인졍다시만나보바라다진토록이별업시살고지라못
노라녹수청산우리입초최ᄒᆞᆫ쇠 우연이 널별후의
소식조차돈졀ᄒᆞ다안비복셕안일진덕ᄋᆞ모ᄒᆞ당못
기ᄋᆞ라ᄋᆞ리고 ㄷ ㄷ 니신세야상쳐자타ᄂᆞ세월을보니는

되엿ᄯᅥ련ᄋᆞᆷ은올나갈제속소마다잠못일워보
고지가낙의사람보고지거주야ᄇᆞᆫᄆᆞᆼ우리사랑날보내고
기료나ᄉᆞᆷ쇽케만나푸르리라일구월심구게먹고
등파와방ᄉᆞ바란더라。잇ᄃᆡ수삭만의신판사쇼나시되
자ᄒᆞ골번ᄒᆞᆫ모라ᄒᆞ는양반이수난되묘필로유셰
ᄒᆞᆫ、고인물ᄭᅩᆺ치활달ᄒᆞ고교ᄉᆞ유속의다름ᄒᆞᆫ、
야외입속이너ᄒᆞ오ᄒᆞᆫ기ᄉᆞᆷ이셩졍이고편ᄒᆞᆫ홈
의상징을겸ᄒᆞ야죽시셜더노ᄒᆞ고외결ᄒᆞ바
이리간다교로쇄상의안는사람은다고집불통이
라ᄒᆞ것다신연ᄒᆞ인셩신ᄒᆞᆯ제사람들셜신이요이
방이요가상이요수비요이방불로리이방이요그셔
너의골의으런ᄂᆞ업는야예이자무ᄭᅵᆫ줍니다너ᄭᅳᆯ팔
노가삼님의계실ᄉᆞ로졀ᄯᅥᆨ부리지ᄒᆞ옵니다소네

골의츈향이라게집이미유석이리거ᄯᅦ절잇사 무쇼하옵
니다남원이예셔몃인고육빅삼십이로소이다마음이
빗분기라급피조칠하라신ᄯᅥᆫ하인물너ᄂᆞ와우리끌르
일이낫다잇ᄯᅥ신판사ᄉᆞᆫ졸칙일을급피바다도임ᄌᆞ로ᄂᆞ
려올졔위의도장할시고구름갓튼별연독교좌우쳥
장ᄯᅥ벌이고좌우편부축급창물식젼한모수결욕
뵈주젼ᄃᆡ필를느러잇비시기놉피니고ᄃᆡ모판자통인가
슬이민굴너수거쓰고칫장졸겸쳐잡고예라굴너셧
다나이거라혼금이지엄ᄒᆞ고좌우구경젼졍마의두치
비심셔라되인한쌍쳑결엽의힌ᄌᆞᆺ비힌뒤를ᄯᅡᆯ코
수비감상공방이ᄯᅥ신연이방가셩하다뇌ᄌᆞ한쌍사령윤
쌍의산보종졀비하야뒤로변으갈ᄂᆞ셧고뵈방수주의산
복판남수주션을굴너주셕고리ᄯᅥᆯ는〻조기잇게

니러올제져주의존금소리쳥산이상응하고권마셩
놉푼소리뵈운이답이라쳔주의득달하야경기졀긔
사연명하고뎜문의잠간단여조분목쎠니다라만마관노
구바우너머임실열든지나여오수들리갓화하고직
일도임할셔오리졍스로드러갈제쳔종이영솔하고
유파방하인쳥노도로드러올제◉쳥도한쌍◉홍문기
한쌍◉주작남동각남셔각홍초남문한쌍◉쳥윤
동남각셔남각남조한쌍◉현무북동각북셔각
흑초홍문한쌍◉동사순씨한쌍◉영기한쌍◉진사
한쌍◉기패관한쌍◉군노열두쌍◉좌우가요란하다
힝군취타풍악소리셩동의진동하고삼인육각◉
권마셩은원근의낭자한다광할누의보졀하야긔복
하고긱사의연명차로나메타고드러갈셔빈셜소시엄숙

ᄒᆞ게보ᄋᆞ라고눈을바라ᄀᆞ글ᄃᆞ ᄃᆞ 그ᄉᆞ시ᄋᆞ여ᄯᆡᄒᆞ고동
헌의좌기ᄒᆞ고도임상을잡순후ᄒᆡᆼ수문안이요ᄒᆡᆼ슈
군관집예밧고육방관속현신밧고ᄉᆞ또분부ᄒᆞ되수
노불너기ᄉᆡᆼ점고ᄒᆞ라。호장이분부듯고기ᄉᆡᆼ안책든
러놋고호명을차례로부르난ᄃᆡ낫낫치글귀로부르던
거시엿다。우후동산명월이명월이가드러을소난되
나군자락을거듬ᄃᆞ 거더다가셰 요ᄃᆞᆼ의ᄯᆞᆨ붓치고아
장ᄃᆞ ᄃᆞ 드러을소더니점고맛고나오◎이가ᄌᆞ수의산
춘의양편낭만고ᄉᆞᆫ춘식이난안이야노종이가
드리를소난되 종상자락을거더안고아장ᄃᆞ ᄃᆞ 조촉
거리도리을소더니점고맛고나오◎단산의봉ᄒᆞᆼ와쌍을
일코벽오동의깃드리니산수지영이오비조지정이
라기부탁속구든절개만수문전ᄎᆡ봉이 ᄎᆡ봉이

가ᄃᆞ려오 난듸나순을두ᄅᆞ혀리ᄆᆞᆸ시ᄉᆞᆺ게거더안고연
보ᄅᆞᆯ졍이옴거 아장거려ᄃᆞ려와졉고맛고좌부진퇴
로나오◉쳥쳥거엽부ᄀᆞ졀의못노라져엿화여여ᄊᆡ부교
교준더도좌준ᄉᆞ고자뜬심이뜬심이가ᄃᆞ려 오난듸난상
읍거더신교나만수헤쓸면셔아장거려가만ᄃᆞ ᄃᆞ드려오더니
좌부진퇴로나오◉화쌍가시치바ᄅᆞ근달비츼의ᄃᆞ려ᄉᆞ난
나혀삼삼비와옥ᄆᆡᆸ옥이ᄆᆡᆸ옥이가ᄃᆞ려오난듸기화상
교준듸도이ᄒᆞᆫ이진ᄌᆞᆷ진듸아장거려가만ᄃᆞ ᄃᆞ려을
오더니졉고맛고좌부진퇴로나오◉순담풍경군오
쳔의앙슈편금의ᄃᆞ이ᄋᆞᆫᄃᆞ이가ᄃᆞ려오난듸ᄌᆞᆷ상자
락을에주리쳐셰규중뎐의쉭붓지고아장거리가
만ᄃᆞ ᄃᆞ드려오더니졉고맛고좌부진퇴로나오◉사ᄯᅩ분
부ᄒᆞ되가ᄌᆞᆸ부르라메주장이ᄇᆡᆸ고늦고녀자좌도로부

르난되◐팡한젼ᄃᆞᆸ뮨집의현도ᄒᆞ톤고ᄒᆞᆫ션비밧기
보니게ᄒᆞᆫ이으예등되ᄒᆞ여소◐송ᄒᆞ의져동자야무순도라셜
셩소식수쳡쳥산의윤심이으예등되ᄒᆞ엿소◐월국으
의놉피올나게화을미가으져리으예등되ᄒᆞ와소◐
차문주가ᄒᆞ쳐젼오목동으요지ᄒᆞᆫ화예등되ᄒᆞ와소
◐으미산월발요추셤으입평강의긴션으예등되ᄒᆞ엿
소◐오동보판거문고타고나니탄금으예등되ᄒᆞ와
소◐팔월부용군자으용은만당추수ᄒᆞ련으예등되
ᄒᆞ엿소◐주ᄒᆞᆼ당사기진미담차고나니금낭으예등
되ᄒᆞ와소◐사쓴분부ᄒᆞ되한슈의열두셔넷씩부
르라ᄒᆞ장의분부듯고자조부르난되◐양되션 원
즁션화즁션이으예등되ᄒᆞ와소◐금션이금옥이금
연으예등되ᄒᆞ엿소◐농옥이난옥이ᄒᆞ옥으이예

듯더하엿소◐바람마진낙춘이ᄯᅦ듯더드러을가
오낙춘이간드러을오난듸제가잔득밉시잇게드
러오난체하고드러오난듸시면한단말은듯고이
마ᄲᅡᆨ의쉬시자ᄎᆞᆺ야귄뉘아지파죠치고분셩젹ᄒᆞᆫ단
말은드러되가기분셩양일곱돈엇치을무지금하
고사다가셕ᄉᆞ갓트회칠하듯반죽ᄒᆞ야온낫ᄉᆞ다민걸
하고드러오난듸키난사ᄀᆞ 너창승만헌연이초미자라
을훨신추워다퇴밋트샥붓치고무논의골이거름
을로ᄲᅦᆯ눅씽죵ᄃᆞ ᄃᆞ 셩금셥져드러오더니 졀교말ᄉᆞᆷ
나오。◐연ᄃᆞ이고은기셩ᄀᆞᆫ쥴의만권만는사ᄯᅩ계옵셔난
근본춘향의말을놉피드러는지라아무리드르시되
춘향일홈업난지라사ᄯᅩ수로불너뭇난말리기ᄉᆡᆼ
겸고다되야도츈향은안부르니퇴기야수로여자

오되춘향모ᄂᆞᆫ기ᄉᆡᆼ이되춘향은기ᄉᆡᆼ이안이ᄋᆞᆸ니다
사ᄯᅩ문왈춘향이가기ᄉᆡᆼ이안이면엇지귀즁의잇단
아ᄒᆡ일홈이옵피나다수로잇자오되근본기ᄉᆡᆼ의
ᄯᆞᆯ리옵고더ᄉᆡᆨ이잔ᄒᆞᆫ고로[illegible]문세족양반네와
실능져사활양들과나려ᄉᆞᆷ신등나마다귀ᄀᆡᆼ교자
간청ᄒᆞ되춘향모여블청ᄏᆞᆯ노양반샹하물논ᄒᆞ
고외나지간소인등도신연일두다면ᄒᆞᆼ되언어수、
작션삽더니천견ᄒᆞ션연분인지구관사ᄯᅩ자졔이
도련임파비셜기약밋ᄊᆡ옵고도련임가실ᄯᅢ의
입장후의다려가마당부ᄒᆞ고춘향이도그리알고수、
결ᄒᆞ、여잇ᄊᆞᆸ니다사ᄯᅩ분을너이녹무식ᄒᆞᆫ상놈
인들그게엇더ᄒᆞᆫ양반이라고엄부시ᄒᆞ요미장졀로
련임이ᄒᆞ방의작첩ᄒᆞ야사자ᄒᆞᆯ고이놈다시는、

그런말을입밧그ᄂᆡ의셔ᄂᆞᆫ죄을면치못ᄒᆞ리라이
무ᄂᆡ가겨ᄒᆞᆫ나를보랴다가못보고그져말야잔말
ᄃᆞ고불너오라춘향을부르란경영이나는되이방
호장이엿자오되춘향이가기싱도안일ᄲᅮᆫ안이
오라구등사ᄯᅩ자쳬도련님과ᄆᆡᆼ약이즁ᄒᆞ온되
연치난부동이나동반의분의로부르라기사ᄯᅩ경
치가손상할가겨의ᄒᆞ옵니다사ᄯᅩ되로ᄒᆞ야만일
춘향을시고지체ᄒᆞ다가는공형이ᄒᆞ로과형두목
을일병듸가할거시니ᄲᅡᆯ이되령못시길가육방이
소동과형두목이니실일러기번수야번수야일
련별이리ᄯᅩ잇난야불상ᄒᆞ다춘향저졀구련귀
되기쉽다사ᄯᅩ분부지엄ᄒᆞ、니어셔가자밧비가자사령
팔도뒤셔겨셔춘향문젼당도ᄒᆞ니 춘향이

년산셩이오날지골노가오난지모르고주야로련ᄉᆞᆼ만
성각ᄒᆞ야우난듸망처ᄒᆞᆫ환을당ᄒᆞ랴가듸소리
가화평할수잇시며한셔라도밧사래할게쥬이ᄒᆞ
라모셩스졍셩이잇서자손실픈슈한셩이되나보고
듯난사람의심장인들안이상할소냐임길우셔른
마음석불가바며못면ᄒᆞ야졉녀안ᄒᆞ셔졉못장고도
련임싱각쳐상도야피길리문도다상연이란ᄉᆞᆼ가
쇠진ᄒᆞ야진양죠란우음이되야길새부다 ᄉᆞᄉᆞ입
을쇄 과갈ᄉᆡ부다쳘이란도로세부다말이라도갈
ᄉᆡ부다풍우도쉬여넘고날엿수진히동창보리미
도쉬여넘난고봉졍상동셜령피기란도읍이와날
차지면눈발버셔손의들고ᄂᆞ야니쉬여가계ᄒᆞ얏ᄉᆞ
개선우리낭군날과가치기루난가부경ᄒᆞ야아조잇

고녀의사랑옵게다가다른일을고이난가한참이리
셜이운계사령들이춘향의원셩을드쇼인비
목셕아니던가심아니되ᄂᆞᆫ수잇나유쳐마도사되
사시나낙수춘비어옴녹듯다꾸이어되쳬이아니
찬ᄇᆞᆷ삼하나이ᄋᆞ오ᄋᆡᆸ잘자셔더리거든계집을
추왕못ᄒᆞ면은사관이아니로다。잇셔셰져추사령
호면셔오너냐웨난순ᄅᆡᆨ에춘향이쌍노을너어묘
틈으로나다보니사령들노나와구나아차〻이셔네오
나리가삼일젼고과ᄒᆞ더니무삼아ᄃᆞᆯ이난나무다밀찬
묘열ᄒᆞᆯ이며ᄒᆞ버수의네이리오소〻오시기쉿바
기네이번신연길의노독이나쉬나ᄆᆡ사쇼경쳬엇
더ᄒᆞ려구파딕의구가ᄆᆡ도련님이편지한장도와이
하던가나가젼일은양반을모시기로이독이번기ᄒᆞ고

도련님경쳬쉽달나셔울르난쳬하엿샹만마음조차
엽슐손가드러가셔〻〻〻긴반슈ᄯᅢ이반슈ᄯᅢ러
번수손을잡고쳬방의안쳔ᄌᆞ에상단이불녀주
반상드려가·취묵뭇메긴ᄌᆞ의겐문열고돈단샹
을너셔노며열어번수인네가다가수련나잡수쇼
가옵셔뒨말업게ᄒᆞ여주쇼사련은ᄌᆞ이ᄋᆡ야주를ᄎᆔᄒᆞ
야ᄒᆞᆫ는마리도ᄉᆞ리ᄋᆞ낭치안타우러가도바리고네게왓
냐ᄒᆞᆷ떠드려노ᄋᆞ라긴번수야네가차라불가타마는입수
나다오른ᄋᆞ야도로바다차고ᄎᆞᆷ놀〻〻드러갈제ᄒᆞᆼ수기싀
나온다ᄒᆞᆼ수기쇠이나오며두손ᄲᅥᆨ닥ᄋᆞ〻마조치며셔어
바라ᄎᆞᆫ향아마는듯거라너만ᄒᆞᆫ경절은나도잇고너만ᄋᆞ
헌수경은나도잇다네란는경절ᄋᆞ웨잇ᄉᆞ며네란도수결
이웨잇난야경결부인ᄋᆞ기ᄊᆡ수결부인ᄋᆞ기ᄊᆡ주고

만한너한나로망연하야 유방이손동과 쳥두
목이다 죽어난다 어셔가자바삐가자 춘향이할수업
셔수결하던그듸도로뎌붓밧셔나셔며셩인〻힝
수셩입사람의팔세을그리마소계관는ᄃᆡ〻힝수며
니라야듸〻춘향인가인싱일사도무사지한번죽계
두번죽나이리빗틀져리빗틀동쳥의드러가춘향이
뒤령하엿소사ᄯᅩ뎌시고ᄃᆡ희하야 춘향실시분명하다
뒤상으로올ᄂᆞ거라 춘향이상방으로올나가엄실단좌
산이로다사ᄯᅩ이듸족하야 쳔방의가 죠게나리입
을오시리라죠게싱원이드러오던가시엿다사ᄯᅩ뒤
히하야자뉘보게져게춘향인셰흥그 년미우에쌀
되괄싱벗소사ᄯᅩ게ᄉᆞ〻울게실ᄯᅧ부텀춘향〻〻ᄒᆞ
시더니 한번귀경할만하오사ᄯᅩ우스며자닉즁신하면

나이속키안자던이사또이당조의츈향을불르시거날
고마파을보니엿보시난게올른 거슬이리좀경이되
야소마는아무불너쓰니아미도츈사찰박기수가섭소
사또ᄃᆡ최하며츈향다려분부하되오날부텀몸단
장졍이ᄒᆞ고수쳥을로기행 하라사또분부황송하
나일부종사바리온이분부시행못하것소。사또우어왈
미쟈〻라게집이로다네가진졍열여로다네졍결구든마
음엇거그리에어뿐야당연ᄒᆞᆫ말이로다그러나이수저는
경셩사ᄃᆡ부의자계로셔명문귀족사우가되야쓰니
일시사랑으로잠간노류장화하던너를일분싱각
하건냐너는근본졀행잇셔견수일결하여싸가
홍안이나조되고빅발이난수하던무졍셰월양유
파를타삭할졔불상코가련한게너안이면누가기랴

네아무리수졀한들열녀 포양 뉘가하랴 그는다바리
두고네골관쟝의게미임이올으나동자놈으게미인게
올은야네가말을좀하여라 춘향이엿자오되 츙
불사이군이요열불경이부졀을본밧고자하옵
난되수자분부이러한이싱불여사이옵고열불경
이부온이쳐분되로하옵소셔잇뙤회계나리가쳑하
는말이네여바라어그연요망한연이로고부의일셩소
쳔하으일쇠이라네여러번셔양할게무어신야사도계옵
셔너를추상하여하시난말삼이계녀갓튼창기비게
수졀이무어시며졍졀이무어신다구관은젼송하고
신관사또연접하미법젼으당연하고사례으도당〻커늘
고히한말하지말아너의갓턴쳔기비게 츙열이웃쉬잇
처리잇뙤 춘향이하기가막켜쳔연이안자엿자오되

츙 효열녀상하잇소자셔이듯조서요기생으로말ᄒᆞ시
다츙효열녀업다ᄒᆞ니낫낫치알외리다◐ᄒᆡ셔기생농
션이는동션령의죽어잇고◐셔쳔기생아희로되칠
거학문들어잇고◐진쥬기생논개는우리나라츙열노
셔츙열문의모셔놋코쳔추향사ᄒᆞ여잇고◐쳥쥬기
생 화월리난삼경파의올나잇고◐평양기생월션
이도츙열문의드려잇고◐안동기생일지홍은생
열녀문지은후의정경가자잇싸온니기생ᄒᆡ폐마옵
소녀 춘향다시사또젼의엿자오되당초의이수쳐만나
뎐의ᄐᆡ산셔ᄒᆡ구든마음소쳡의일심졍졀ᄆᆡᆼ분
갓턴용ᄆᆡᆼ인들ᄲᅦ여ᄂᆡ지못할터요소진장의구변
인들쳡의마음옴계가거못할터요공명션생놉
푼지조동남풍은비러씨되일편단심 소녀마음굴

보기지못하리다 기산의허유난못쵹수요거쳔ᄒᆞ
고쇼찬의빅숙양인은불식 쥬속하셔쓴이만일
허유업셔쓰면고도지산 뉘가하며만일빅이숙졔
업셔쓰면난산 젹 자만하리다 쳡신이수쳔한계
집인들허유빅을모르잇가사람의쳡이되야빈
부가가ᄒᆞ는법이 이배살하난판장일네망국부쥬
갓싸오니쳐분ᄃᆡ로ᄒᆞ옵소셔사또ᄃᆡ로하야이얼
려라모반ᄃᆡ역ᄒᆞᆫ 난죄는능지쳐참ᄒᆞ여잇고조롱
관장하는죄난계셔슐의율씌잇고거역 판장하난
죄는엄형졍비하는이라죽노라셔리마라。 춘향이포
악하되유부겁탈하난거슨죄안이고무어시요사또
기가막켜엇지분하시던지원상을ᄯᅮ달일졔당건
이버셔지고상토ᄭᅩ가타풀리ᄭᅩᄃᆡᄆᆞᄃᆡ의목이쉬여이

션자나 ᄂᆞ려라 호령ᄒᆞ니 필방의 수청통인 예ᄒᆞ고 달녀
드러 춘향의 머리채을 주루루 ᄯᅳ어ᄂᆡ여 곱창에 이연
자바 ᄂᆞ리라 춘향이 ᄯᅥᆯ치며 노와라 중계의 ᄂᆞ려가니 급
장이 달여드려 요란〃 엇ᄯᅴᄒᆞ신 춘젼이라고 ᄃᆡ답이
그러ᄒᆞ고 살기을 바랄손야 ᄃᆡ돌 아래 ᄂᆞ리치니 맹
호갓턴 군노사령 벌ᄯᅦ갓치 달여드러 감태갓탄 춘
향의 머리채를 전정 시절 연실 감듯 비사공의 닷줄
감듯 사월팔일 등ᄯᅵ 감듯 휘〃친〃 감어쥐고 동당
이쳐 업질은니 불상다 춘향 신세 백옥갓탄 고은
몸의 육자백이 ᄂᆞᆫ업더 거쇠나 좌우 나졸 느러셔〃
능장 곤장 형장이며 주장 집고 알외라 형이 ᄃᆞ령
ᄒᆞ라 예 수계라 형이 요사ᄯᅩᆨ 분이 엇지 낫던 거별〃 ᄯᅥᆯ
ᄯᅱ기가 막켜 허푸〃 ᄒᆞ며 여보 와라 사령의게 다짐이

웨잇슬리 못ᄂᆞᆫ말고 동틀의올여미고셩치를
부수고물고장틀손이과 츈향을동틀의올여
미고사졍이거ᄂᆞᆫ바라 형장이며ᄐᆡ장이며곤장이며쳔
아라담속 안에다가 형틀아리 좌륵부늣치난조
리츈향의졍신이혼미ᄒᆞᆫ다 갑상사령거동바라이
놈도잡고ᄂᆞᆷ청〻〻져놈도잡고셔ᄂᆞᆷ경〻〻듕심조
쿄빗〻ᄒᆞ고 잘부러지난곰끌나잡고오른억기
버셔메고 형장집고듸상쳥영기달리게분부뫼와
라네고연슬사졍두고 헛장ᄒᆞ여셔난닷졍의병을밧칠
거시니가별리비우치라 집ᄉᆞᆺ사령엿거소되사분 국치
엄ᄒᆞᆫ듸경만ᄒᆞᆫ션을무삼사졍두오릿가이연다리을
자 ᄯᅡ말라만일요동ᄒᆞ다가ᄂᆞᆫᄲᅧ부러지리라 조롱치
고드리셔〻금장소리바람맛츄〻셔면셔가만이ᄒᆞᄂᆞᆫ말

리한두기만전되소엇절수가쉽네요다리는요리들고
겨다리는겨리들소미수치라에잇셔리요산부쳔
니부러진형장가비는푸루〃날라공중의빙〃
소사상방되뜰아릭떠리지고춘향이는아모쪼
록압픈듸를차무라고이를복〃갈며고기만빙
〃두루면셔역이고이계쉔이긘쇠。판장틱장치난듸는
사령이셔〃한나블셰것만은형장벗텀은법장이라
형이와동신이밥삼하는모양으로마조업데셔한
나치면한나것고둘치면둘것고무식한고돈업는
놈은술집바람벽의술갑긋듯긋여노니한일쟈
가되야쑤나춘향이는계결녹셔름계우마거면셔
우난듸일편단심구든마음일부종사쓰시오니
일리형별치옵신들일연이다못가셔일각인들

변하릿가 ◐ 잇ᄯᆡ 남원부 찰샹이 ᄯᅥ나 녀노소업시
묘왹구경할졔 좌우의 찰샹 더리 모질구나〻 우리
골원님이 모지구나 져런 형벌리 웨잇시ᄯᅥ져런
미질리 웨잇슬가 집장사령놈 눈의 켜두위라
삼문밧 나오ᄯᅥᆫ 급살을 주리라 보고듯난 사람이야
뉘가 안이 낙누하랴 ◐ 두쳐낫ᄯᅡ 부쳐니 이부졀
을 아옵난듸 불경이부 이ᄂᆡ마음이 되맛고 영죽어
도 이도령은 못잇것소 ◐ 셰쳐나설ᄯᅡ 부쳔이 삼종지
셰 저즁한 법 삼강오륜 알어쓴이 삼쳐 형문 졍비을
갈지라도 삼쳔동 우리낭군 이도령은 못잇것소 ◐
네쳐나설ᄯᅡ 부쳐니 사ᄐᆡ부 사쇼인은 사빈공사 살피
잔권우려 공수심을 쓰니 사십팔방 남원 빅셩 원
망하물 모르시요 사지를 갈은ᄃᆡ도 사성동거 우리낭

근시상갑의못잇거소 다셧낫치ᄯᅢ부치니오륜든
기쓴치잔코부느유별소힝ᄉᆞ못미진이브ᄂᆞᆫ오른리
씌져보들오미붐맛우리나운 온건ᄉᆞ샹과나네오
돈주야발은달을잉매신되보련만은소늘 일ᄂᆞ편지
술은가닉실인ᄂᆞ기별술가두 전찰이닉몸이아스 찰
일업소 순이오거ᄉᆞ자수바쁩소셔싀고ᄃᆞ 니신세샹
ᄯᅥ셧낫치ᄯᅢ 부친이ᄉᆞ와 ᄃᆞ은삼십ᄉᆞ와ᄉᆞ로나ᄉᆞᆫ 치
고찰하여유과만번주거인되오ᄉᆞ과쳔마되 열인사라ᄅᆞ의
친마음변할수 젼이업소 일곱낫셜ᄯᅢ부치니
칠거지악법하엿소 칠거지악신이 어든칠거형문
웬일인이요 칠쳑금든갈노도ᄉᆞᄃᆞ 이장ᄉᆞᆫ녀셕이
졔빗비주여주소 치라하는견형벌아칠ᄯᅥ마다끄고
찰마ᄉᆞ칠보조은 암나주거 네 아달치낫ᄯᅢ부친이

팔자조흔츈ᄒᆞᆼ몸이팔도방ᄇᆡᆨ수령즁의졔일명
관맛나구나팔도방ᄇᆡᆨ수령님네치민ᄒᆞ려나려왓졔악
형ᄒᆞ려나려왓소◐아좁낫치ᄯᆞᆨ부친이구꼬가안
장구부셔여시넌눈물구 년지수되것구나군쳥
산장송배 여경강셤무어타고ᄒᆞ야셔ᄌᆞᆼ그피가
셔구즁궁궐셜상젼의구ᄃ원죄주달ᄒᆞ고구
경ᄯᅳᆯ의몰니나와삼쳥동을자자가셔수리사람
반기만나구비ᄃᆞᄃᆞ밋친마음쳐군듯풀인미ᄂᆞᆫ◐열
치나셜ᄯᅥᆨ부 칠ᄉᆞ시ᄇᆞ쉬ᄉᆞ구사ᄒᆞᆯ제고도피셥연경
한ᄯᅳ셜셥만번쥭인ᄃᆡ도가망어너고무 가ᄂᆞ지십
뉴의쇄어린쥭ᄉᆞᆼ장ᄒᆞ원귀가련ᄒᆞ오◐엷자고는
짐자ᄒᆞᆯ쥴실어ᄃᆡ이◐멸나쇳ᄯᅥᆫ 부친ᄉᆞ시ᄇ
오야반근담은쉬구름의무쳐잇고셔ᄉᆞᆯ매실수리

낭ᄌᆞ고산쳔도ᄋᆞ 못ᄎᆞ져손이ᄃᆞ라ᄂᆞᆫ 모든아업게신곳
나ᄂᆞᆫ아이 못보ᄂᆞᆫ고 ◎사ᄅᆞᆷ 치죠잡졀ᄒᆞᆯ가ᄯᅢ가되어
◎사ᄅᆞᆷ다ᄒᆞᆫ약박잔아나사손쳔ᄃᆞᆫ아일아블
아우쳠아원져기투아니가ᄂᆞᆫ되여만나가ᄂᆞᆫ길으로
일쳥아치자ᄂᆞᆫ리사ᄂᆞᆫ쳥ᄃᆞᆫ아우리아업게나만ᄂᆞᆫ부되쳘ᄒᆞ도
고나아의ᄒᆞᆼ아사아자시ᄂᆞᆫ고바ᄂᆞ되ᄂᆞ 아자어ᄂᆞ이。◎사니시ᄂᆞᆫ삼
쳔아이리마음우아화아쳔의아일와고져속가아한츈향
모아스슷나이유쳘이요ᄃᆞᆫ이고ᄅᆞᆷ리라피ᄂᆞᆫ물
한ᄃᆡ즐ᄂᆞ무를아도원ᄃᆞ옹아유수라 츈향이졈ᄃᆞ포아
잔ᄂᆞᆫ마리순ᄃᆡ를아리마고산지ᄂᆞᆫ지ᄒᆞ아아조바사ᄒᆞᆫ쥬어
주면사주원조라ᄂᆞᆫ사가되어 조좀조참기수리졔마곳
산달밤를법의수리아이도련임잡ᄂᆞᆫ주파몽아나ᄒᆞᄯᅩ지다
말못ᄒᆞ고기졀ᄒᆞ니아업것더니아바아되아인고기ᄃᆞ려ᄂᆞᆫ고물

쑥고미질ᄒᆞᄂᆞᆫ쳐사ᄅᆞᆷ은눈물솟고도라셔며사ᄅᆞᆷ으자
시ᄉᆞᆯ못ᄎᆞᆷ간네좌우의구경ᄒᆞᄂᆞᆫ사ᄅᆞᆷ과거ᄒᆡᆼ들ᄂᆞᆫ판옥
드리눈물ᄯᅳᆺ고도라셔며춘향이맛ᄂᆞᆫ거ᄉᆞᆫ사ᄅᆞᆷ잡아
은못보것다고지도다ᄃᆞᆫ춘향의졀리모지도다춘향
열여보다남여보소어ᄃᆡ시셔도나구ᄒᆞ며도라셜졔사ᄯᅩᆫ
들조ᄌᆞᆯ이가잇스라네이ᄋᆞᆫ판졍의발악ᄒᆞ고마지니
조ᄎᆞᆫ세무어신야일ᄌᆞ우으ᄯᅩ구련거욕판장ᄒᆞᆯ가바셔ᄉᆞ
반사져쥬ᄒᆞᆼ이졀ᄃᆞ포악ᄒᆞᆫ즁은마리여보시ᄯᅩ도롯시요일
련포ᄒᆞᆫ부지삼사어이그리모르시요졔집의곽ᄒᆞᆫ마음
온유월셔리진네ᄌᆞᆫ비ᄌᆞᆼ천단이다가우리셔ᄋᆞᆫ고와
졍ᄉᆞ하의ᄋᆡ원졍을알외오면사ᄯᅩᆫ들무사ᄒᆞᆯ가ᄃᆡ샹의
죽여쥬오사ᄯᅩ가미ᄎᆡ되ᄂᆞᆫ그면말못ᄒᆞᆯ연이로고큰칼
ᄯᅳᆺ여ᄒᆞ슈ᄒᆞ라ᄒᆞᄂᆞᆫ큰칼ᄯᅴ여ᄋᆡ목ᄒᆞ다ᄒᆞᄂᆞᆫ사졍의ᄂᆞᆫᄒᆡᆼ시ᄉᆞ니고

십문반나올졔기ᄉᆡᆼ더니오ᄯᅵᄉᆡ고셔울집ᄋᆡ결ᄉᆞ신차리게
ᄋᆞᆸ곱분상ᄒᆞ여라사지ᄋᆞᆯ만지며ᄋᆡ슬ᄀᆞ라되ᄅᆞ무며셔로보고ᄂᆡ
누할졔잇ᄯᅵ키크고ᄉᆞᆨ인난나춘이가드러오며얼시고결
시고조을ᄡᅥ고우리나원도친판감ᄉᆞ실거구나올각ᄃᆡᆫ
님ᄅᆞ이의고쳐ᄋᆞᆷ진ᄋᆡ불사ᄒᆞ여ᄯᅡᄅᆞᄋᆡᄃᆞᆫ질졔춘향
이도가ᄋᆞ말ᄋᆞᆯ듯고졍ᄉᆞ신얍신ᄂᆞᆫ리ᄋᆞ다니 춘ᄒᆞᄋᆡ보ᄋᆞᆯ산
고ᄋᆡ고ᄋᆡ게웬ᄋᆡ런ᄂᆡ져ᄂᆞᆫ무삼죄ᄂᆞᆫ븐ᄂᆞᆫ무삼며냐장쳥
의진사ᄋᆡ네질졍ᄋᆡᄋᆞ밧ᄋᆞᆷ너ᄉᆡᆯ리무삼죄요장ᄋᆞ군방ᄌᆞ
목더라잡장ᄒᆞ던사졍ᄋᆡ도무ᄉᆞ원수며쳣던야ᄋᆡ고ᄃᆞ
ᄂᆞ이리아질삼ᄂᆞ연ᄂᆞᆫ구거시ᄉᆞ져업시되야ᄉᆞ나무남독
ᄋᆞᄉᆞᆯ츈향ᄋᆡ죵의운ᄌᆞᄋᆡ질ᄃᆡᄂᆡᄋᆞ밧나자로쳐ᄎᆡ만노고
ᄂᆡ치편공부ᄋᆡᆯ삼무ᄂᆡ날보고ᄒᆞᄂᆞᆫ미리마ᄋᆞᄃᆞ셜ᄋᆞ마
오아달ᄋᆡᆸᄃᆞ졀ᄋᆡ우ᄆᆞ오외ᄉᆞᆫ보사보ᄒᆞ리ᄉᆞ가여미ᄉᆞ게지

극졍ᄉᆡᆼ과거한말ᄉᆞᆷ좃ᄉᆞ인들너ᄉᆡᆼ각ᄒᆞ면더할손가자
시사랑하난밥이사웃음하가ᄆᆞ를손가ᄋᆞ나마음둘ᄃᆡ
업네가삼의부러붓터한숨쉬연가로다가ᄇᆞᆫ수야이번
수야웃멍이지임타고이도지뫼시ᄌᆞᆫᄂᆞᆫ야이고나ᄯᆞᆯ가ᄉᆞ
ᄎᆡ보소비셜가ᄐᆞ로다리의연자갓탄표백쳡네머음가
귀즁부야눈만ᄯᆞᆯ도위ᄒᆞ더라그런ᄃᆡ가ᄭᅳᆺ셔ᄒᆡ고기셩
월ᄆᆡᆺ쌀리되야ᄋᆞ장ᄉᆡᆨ이웬일인고쥰하야겻신차리라
ᄒᆡ고ᄃᆞ니신셰야ᄒᆞ며상단아삼문밧그가쇠사공들만
사오더라셔울ᄊᆞᆯ급주보낼나다쥰향이ᄊᆞᆯ급주보
ᄂᆡᆫ단말을듯고어만이마옥계무산말삼이요만일급수
가셔울오ᄂᆞ나가셔도련임이보시며ᄂᆞᆫ집ᄉᆞ시ᄒᆞ의엇지
하올ᄭᅩᆺ몰나십사올젹ᄌᆞ야벗ᄉᆡ되면근들안이후결
이요그런말삼말르시고옥으로가사이다사졍이둥의

업피옥으로드러갈졔상단이는칼머리들고츈향모는
뒤을따라옥문젼당도하야옥형방문을열소옥
형방도잠드러나옥즁의드러가셔옥방형상볼젹
시뎐부셔진죽장틈의살쏘나이바람이쇼문어진
헌벽이며헌자리베룩빈대만신을침노한다잇
때츈향이옥방의셔장탄가로우는거시엿다이
니조가무삼죠냐국곡투식안이거던엄형즁장
무삼일고살인죄인안이여든항쇄족쇄왼이리며
역률강상안이여든사지결박왼이리며음양도젹
안이여든이형벌이왼이런고사대강수은연수되야
쳥쳔일장지의나의셜음원졍지여옥황젼의올이고
쳐낭군길위가삼답답부리부다한숨이바람되야부산
불을더붓치니속졀업시나죽것네졸노셧는졀국

화는노픈결이가득하다논소ᄅᆡ의쳥송은쳔고졀을
지켜ᄶᅡ나풀린솔은낭파갓고누런국화는오가지실
푸른성과ᄲᅮ리나눈물이요젹ᄉᆞ낭이한숨이라한숨
은쳥풍삼고눈물은셰우삼어쳥풍이셰우을모라
다가불길이ᄡᅡᆨ이건ᄋᆞ이엄의잠을ᄭᆡ우고견우직여
셩은친셕사봉하슐젹의은하수미쳐시되실기한
길엽셔갑만수리낭군겨신고ᄃᆡ무섭물리뫼져낫저
소식조차못듯난고사라ᄋᆞ리기른ᄂᆞᆫ이아조죽어이ᄉᆞ자
거차라리이몸죽어ᄭᅩᆺ산의두견이되아ᄋᆞ이월반산경
아의실피수러나운귀의들이고져쳥강의원앙되아이
ᄶᅡᆨ을불너단이면셔다졍을유졍하물업는눈의보이고
져삼츈의호졉되아ᄒᆞᆼ기무인두나래ᄭᅩᆺ츈광을자랑ᄒᆞᆫ
이낭군오소ᄉᆡ붓고지거쳥쳔을떠올보아밤당하면으다

슬ᄒᆞ나 밋은 이발근빗설 입슨션골의비스치고 져스나간상셔
난피로입스화상가러 나의비슴르아바포추자산아 가러두
고들ᄯᅢ나ᄯᅢ보고지가수천경접는 다가인자목하게되
야구나담치조흔청산비 속진된꽃의 닷치난듯할
기로운심산초가잡플속의 셔가난듯오동속의노
든봉황청극속의길되린듯자고로실슨현네도무죄
하고각계선이요순우탕인군네도결주의포악스로함
진옥의갓쳐던이도로뇌야 셩군되셔고ᄯᅢ던치만주문
왕도상주의죄슬입어 우리속의갓쳐던이도로뇌
야셩군되고마고셩현공부자도양호의얼골슬입어ᄯᅢ
야의갓처더니도로뇌야 노스다셩도시나 이른일노볼작시
면죄업난니나몸도사라나셔 세상귀경다시 할가답다
하고원통하다 남살스리 누잇슬가셔 울게선우리

낭군ᄇᆡ살길노나라와이러타시죽가갈제넘ᄂᆞᆫ심슐
못살일가ᄒᆞ온ᄂᆞᆫ다가보ᄒᆞ니산이놉파못오던가금강
산상ᄃᆡ봉이평지되거든오라신가ᄇᆡᆨ숑의기러기황ᄒᆡ두
나리ᄃᆞᆯ돗ᄂᆞ지ᄯᅥ사경일졀ᄉᆞ날셔러고ᄉᆞ오거던오라신가
와고ᄃᆞ나일리야죽장ᄆᆞ고ᄉᆞᆯ뗄셔러니밍져ᄉᆞ업셔ᄉᆞ
안으든다마는어린거시조흘ᄂᆞ야쳐다런ᄃᆞᆺ는마리즐
아보는야엄게신더면기별ᄒᆞ랴나도보게야슈런엄ᄉᆞ누의
뎌야안ᄌᆞᆺ뎌야보는뎌로만내가일너ᄂᆞ의수심푸러다고ᄒᆞ
고이고셜이웁다조런이잔이는ᄉᆞ비못ᄉᆞ못간으조졉에
장ᄉᆞ주되파장ᄌᆞ가ᄌᆞ졉되야쉐우가지나문춘바바람
인듯구름인듯쳔ᄒᆞᆺ슬낭도ᄒᆞᆫ이쳔공지화릉효산
잇수러화되온ᄒᆞᆫ죽임잔의일즁화과이반공의잠
기ᄂᆞᆯ뎌졔귀신단이난법은뎌ᄑᆞᆺ기ᄌᆞ고슌쳘입기ᄌᆞᆫ

나 침상편시츈몽즁의 힝진강남수쳔리라 견딘을
살펴보니 황금딕자로 만고졍열 츈향지묘라 두려시
붓쳐거늘 심신이 황홀하야 비회터니 쳐연한 낭자
셔이 나오난듸 셕숭의 쳡 녹주 등롱 들고 진쥬
기셩 논개 평양 기셩 월션이라 츈향을 인도하야 나다스
드러가니 당샹에 빅의한 두부인이 옥수를 드러 쳥하거
늘 츈향이 사양하되 진셰간 쳔쳡이 엇지 황능묘을
오르잇가 부인이 기특이 네기 지삼 쳥하거늘 사양치 못
하야 올나가니 좌을 주워 안친 후의 네가 츈향인다 기특
하도다 일젼의 조회차로 요지연의 올나가니 네 말이 낭자케
로 간졀리 보고시퍼 너를 쳥하엿사니 심히 불안토다 츈
향이 지배 주왈 쳔쳡이 비록 무식하나 고셔를 보옵고
샤후의나 존안을 뵈올가 하엿더니 이러틋 황능묘의 됴쳐

으황공비감하여나다사옵고부모남삼하되수리흔곤다습씨가남순
수하시다가칭오산의부하시니수절여는우공이수산숙임의피
눈물을생구러나니가지마다일홈은다쉽되쉬화사가산보상수결리
라야국사실전나하말숨철종의집꼬한슬하소결것인연니너결친
게토기로너다간남하니라소고가결이의비을서는여비오헌금나답
공시들의쳐이자최하되아의못하되사반상하엿세이더한부인츈향아
난는가준만원슬도심으진심하되춘솔이나사시스소치님서듀화산이날
우의삼삼흥비가하소되어수소문원을듯편개과훗비가난것쳐하나산하
비도춘자지곤소간하해서하보심멀산하되나는한소여소군이라죠차
의소거하나실부칫츈생으이글이상고고전고즁외강신춘풍
년의요화핀꽃구원아준이라앙지술위도하라한잠의리할
게숨표공의그나비조부플리비웃슴흉띠무어시조님곰내꾸달띠
들건을졸고한의보군의살피비나스면도의나쇼가실도한신을의드한가온다

곽셩이나자ᄒᆞ며ᄯᅩ바리츈향아네가날을모로ᄂᆞ냐
는님고ᄒᆞᆫ이ᄒᆞᆫ고조은ᄌᆞ졀부인이로다수ᄅᆡᄒᆞᆫ채엿
비쥬에ᄯᅥᄌᆞ의ᄃᆞ락ᄒᆞᆫ숨쉿나의수쥭안ᄉᆞ니ᄋᆞ두구
에다붙질고두눈새ᄯᅥ앙ᄋᆞ며ᄌᆞ고숙ᄋᆞ다ᄒᆞ슨
나쳔추의졀픔ᄒᆞᆫ을인ᄉᆞ셔나고ᄃᆞ리보라ᄋᆞ리우ᄅᆡ졔
샹균부인ᄆᆞᆫ샹ᄒᆞ되이고시리ᄒᆞ니ᄃᆡ가유ᄆᆡᆺ이보수ᄒᆞ고
ᄒᆞ소ᄉᆞ져별ᄒᆞ나소ᄅᆡ유치못ᄒᆞᆯ지라。ᄯᅩᄒᆞᆫ븐ᄂᆞᆯ녀ᄒᆞ
졔ᄒᆞᆯ시ᄯᅩᆺ방ᄉᆞ실ᄉᆞᆯ혀ᄉᆞ시ᄅᆞᄅᆡᄋᆞᄋᆞᆯ싸ᄉᆞ조경ᄇᆞ은펄ᄃᆞ
츈향이ᄭᆞᆷᄶᅡᆨ놀나ᄭᆡ여보니ᄭᅮᆷ이로다옥창ᄋᆡᆼ도화
ᄯᅥ러져보이고거울복판이ᄭᆡ여져뵈고문우의허
수ᄋᆡ비달여뵈이거ᄂᆞᆯ나죽을ᄭᅮᆷ이로다수심겨워
쳥밤을샐셰그리ᄋᆞ을고ᄒᆞ ᄉᆞ퍼ᄉᆞ되의ᄒᆞᆯ안
남바ᄂᆡᄉᆞ니ᄂᆞ방ᄉᆞᆫ집파자ᄒᆡ아수구직비ᄂᆞᆫ파부ᄀᆞ년

되돗치바ᄲᅳᆫ 밧삭소ᄅᆡ로스로표ᄌᆞ진ᄂᆞᆫ 편너ᄉᆞᄃᆞ 귀
신이 수난도나 장ᄉᆞ마자 죽은 귀신 형ᄌᆞ마자 죽은 귀신
결련ᄉᆞ깃시도못ᄒᆞᆫᄃᆞ ᄃᆞ 목민여 죽은 귀신 ᄉᆞ방ᄉᆞ의 서
우난드귀 ᄭᅮᆨ셜ᄉᆞ이나ᄉᆞ자라ᄂᆞᆫ 방안이며 춘여 웃ᄉᆞ ᄯᅢ마
루ᄋᆡ련셔도ᄋᆡ 표ᄃᆞ ᄃᆞ 귀신 소ᄅᆡ의 ᄌᆞᆷ들거 ᄀᆞ 편 이
업다 춘향ᄉᆞ가 ᄌᆞᆷ음에 난 귀신 소ᄅᆡ의 ᄭᆡᄉᆞ신이 업사
지ᄂᆡ더니 어련번슨 느리나니 파굽이 되ᄋᆞ 쳥셜ᄉᆞ곡
거리 상져비 쉐아 소리로 알고 드르며 ᄋᆞ 몹슬 귀신
더라나 슬지비 갈나가더 ᄌᆞᆯ지나 밋엇무나 엽굽ᄃᆞ 여
슈련ᄉᆞ 사파 俗 진연ᄌᆞ고 신자슬 셔옥박그로 봄ᄉᆞ사
한나 지나가되 쉬슬 봄ᄉᆞ사 깃들진 위쁜수 하오 웨
련만 넘사팔녀ᄉᆞ리 ᄑᆞᆫ보ᄎᆞ하 ᄋᆞ하며 ᄉᆡ고 가니 준
하ᄉᆞ이 듯고 어보ᄋᆞ 어ᄊᆡᄉᆞ 장보ᄉᆞ사 좀 불너 주오 춘향 어

모봉ᄉᆞ을붓들고난되여보져가난봉ᄉᆞ임붓너논이빗ᄉᆞ
사ᄃᆞ라ᄒᆞ되게휘기채누기니춘향이모요엇지ᄌᆞᄉᆞ나우
리춘향이가옥중의셔봉ᄉᆞ님을진되오시관두오봉ᄉᆞ
사챤빈우스면셔날찻기스외로세가제봉ᄉᆞ오수를길
제춘향이모봉ᄉᆞ의잔핑이을잡고질을인도ᄒᆞᆯ졔
봉ᄉᆞ은이리오시요이거슨도다리요이거슨개쳔이오ᄌᆞ고
심ᄒᆞ여건너시요입폐기쳔이잇셔뒤의볼가무한이열근
우나가뒤난되봉ᄉᆞ의뒤엄이란개마리뮤만못ᄒᆞ고을
나가가만한지리나온나간다가시듯다마는엽던가쇼한
가온디가고ᄉᆞ뎍ᄉᆞ빼져고왓ᄉᆞ니도구ᄯᅥ나오랴고져셔는가
도ᄉᆞ을잡바제이끌사ᄉᆞ게젼ᄉᆞ잇ᄉᆞ졔ᄉᆞᆫ술드러맛
티보니무근쌀밥먹고쎡근음이로고순을니살리게
모진도그다가부듯치니ᄋᆞᆺ지입푸던지입부다가곰

쓸리러고유난되면눈으쳐ᄂᆞᆫ무리ᄉᆞᆨᄃᆞᄯᆞ로ᄌᆞ며이고
ᄃᆞ니팔자아조고만ᄒᆞᆫ귀쳔을못건네고이본변을
당ᄒᆞ여ᄉᆞ니수원수구뉘라ᄒᆞ며ᄒᆞᆫ리ᄂᆞ신셰을싱각
즁니쳔지만물을분별이라주야을너가알아ᄎᆞ시살
졈잔ᄒᆞ며춘ᄎᆞᆷ감다ᄒᆞ온들도리ᄒᆞ오기나가일때주
쳐리다ᄒᆞ온들ᄒᆞ옵고단풍이지살며부모을나아는
아쳔자을나아는이친구벗이엄을나이는여셩쳔
지인원셩신파쥬바자단을몰고범즁가지
니다가이지경이되야쉬나전소위소경이그고나ᄀᆞ쳔
이그르냐소경이글제아조싱긴ᄀᆞ칠이그르리수고
ᄃᆞᆫ셕인이우니쥰ᄒᆞᆫ이무위론즁되꼬만유시요보ᄉᆞᆯ을
모욕시계속으로러가니쥰ᄒᆞᆫ이반가마ᄀᆞ슈구겁
사입어쳐오ᄇᆞᆫ사ᄀᆞᆺ스준ᄒᆞᆫ이가이ᄅᆞᆯ이런얼은듯

고반가ᄒᆞ며음셩을드르니 춘향과셔가부다ᄉᆡᄀᆞ음
ᄂᆞ다나가반겨와ᄒᆞ자ᄂᆞᆫ 슐ᄎᆞᆫ반이나날더러도ᄇᆞᆫ가
다ᄉᆞ라못ᄒᆞ고ᄎᆞᆷ소ᄒᆞ며와ᄉᆞᆫ 나ᄂᆞᆫ쥬ᄉᆞ가안으로셰그
럽ᄂᆞ이가잇소안잇슴ᄂᆞ옵고노ᄅᆡ의길ᄉᆞ이잇ᄃᆞᆫᄒᆞ시요
ᄂᆞ염에ᄂᆞᆫ밀게ᄃᆡ치ᄒᆞ술어지졍ᄒᆞ엿ᄂᆞ에다름산이
라간반ᄉᆞ휘ᄭᅩᆺ슐ᄒᆞᆫᄒᆞ야셥기로ᄒᆞ동도ᄒᆞᄂᆞ우리셔
방안이언ᄉᆞ셔나나ᄅᆞᆫ차질ᄭᅡᄒᆞ곳ᄉᆡᄂᆞ부쳠을ᄒᆞᆫ、
라고청ᄒᆞ엿ᄉᆞᄒᆞ게。 동ᄂᆞᆫ 참 슐ᄒᆞᆫ나ᄆᆡ경이
투셰유샹쳔긔샹ᄒᆞ 왈ᄂᆞ ᄂᆞ쳐셥이유자ᄒᆞᆫ연
갓슨이요만은ᄭᅥᄉᆞᄉᆞ니 ᄂᆞᄂᆞᆫᄉᆞ유쇼인ᄉᆞ이감인슨
동ᄉᆞᆫᄒᆞ소셔마ᄉᆞ쳐ᄉᆞᆫᄒᆞᆫ와 밧ᄂᆞᆫ 흔이업ᄉᆞᄉᆡᆼ유셩이망
거소보ᄒᆞ야아가ᄂᆞᆫ 블ᄌᆞ더ᄒᆞᆫ즈젓슴ᄉᆞ신ᄂᆞ이복
ᄒᆞ며므와ᄉᆞ무왕ᄉᆞ무ᄒᆞ오주 표ᄉᆞᄒᆞᆫᄎᆞᄉᆞ 드싀ᄒᆞᆫᄋᆞ셜이

쳔안장시ᄒᆞᆫ셔문ᄉᆞ단쳥ᄒᆞ니 곤ᄒᆞᆫ단시ᄉᆞ셔쥰호ᄒᆞᆫ소
가ᄉᆞᆼ졀쳥ᄐᆡᆼ단경ᄉᆞ 니쥬ᄒᆞ니 ᄒᆞᆫ드ᄅᆞ졈업군ᄑᆡᄉᆞ마
군귀ᄯᅩ공ᄒᆞ빈천의 ᄂᆞᆨᄉᆡᆼ계되신셩ᄉᆞ은명
찬ᄃᆡ슈구ᄒᆞᄋᆞᆸ소셔 과쟝ᄉᆞ갑신
창연원일시사지졀 ᄒᆡ페도남ᄒᆞ고
유ᄒᆞ여ᄋᆞᆫ봉가 상ᄒᆞ소신유차보안원
사랑ᄒᆞ온은혜소셔졀ᄂᆡ좌로남ᄋᆞᆫ 쳔만이가ᄒᆞ는ᄋᆞᆸ
자식신고ᄆᆡᆼ멸여셔ᄉᆞ춘ᄎᆞᆷᄉᆞᄒᆞ와ᄒᆞ오바ᄉᆞ옥즁
ᄒᆞ오며셔ᄋᆞᆸ삼쳔동거ᄒᆞᄂᆞ이몽ᄉᆞ온ᄒᆞ일ᄒᆞ시외모
자보부ᄒᆞ오리시가복결ᄌᆞᆫ신은셔면소시ᄒᆞ옵소셔ᄉᆞ
산동ᄋᆞᆷᄋᆞᆫ쳠경ᄃᆞ 준ᄃᆞ던이어되노자ᄋᆞᆯ이산사오륙
쳘ᄒᆞ 후ᄯᅥ상ᄉᆡ루고칠간산ᄋᆞᄃᆞ구나이유ᄑᆡ망ᄋᆞ
ᄒᆞᄋᆞ소ᄌᆞ되ᄋᆞ셔ᄋᆞ드내ᄉᆡ날ᄌᆞ안ᄋᆞ버살ᄒᆞᆯ졔

이ᄢᅢ을어더듬리화희ᄒᆞ야슌이잇지안셔조즁슌가쳔
이상지한이찬안이슈명이라자니상반임이불원권
의나라와쳐평싱한을품러거시니깅마소참조쳐든
춘향되더ᄒᆞ되◎알던더로그러ᄒᆞ면오직옷사오리가간
빈솜취몸이나좀ᄒᆞ여주옵소셔이되자상이말을
ᄒᆞ소단장ᄒᆞ고쳬것이쳐보이고창젼의잇도옷
시녀러져보이고문수와쳔수의비단의뵈고텬산의문
여자고바당물이밀나뵈인이나즐을쇼안이쇼보ᄒᆞ사이
으키상각다가상구의왈그숨장이곳다좌라한
이ᄂᆞᆫ셜칠이요◎파경ᄒᆞᆫ이기무셩가◎ᄂᆞᆫ이열미가여
러야쇄시셔리지고◎거울을업셔결뎌소리가엽슬손
강◎운상의천수인잔니만신이깅상세라◎문수의허
수이비단의써면사라마당구려볼거시요◎희갈늣

이용안견이요◎산붕천이지토평이라◎바다가말으
면용을열끗을놋치볼거시요산이문어지면평기
가될거시라조타쌍가마탈놈이로세거짓마소마지
안네한참이리수작할제뜻밧기가막구가속담의
와안연이싸옥싸옥읍거늘춘향이손을드리
후여날이며밤짓마진가막구야날을자바갈나거든
줄을기나말여무나봅사가이말을듯던이가만이잇소
그가막구가도옥ㄷ ㄷ그러케울졔에그래요좃타ㄷ ㄷ
가엿는아름다운가엿요옥엿는집옥엿라알음
답고길겁고조흔일이빗돔원간의도라와셔평싱으
밋친한을풀거신이조금도거짓마소칙금은복
치천양을주던도안니바더갈거신이두고보요영◇
구하게되는쌔의관세나부되마소나도라가네쌔팡◇

안이 가ᄋᆞᆸ시고 ᄌᆞᄋᆞᆸ신ᄒᆞ오ᄉᆞᆸ시니 ᄎᆞᆫ찬이 긴단
수삼으로 세월을 보니 나라[seal]차ᄒᆞ고 상상도련삼
은 주야로 시[illegible]반기 거를 숫고 ᄒᆞ오ᄉᆞᆸᄂᆞ니 글로 ᄆᆞᆫ이 빈
이요 글 쎄는 알ᄌᆞ거라 ᄒᆞ가ᄋᆞ 정ᄉᆞ잇서 토평파을
빈녀 실서 서쳐을 품ᄋᆞ훕고 창주ᄉᆞ르 ᄀᆞ좌우
을 듬너보니 ᄋᆞ조 창싱 ᄒᆞ다 선니ᄋᆞ닌 ᄉᆞ의 숫비찬
다어ᄋᆞ 풍ᄋᆞ유 천ᄋᆞ성ᄋᆞ의 잇ᄋᆞ 무ᄉᆞ가 ᄎᆞᆷ음ᄋᆞ 종다ᄃᆞ계
학퇴 출ᄒᆞ야 ᄋᆞ어계을 너ᄅᆞ신이 도ᄉᆞ거 보ᄉᆞ니여 ᄒᆞᆼ
장유ᄉᆞ 거ᄅᆞ 논니 글재ᄋᆞ하ᄋᆞ 쎄되 ᄎᆞᆫ다 ᄎᆞ석이 고ᄅᆞᆷ
동위라 두러ᄉᆞ거러 건늘이 도[illegible]ᄋᆞ금[illegible]을 살펴보니
의키보되 ᄇᆞ라서 계을 펼쳐ᄇᆞ흽 ᄒᆞ[illegible]을 ᄉᆞ광ᄒᆞ하
웅계연으 ᄆᆞᆷ으ᄀᆞ라 당황 몽ᄆᆞ심 ᄑᆞ로 반ᄌᆞ로 ᄒᆞ답
벽푸러왓 ᄌᆞ지 필법을도 ᄌᆞ밍ᄋᆞ보계을 바다 일필

휘거션쟝ᄒᆞ니샹셔판에글을고고자〻이바겸이요
귀〻이판주로다욕사비돗ᄌᆞ고펴ᄉᆞ사낙안ᄋᆡ라금셍으
뒤쳐로다금방을일좃을넘어ᄌᆞ삼번권ᄒᆞ신ᄒᆞ우창
원곱겨휘자ᄅᆡ라실뇌으전던지ᄉᆞ머리에는어사화
ᄒᆞ몸으난잉삼이라허리로예나ᄂᆞᆫ도로다실을유과한
연후의산소ᄋᆡ소분하고젼하게숙배ᄒᆞ〻니쳔하게읍
여천이붐너보션ᄒᆞ후의경의져주ᄒᆞ것ᄉᆞ으읏슴이라
하시고도승거입시하사졀나도하샤슬계슈ᄒᆞ셔니평셩
으소원이라수의마피유쳐ᄒᆞ니주시니쳔하게하직
ᄒᆞ고본ᄃᆡᆨ으로ᄂᆞ갈제쳘판풍치는실산민ᄒᆞᆫ
갓탄지라불모견ᄒᆞᆫ착ᄒᆞ고결나도로헝ᄒᆡ릴셔님됨뿐
셔나셔〻서리중방역조룰듯거나리고칭픠석말
자바타판칠픠판픠변ᄒᆞ리언ᄂᆞᆫ너머밥결거리지나

농격이를얻듯거네남티령을니파쳔읍의즁
와ᄒᆞ고사오니밀러당시수원슈소ᄒᆞ고니찹피ᄉᆡ
쳘거리진지올즁밋진의읍의즁와ᄒᆞ고긜원
소식이피다리셥화역의슈소ᄒᆞ고상유쳔하유쳔
서숨막쳘안읍의즁와ᄒᆞ고삼기리도리티짐게역
말가라타고신구되평을얻는지니쉰디의숙소ᄒᆞ
고팔풍경화란파경모관공주금강을건네금영
의즁와ᄒᆞ고놉픈회질소리문어미널티쳥쳔의숙
소ᄒᆞ고너셔풍기사다리을진간치당이좌화강장
ᄒᆞ미고리에산읍의숙소참ᄒᆞ고잇튼날셔리즁방분
너분부ᄒᆞ되쳘나도조숩에산이라마즁국사거ᄒᆞᆫ북
형작죽기를면치못ᄒᆞ리라 주상깃치호령ᄒᆞ며셔
편불너분부ᄒᆞ되니순좌도로드러진산금산무주용

담젼안장수윤봉구례로시팔도를슌힝ᄒᆞ여아모날
남원읍의로ᄃᆡ령ᄒᆞ고즁방의졸네들은오도로용
안함열임피옥구김졔만경고부부안흥덕고창장셩
영광무장무안함평으로슌힝ᄒᆞ야아모날남원읍으
로ᄃᆡ령ᄒᆞ고죵사분녀의산금구틔인졍읍슌창옥
과광쥬나쥬창평담양동복화순강진영암장흥
보셩흥양낙안슌쳔곡셩으로슌힝ᄒᆞ여아모날
남원읍으로ᄃᆡ령ᄒᆞ라분부ᄒᆞ여기ᄇᆞᆫ발ᄒᆞ신후
의어사또ᄎᆞᆷ장을 치리난되모양보ᄉᆞᆺ사ᄅᆞᆷ을소기
라파모자어ᄇᆡᆫ헌파리ᄇᆡ의바래졸종ᄌᆞ미여 죤사갓슨다
리쓰고당관나믄헌망근의갑풀관자노ᄭᅳᆫ당줄다
라쓰고으몽하게헌도복의무명실ᄯᅴ를ᄒᆞ고졉의
둘러미고살만나문쳐ᄇᆞᆺ치의ᄉᆞᆯ방ᄉᆞᆯ설초다리

일광을기고나라올제통시안삼이숙소ᄒᆞ고잔녀
주엽켱이가린ᄂᆞᆨ시음졍귀겹ᄒᆞ고순켱이끔붑누셔
문를업는지ᄂᆞᆫ담의올나사방을ᄂᆞᆯ너보니소ᄒᆞ강남
여기로다◎위련도영의◎한병켱뎐◎나묘모ᄂᆞ◎믄지
망월◎다가사우◎뎌조천◎법ᄂᆞ난◎유념ᄒᆞᆫ품고
와산팔경을다귀경ᄒᆞ고차〻건아디힝ᄒᆞ야나려올제
각읍수령덜이어사낫단말을듯고민졍을가다듬고젼
공사을염예ᄒᆞᆯ제ᄒᆞᆫ인〻들편ᄒᆞ리요이방호장실혼
ᄒᆞ고공사죄개ᄒᆞ난형방서기혈는ᄒᆞ면도망차로산발
ᄒᆞ고수다ᄒᆞᆫ말이찰사이너실이런주할체잇ᄯᅥ어사또
난임질구화쎌군처을당ᄒᆞ니 차시마〻참농절리
라농부더리농부가ᄒᆞ며이리할체야단이엿다◎여이
로상사뒤요◎쳘리건곤틔ᄒᆞ시의도덕노표우리성

군자△구연실흠△숍은듯덕요은입군셩△덕이△라이며로상△사
뒤요◎슌△이문교칩윤셩덕△으로니신셩△기여산△의밧슬
갈도교◎어△어쇼샹△사뒤요◎실흥셰〻신△다부쳔ᄌ만덕유
젼ᄒ니어△이안이흡교구턴가◎어며로샹△사뒤요◎하△우씨
이젼△이단교구연흥흥수더사리고◎여〻라샹△사뒤요◎△은왕
셩탄△어건△이단교더하잔진연당△하며네◎여〻라샹△사뒤
요◎이흥사를지어낫며수리셩△군꼼셰 흥우의나교곡
쇼차만흥△아△양사부모안△하마하르곡쳐자안△할가
◎이〻라샹△사뒤요◎빌주름심어△시〻슬짐작하나유산
한게빌주믄다◎어〻라샹△사뒤요◎칭△슌꼼며△조흔호
강△이△비△을다△졀소나◎여〻라샹△사뒤요나나쳔브다비기벌
흥야함포교부흥어보시◎어녈〻상△샤뒤요ᄒ찬양이
리찰제어△사쇼주린△졉교△만하교쳐〻놉△부가△슬귀

경ᄒᆞ다가가ᄂᆞᆫ듸풍이로고또ᄒᆞᆫ편을바라보니〻
상ᄒᆞᆫ소리잇다굉쟝쳘ᄒᆞᆫ노인뎌리셜〻리보와쉬〻듯
결바슬이루난되길나니듸수깨쳐꼬소실양순으로
고벽빌가를부로단되든잡가자〻〻ᄒᆞ날압졀슬듯
창가라ᄉᆞ면무ᄂᆞᆫ말ᄉᆞ을ᄒᆞ셜나지그ᄂᆞᆫ시ᄂᆞᆫ죽지말
고져믄사람ᄂᆞᆫ지말게ᄒᆞ난인천의ᄂᆞᆫ쟝가ᄉᆞ쉽수로
다〻〻〻보발리웝수로다순보발박그리고우수의
도치들고좌수와가시드ᄅᆞ고오는보발쏘다리ᄯᅢ가는
ᄒᆞᆼ안거리당게졍사로쳘발후,ᄉᆞ한ᄒᆞᆫ이ᄌᆞ울나미되가는
ᄒᆞᆼ안졀노가고빅발을사둘도라와귀미트사람잡표
고거문머리빅발되니ᄭᅩᆺ더졍사모쳐셜이라무졍한
게세월아ᄂᆞᆫ순연ᄒᆞᆫ나지비푼들왕〻ᄒᆞᆫ날나갈이〻
안니팔슴인가쳘금숩마자바ᄐᆞᆫ고쳥아ᄂᆞᆫ되도달이

고져만코 강산조흔 경기다ᄉᆡ ᄒᆞᆫ번 보고지거 졀다가 인

졋틔두풍빗 만피틔 놀고지거 화조원셕 사서가결은 교어

듯고귀가마 거볼수 업고 들을수 업서 하릴업날일

리모쇄슬푸다 우리빗심 어되로가께 난고구츄단표심삽

전다시 쳔아〻 달어지고 식벽하날 별진다 시섭소〻

시리진나 가년지리 어디민고 어여로가리 질리아 ᄋᆞᆷ마동우

리안성인 장춘몽인가ᄒᆞ노라 한참이라한 제한숨

부셕나셔며 담부먹서〻〻 〻가던덕 속에쓰고두

던의나온더니 팝돌조더년 짓드리 쌍뭉이더듬셔니

가죽쌍지새 엇고답비의 쉐우집을 바시티 엇지가락

이잡비라지 계비빗〻 단〻이 닫하지나 보풀을 뒤쳐노

코화로의 푹질너 답부굴를 막나되 동군이라ᄒᆞ난거

시되가 빽〻ᄒᆞ면 져소가 소리가나거다 양볼튀가가

솜옥〱고궁기가바릿셔다〱신기가졸〱나게뮤여
물코나셔니어사또반말ᄒᆞ기난뭇션이낫게겨농부
말좀무러보면조키야하우산말[illegible]이끌춘향니
가본관의수청도리되믈슬만이바더무코민정의작
폐ᄒᆞᆫ단말이올흔거겨ᄒᆞᆫ부열을니여폐ᄒᆞ여더삽나
아무되사든지아무되사든지관이게난눈꼿열귀쏭살
리업나저금춘향이듯무청아니든다ᄒᆞ고청장맷코가쳐
쓰니찰가의그런열여세상의드문거라옥결갓튼춘향몸
의가너갓던ᄒᆞᆫ낫치간누설ᄒᆞᆫ서쳐다눈비러면도못ᄒᆞ고굴
머뒤여저리오릅다갓시도령완거삼도령인지고놈의가식은일
커주무소죄ᄒᆞ니신사가ᄃᆞ려코눈비살은천이살녀ᄌᆞᆺ도못
하계어그계무슨말인고에엇거된나되기야엇저되야마는
남의말도구십을리며각약키하난다가니가결모로난말

슴ᄒᆞ며그려체。수작을파ᄒᆞ고도라셔ᄯᅥ허〻발션에로옴
자ᄂᆞᆼ부녀를인ᄒᆞ오셔ᄒᆞ져ᄒᆞ고한모양이ᄅᆞᆯ도라도니아
ᄒᆡᄒᆞ나오난ᄃᆡ주렴인ᄃᆡ쇼ᄉᆞ며셔시조결반서살결반
셕거ᄒᆞ되오날의ᄯᅥᆺ길신고쳔이쉴한양셩을ᄯᅧᆺ칠거
러오른나가랴조강롱의원강ᄒᆞ더쳐츈ᄆᆞ가ᄉᆞᆺ거드면음일
노가련마는분ᄒᆞᆫᄒᆞ다츈향이나셔방을ᄉᆡᆼ각ᄒᆞ야옴츙
의갓치여셔ᄯᅢᆼ게쳥각ᄇᆞ고상ᄒᆞ다곱살ᄉᆞᆼ반이셔방ᄋᆞᆫ셰거
소식돈절ᄒᆞ이양반의ᄃᆡ네난뇌천가여사ᄯᆞ고말못ᄒᆞ고이이
어듸잇ᄃᆞ님원ᄋᆞ의사오셔되룰가니셔ᄋᆞᆷ가오무샴일
노가니츈향의편지갓고쥬판되의가오이의그편지좀보자
구나그양반쳘모로는양반이네웬소린고글시두려보
오남의편지보기는어려거든한남의언간을보잔단말
이요이의두려간ᄉᆞᆼ수ᄉᆞᆫ나ᄒᆞᆫ부인남ᄌᆞ이란말이잇나니라

좀보면판게ᄒᆞᆯ냐곤얀반몰필둥ᄉᆞᆼ약ᄒᆞ구만문가속
온기특ᄒᆞ오얼픗보고수오ᄌᆞ로가식이로고판거마더
셰여보니사연의ᄒᆞ여쓰되일ᄎᆞ이별ᄒᆞ후겹식이져조ᄒᆞ、
니도련임사봉체ᄒᆞ후만안ᄒᆞ옵쓴거원결보모ᄒᆞ
옵니다천첩ᄎᆞᆫ향은강되노상의판봉치퍼ᄒᆞ고
명지경과이리지ᄉᆞ사것의존비활ᄂᆞᆫ거뫼ᄒᆞ야ᄎᆞᆷ
몰귀판ᄒᆞ니친신이수슈만사나단지실붐이경이요
쳡거사셩과노모쳘상이부거ᄒᆞ경이순니셔방임심
얀쳐거ᄒᆞ、옵소셔편지삿틋ᄒᆞ셔쓰되기셰ᄒᆞ시고
별쳡교각이동쳘ᄉᆞ동츄라광풍반야우여
셜ᄒᆞ니하의안원옥ᄒᆞᆫ퇴라쳔거로ᄒᆞ옛난듸
평사낙안기리이뎌으로그져둑、쒸곤거서모도다
의고로다어사보던니두눈의눈물이듯고이밋건이방

올ᄋᆞ리ᄯᅥ러지니ᄀᆞᄉᆞᆷ차하난마ᄋᆞᆷ남무편지보고웨
우시요엇다ᄋᆡ남무편지라도서른사연을보니
자연눈물리나는구나여보신졍엣난체ᄒᆞ고나무편
지눈물무더ᄯᅴ여지요그편지ᄒᆞᆫ장갑시열단양이
요편지갑무런너오쇠바리이ᄃᆞᆫ냥이날곡종마고우쳔
고로서ᄒᆞ츙의불ᄋᆞ렷서날파혐기나러오다완렴의
드러쓴ᄂᆞ나ᄋᆡ납쳔을도만나자ᄉᆞᆯ아ᄒᆞ야다나를ᄯᅡ라
가엇다기긋상반을뵈와라그ᄒᆞ히밧쇠ᄒᆞ여서울를
져정네로아름서요ᄒᆞ며다런여드러편지나소삼거ᄒᆞᆫ제
옷삽가락을집고심난ᄒᆞ며샨피니며ᄆᆞ주건되로ᄅᆞ
ᄎᆞ리셰둔너난되게기집서갓트거시드리거늘보니
ᄯᅢᄋᆞ이것어ᄃᆡ서낫소ᄎᆞᆫ바람이나소ᄋᆡ눔엇일쳔기우결
ᄒᆞ여서난셩ᄆᆡᆼ을보젼치못ᄒᆞ리라ᄃᆡ분ᄒᆞ고나ᄂᆞ월

슬근드러옴겨박셕틔올나셔〻사면을도라보니
산도예보던산이요물도예보던물이라남문밧썩나
ᄂᆞ라광한루야잘잇더냐오작교야무사ᄒᆞ냐ᄀᆡᆨ사청〻
유ᄉᆡᆨ신은나구ᄆᆡ고놀든ᄃᆡ요청운낙수발근물은ᄂᆡ발
싯던청계수라녹수진경너른길은왕ᄂᆡᄒᆞ든옛길이요
오작교다리밋ᄐᆡ발ᄂᆡᄒᆞ는여인들은게집아희셕겨안겨
야〻쉐야삽묘〻봄〻[illegible]찬ᄉᆞ가불샹터라모지더라
ᄃᆞ〻우리골사또ᄂᆞᆫ기ᄉᆡᆼ[illegible]절[illegible]춘향이을수벽겁
탈ᄂᆡ려찬들쳡셕것들ᄌᆞ쥬ᄌᆞ살ᄒᆞ쥬다거슬세ᄉᆞ렬가무
셩ᄃᆡ랍ᄃᆞ이도령이ᄂᆡ장ᄃᆞᆯ고갓이쪌리꼿논희ᄯᅢ추겻ᄃᆞ
빨ᄂᆡᄒᆞ는모샹을ᄒᆞᆫᄎᆞ주나얏쫌수전희봉게섬실박늘
파격경ᄒᆞᆼ섬쳐셔가문유[illegible]ᄒᆞᆫ것마는앙소유구업셔
ᄡᅥᆫ이ᄂᆡ를차지ᄒᆞᆫ졀남고어ᄉᆞ또보ᄂᆞᆫ〻구ᄌᆞ샹이살펴보니

셩양은져셔하고숙[illegible]는[illegible]네양슈군은우
리춘향은돈도라가리노라[illegible]본듯반가온다동
편을바라보니장임쳔녹인간[illegible]거
안의나동쳔은네본고뎨이안쳐[illegible]은우리운
하[illegible]우나난듯볼상코가긍하다이러구[illegible]산[illegible]은[illegible]향
문젼방은하니헐넝은문어지고모든쳔[illegible]이보
던벽오동은속풀속속우둔셧다바람을[illegible]이[illegible]다공
고셔잇건늘단장밋틔백두루미는힘[illegible]보[illegible]그[illegible]한녀
물여난지젓도바지고다리를졍금[illegible]쥬흠
울고비창견누렁이는기운업서조우다가[illegible]면은도른나보
고짱도겻고너다르며요마야짓지마라주인갓튼손님이다네의
주인어데가고네가나와반기는냐중문을바라보니닉손으
로쓴글자가충성충자완연[illegible]이가[illegible]는[illegible]

마음심쬐만나미잇고와룡강자입춘서는동남
풍의펄펄〻〻이닉수실보와흔다그림졔림드리가
니니경은젹막흔듸춘향의모기동보소미음솟
티붑너으며이고〻〻니소리야모지도다〻〻〻이서
빗치고거도다위경니엽아조이져소식조차돈졀
하네이고〻〻설운저거상단아이리와블너라
하과나오더니옥안스게올돌의흰다리감어빗고
정화수한동우를단하의밧쳐놋코북기하야
축원하되천거〻신일월성신은화위동심하옵
소서따만독여춘향의를금쪽가치절너니의외손
봉사바리더니무죄한미슬맛고옥중의갓쳐스니
살일길이업삽니다천거〻신은감동하사한양성
이몽룡을청운의놉피소스니딸춘향살여지다

빌ᄅᆡ기ᄅᆞᆯ다ᄒᆞᆫ후의상단아담부ᄒᆞᆫ듸부쳐다구
춘향의모바다물고후유ᄒᆞᆫ숨눈물절제ᄒᆞ엿
셔어사춘향모졍셩보고나의ᄇᆡ살ᄒᆞᆫ게션엉음
덕으로아러톤니우리장모덕이로다ᄒᆞ고그안의
뉘엿나뉘시요니로셰나라니뉘신가어사드러가며
이셔방일셰이셔방시란이올체이풍원아들이셔방
ᄒᆞᆫ가ᄒᆡ〻장모망령이로셰날을몰나〻〻〻〻가뉘
기여사회는빅연거ᄉᆡᆼ이라ᄒᆞ엿시니엇지날을모르
난가춘향의모반기ᄒᆞ야ᄋᆡ고〻〻이게웬일인고어
듸갓다인자와풍셰듸작터니바람결의풋거온
가봉순거니ᄒᆞ던니구름속의싸이어온가춘향의소
식듯고살리라고와게신가이셔〻〻드러가서손을
잡고드러가셔촉불산나두안쳐놋코가셔이살피

보어가련 준의는 상거런이 또ᄒᆞᆫ가 춘향의 모 ᄀᆞᆺ더라

켜ᄋᆡ게 웰이리 요샹반이 그릇되미 심이 칠ᄅᆞᆨ우 되며

굿ᄯᅢ 올나가셔 벼살길 ᄭᅳᆫ처 고타ᄉᆞᆫ 진가산 ᄒᆞᆫᄒᆡ

부친게셔는 ᄒᆞᆫ강질 가시고 모친은 ᄎᆞᆫ가 묵가 ᄉᆞ릅ᄃᆞ

키가랍이에서 나는 춘향의게 나라와셔 돌쳐ᄋᆞᆫ니

엿더갈가 ᄒᆞ여 엇더니 왹셔보니 샹가ᄋᆞ ᄅᆞᆯ 말ᄉᆞᆫ 월셰

춘향의 도ᄋᆡ 말듯 죠고 귀가 막혀 무경ᄒᆞᆫ 사ᄅᆞᆷ ᄋᆞᆯ 차ᄋᆞ

별쥬도소식이 심셔 쓴ᄉᆡ 그린ᄉᆞᆫ가 잇시면 ᄎᆞᄌᆞ 기ᄌᆞᆸ바 룸ᄂᆞᆫ나ᄋᆞ

리한되안 소쓴왁ᄃᆞᆫ 사리도고 엽ᄉᆡ진 문ᄋᆞ 도ᄋᆞ수 원수

구슬ᄒᆞᆯ가마는 니ᄯᅡᆯ 춘향이 ᄉᆡᆺ겸다 ᄒᆞᆫ씹ᄋᆡ 뎜ᄯᅥᆯ

곤을 ᄆᆞᆯᄉᆡᆷᄒᆞᆫᄂᆞ 너타시 제ᄀᆞᆯ여 ᄯᅡᆼ시ᄒᆞ냐ᄌᆞ고 가난ᄋᆞᆯ ●

모ᄅᆞᆫ 나ᄆᆡ 하날이 무심ᄒᆡ도 ᄭᅮᆷᄉᆞᆫ조 ᄎᆞᆷ앗도 ᄌᆞᆸ아ᄇᆞᆫ 기난

쳔하의 ᄒᆞᆫ 잡은 귀가 차여 양반의 그릇되믓 가ᄂᆞᆫ 조잡ᄇᆞᆫ

려구나ᄋᆞ사점잇춘향모의하ᄂᆞᆫ거동을보라ᄒᆞ고시잘
하여나죽것네날반한술주소춘향모밥달나는
말을듯고밥업네엇지밥업실고마는쇄겸의좋은말이엇
다[illegible]상단어옥의갓다나오더저의아씨야단소리의가삼
이우둔〻경신이얼넝〻경쳐션시드러가서가만잇슨
편보니견의셔방님이와겨신나엇지반갑던지우루룩
드러가서상단이문안이숍ᄯᅵ갑님문안이엿더하옵시며두
부인긔우안령하옵시며셔방님계셔도일노의편안하옵신치
하신잇가오냐풍상의엇더하나소녀몸은무탈하옵니다앗
씨〻큰앗씨마오〻그리마오면교면쳘이질의누보라고와겨
더이팔세가웬이리요〻가씨가아르시면자리야단이날거시
니너머팔셰마옵소셔부억을드러가더니먹던밥의풋곳초
리졈치양념넛코단간장의넝수가득〻쳐서반의밧쳐더

리면셔더운진지ᄒᆞᆯ님살의시장ᄒᆞ신되우션요구ᄒᆞ옵소셔
쳔사쓴만그ᄒᆞᆷ며넘어너본졔오런구나ᄋᆡ란가지를ᄒᆞ며다
가보ᄃᆞᆫ이슈구러ᄒᆞᆯ것업셔손으로뒤져셔 한편으로보
라치튼이맛파람의끼는감추혓ᄒᆞ나나 춘향모차는
ᄋᆡᆼ그얼씨고빈비근막기난공셩이낫구나 상단이는져
의수기씨신쇠를싱고ᄒᆞ여쥬계수는못ᄒᆞ고쳬순ᄒᆞ여우는
말리의지ᄒᆞᆯ곳사 〃 〃 노더눈물수리의기씨를엇지ᄒᆞ여
살이사라오엿엿고나요 〃 〃 요실셩으로우방을이사쇼보
시더가가미져여비근상단아우지마라 〃 〃 너의ᄋᆞ기씨가셔마
살지쥭을소냐힘실이지극ᄒᆞ면사는날리잇나니라춘향모
늦던이슈광반의과교옥긴은잇셔ᄉᆞ더쳬장네가워겨도야쉰규
상단이ᄒᆞ는마리우리큰아씨ᄒᆞ는말을조곰도파렴마옵소
겨나만ᄒᆞ야노망한중의이실을당ᄒᆞ노니호짐의ᄒᆞ는말

을일흔노인들노하리가더운진지잡수시오어사ᄯᅩ밥상을
밧고싱각하니분기텅텬하나마음의울쳐오장이월
녕ᄒᆞᆫ셕반이맛시업셔상단아상물리라담부셔투ᄃᆞ
털미여소장모춘향이나좀보와야게큰허지요셔방
임이춘향을사니보와셔야인졍이라ᄒᆞ오긔가상단아옛
자오되지금은문을닷더사나바리치기는가사니다[illegible]밧
잠바리를뎅ᄃᆞ치난구나상단이는미음상이고ᄃᆞᆼ
들고어사ᄯᅩ는뒤를ᄯᅡ라옥문관당도하니인경이고요
하고사경이도라곳업네[illegible]츈향이비몽사몽간의셔방
님이오셔너되머리에금관이요몸의는홍삼이라상사
일념의목을안고만단졍회하는자라츈향이부른들
다다이낫쏠손야어사ᄯᅩ하는말이크게한법불너보소
모르는말삼이요예셔동헌이마조치는듸소리가크게나면

사ᄅᆞᆷ 염문할거시 남잡과 짓케ᄒᆞ옵소셔 부에 이셔 염문ᄒᆞ
무어시고 누구를 기ᄃᆞᆫ 잇소 츈향ᄋᆡ 부르ᄂᆞᆫ 소ᄅᆡ
의 ᄭᅡᆷ작 놀나ᄉᆡ 그런 며혜 ᄉᆞ도 소ᄅᆡ 잠결인가 ᄭᅮᆷ결
인가 고목 소ᄅᆡ고 ᄒᆞ다 ᄋᆞ사ᄅᆞᆷ 그만 쳐나가 왓다고 만을
ᄒᆞ소 왓다 ᄒᆞᆫ을 ᄒᆞ거든 면경 담나 ᄒᆞᆯ거스니 가마니 계옵
소셔 츈향ᄋᆡ 져의 모친 유셔 듯고 ᄭᅡᆷ작 놀나ᄉᆞ 어마니 잇ᄌᆞ와
벗소 몹쓸 셥자식을 ᄉᆡᆼ각ᄒᆞ와 쳐 방지ᄇᆞᆺ다 니다가나 상
흥ᄀᆞ며 쉬ᄉᆞ 실줄 낭은 오실ᄂᆞᆫ 마옵소셔 날낭은 염여
말고 졍신을 차리어 왓소 오다니 누구 오요 구쳐 왓다가
갑ᄒᆞ여 나 죽것소 일너 주오 삽가 오니 임을 만나 만단
졍호ᄒᆞ여 연시 흔 ᄉᆞ셔방은 계셔 기별 왓소 언졔 오신단
소식 왓소 벼살 씌고 나려 오단 노문 왓소 이 곱다 ᄒᆞ오라
너의 슈방인가 남방인지 걸인ᄒᆞᆫ나 이단 왓다 ᄒᆞ고 ᄋᆞ기 원。

말신가셔 밧 양 오시다니면 공중의 보던 일을 셔스의 보단
말가。문틈으로 손을 잡고 말 못하고 구실하며 우고 우게 구
가소 아미로 쌈이로다 상ᄉ 불견 기론 일을 이리 수이 맛
날순가 제 죽어 찬 연 엇지 그리 무졍한가 나 명하
다녀의 모녀 셔방님이 별후의 자나 누나 입기루 우일 구원
셤한 일는 이 난셰 이로 모의 가겨 죽게 되니 낭사한
라와 겨시요 한 찰 리 번구다가 의 형상 자시 보니 엇지
아니 한심하랴 어 보셔방님 남몸하나 죽는 기슨 셔룬 마음
업소마는 셔방님 자녈 웬 일리요 와 춘향 열어
마라 신명 자 쳔 연 셜만 들 죽을 손 아 춘향이 져의 모
쳔불녀 한양셜 셔방님을 질언한가 문 날의 관민되우
기두리들 날파깃치 자전턴 가신근 남기 셕거지고 곰듬
탐이로 어졋네 가로하다 나 쇠쳬하랄 압시 도 소그 연을

낙족은후의라도원이나업게하여주옵소셔나인당바다갑솟
봉장안의드러쓰너고옷ᄂᆡ여파라다가한산셰져박구워셔달
쇠푭게도쵸것쵸벗방사주징쵸며들뫼ᄂᆞᆫ디로파라다가관망
신발사드리고결병쳔은비녀밀화장도오지환이합속
의드리쓰니그것은파라다가한삼고의낭촌찬계하여주소
금명간죽을연셰에관두의무엇할가용강봉셍다
지를퇴ᄂᆞᆫ디로팔하다가별찬전도청하오나죽은후
의관도나연다만슈시꾼날보다시셤기소셔방님니말
삼드무시쇼뉘연리본판사셜신리라추수의주망나면
날을솔의쳔거시니청문마잡다리장도의낭신수죡
인들노흘손가만수수환허는드리진머리스령겨렁거ᄃᆡ
언쇼이리빗틀쳔리빗틀로라가셔장파하여죽거든난
삭군인체달이드러든너수꾸우리두리쳐음만나노던부용

당의져마ᄌᆞ고요젹ᄒᆞ되누의노고져방입ᄉᆞᆫ조염셥ᄒᆞ
되니의죤빅우도ᄒᆞ여입은옷ᄇᆡ기지말고양지셧틔무
더ᄯᅡ가셔방임귀ᄒᆞ되야쳥운의오ᄅᆞ거던일시도둘나
말고육진장포마렴ᄒᆞ야조촐한상여우의덩글러
케실은후의북망산쳔차져갈졔압남산뒤남산다바리
고한양으로올녀다가션산발치의무더주고비문의식〻를수졀
원사춘향지묘라야덜ᄌᆞ만시겨주소망부셕이안이될가
셔산의지난ᄒᆡ는ᄂᆡ일다시오련만는불상한츈향이는
한번가면언의ᄯᅢ다시올가신원이나ᄒᆞ여주오〻〻ᄂᆡ
신셰야불상한나의모친날을일코가산을탕진ᄒᆞ면
ᄒᆞᆯ일업시가련되야이집져집결식다가ᄀᆞ어터잇터조속
〻조올면셔지진하야죽거드면지리산갈가무귀두날기
을ᄯᅥᆨ벌이고두덩실날랄드러가옥〻〻두눈을다파먹군

들언는자식이셔ᄒᆞ여공교날의주리싱고〻〻셜은이울게 이산쇼우지마라하나리무어려도소사날드시가고이산이라 배가날를잇지알고으런터스쉬리한가。조별하고춘향 집으도라왓제춘향이난셔듬칠〻야산넷의셔방임을 번자갓치얼는보고오방의출노안져탄식하난마리명천 은사람을널게별노추박이언건만는님의신세무삼조 무의팔졍춘의인보나고모진목숨사라이청문이청장무. 삼일고오죽ᄒᆞ고싱사삼ᄉᆞ의밥낭업시임오시기만바리, 터이〻제난임의얼골보와스니팡치업시도야구나죽어황 천의도라갈들제왕쳔의무삼말을자랑하리잇고〻셜리 울계자진ᄒᆞ야반실반사ᄒᆞ난구나어사또춘향집의나왓셔그 날밤을싀련ᄒᆞ고문안문밧셤문할식질청의가드르니이방 승발불너ᄒᆞ난마리연보소드르니수의쏘가시문밧의쓸런이

약가삼경의등농불키여들고춘향모삼세우고페의파관
찬손이ᄋᆞᄉᆞ미도수상ᄒᆞ니녀일른관잔치잇티일십읍슈구
별ᄒᆞ여실탈업시십분조심ᄒᆞ소어사그말듯고놈들살
기는아니되ᄒᆞ고녀장령의글니한수군관거동보소여
러군관언네악가옥거리바장이난거린실노고의ᄒᆞ데아마
도분명어사듯ᄒᆞ니슈모팔기뇌고놀자상이보고어사뎍
꼭고놈들위ᄒᆞ여신이로다ᄒᆞ고현사의글르니조장에시그러
한다슈방염문다ᄒᆞᆫ후의춘향집문라와셔그밥을신연
후의잇튼날조사그ᄃᆡ군읍수령이모와든다 순봉령장
례곡성순창오과진안장수원님이차례로모와든다좌편
의ᄒᆞᆼ수군관수편의청성사령한가온ᄃᆡ본관은주인이
되야ᄒᆞ인불너분부ᄒᆞ되관쳥쇠불너다담을올니라
슉고자불너큰소을자비고예방불너고인을더령ᄒᆞ고

슌발불너칙일을ᄃᆡ령ᄒᆞ라사ᄅᆞᆷ불너잡인을금ᄒᆞ라ᄒᆞ니
티요란ᄒᆞᆯ졔그츤물이며유과풍유반공의ᄯᅥ잇고녹
의ᄒᆞᆼ상긔싱들은비수나삼곱피드러춤을추고지야자ᄒᆞ
덩실ᄒᆞ난소리어사ᄯᅩ마음이심난ᄒᆞ구나ᄯᅥ바리사령드라네
의원ᄒᆞᆫ의엿주워라먼되잇난거리이조흔잔치의당ᄒᆞ여
스니주회좀어더먹자고엿주어라져사ᄅᆞᆷ거동보소언의양반
이관ᄃᆡ우리안젼임거련혼금ᄒᆞ니그런말은너도마오
등밀쳐니엇지아니명관인가운봉이그거동을보고본관
의게쳥ᄒᆞ난마리져거린의〻관은남우ᄒᆞ나양반의후엔듯
ᄒᆞ니발셕의안치고술잔이나먹에보니엇더ᄒᆞ요본관ᄒᆞ
난마리운봉쇠견ᄃᆡ로ᄒᆞ오만은ᄒᆞ나만은소리흣인마시
사납것다어사속을로온야도져길은너가ᄒᆞ마소리는네가
져라운봉이분부ᄒᆞ야져상반듯시리라。어사ᄯᅩ드러가

단좌ᄒᆞ야좌우를살펴보니당상의모든수령ᄯᅡ랄을삽쭈노코진양조가양〻할제어사ᄯᅩ상을보니엇지안니통분ᄒᆞ랴못ᄭᅦ러진ᄀᆡ상판의다 ᄎᆡ져붐ᄭᅩᆼ나물과ᄯᅥᆨ기목걸이 ᄒᆞᆫ사발노왓구나상을발길노ᄯᅡᆨ 차던지며운봉의갈비을직신갈비ᄒᆞᆫ더먹고지가다라노잡수시요ᄒᆞ고운봉이ᄒᆞ나마리ᄉᆞᆫᄒᆞᆫ잔치의풍류로만노라서난마시졀사ᄯᅩ니 차운ᄒᆞᆫ수시 ᄒᆞ여보면엇더ᄒᆞ오그마리올타ᄒᆞ니운봉이운을닐졔 노풀고ᄌᆞ지름고ᄌᆞ두자을닐연노코차례로운을달졔어사ᄯᅩᄒᆞ난마리거런도어런셔추구권이나일거던니조은잔치당ᄒᆞ여셔주회을포식ᄒᆞ고그져가기무렴ᄒᆞ니 차운ᄒᆞᆫ수ᄒᆞ사이다운봉이반겨뭇고피련을니여주니좌중이다못ᄒᆞ야글두귀를지여산되민졍을ᄉᆡᆼ각ᄒᆞ고본관졍체를ᄉᆡᆼ각ᄒᆞ야지ᄋᆞ것

다◐금준미주는쳔인혈리요◐옥반가효는만셩고라◐
초구나시길누나이요◐가셩고쳐원셩고라◐이글듯
손금동우에아롬다온술은일만빅셩의피요옥소
반의아롬다온안주는일만빅셩의지름이라 촉불
눈물쩌러질제빅셩눈물쩌러지고노래소리놉
흔고ᄃᆡ원망소리놉파더라이러ᄐᆞ시지어쓰되본관는
몰나보고운봉이글를보미나력의업풀사이리낫시
다[암행]어사쏘하지하효간ᄂᆞᆫ후의공형불너분부하되
야ᄉᆞ리낫나공방불너전단속병방불너역마단속
관쳥식불너다담단속옥형이불너죄인단속집
사불너청고단속청방불너분부단속사령불너한
번단속ᄒᆞᆫ참시요란ᄒᆞᆯ제몰쇠언난져본관이엽보
운봉은어듸를단이시요소피ᄒᆞ고드러오 본관이분

부ᄒᆞ되 츈향을 기피올이라고 주광이 난다 읍에ᄉᆞ
사쇼관ᄒᆞᆫᄒᆞᆯ졔 셔리 본곤을 준시 셔리 중방 거동 보소
역졸 불너 단속ᄒᆞᆯ졔 이리 두려 수군 졍리 가며 수군수
군셔리 역졸 거동 보소 외오망근 공단씨기ᄉᆞ 펴련 놈
너ᄡᆞᆺ고 셕자 감발 시 집신이 한삼고의 산뜻 입고 육모
방치 녹피 ᄭᅳᆫ을 손목의 구리 쥐고 예셔 번듯 졔셔 번듯 남
원읍이 수군ᄃᆞ ᄃᆞ 쳥피 역졸 거동 보소 달갓튼 마피를
ᄒᆞᆫ빗가치 번듯 드러 입고 ᄒᆞᆫ시 사출도야 위난 소리 강산
이 문어지고 쳔지가 뒤눕는ᄃᆞᆺ 초목금슌들 아닌 ᄯᅥᆯ야
남문의셔 출도야 북문으셔 출도야 동셔문 출도 소리
쳥쳔의 진동ᄒᆞ고 공형들 나웨난 소리 유방이 녀슬이
러 공형이 요동치로 취다셕 이고 중ᄃᆞ다 공방ᄃᆞ ᄃᆞ 공방
이보젼 들고 드러오며 인할나니 공방를 하라던이 져붐리

속으엇진들야듯칠두주ᄂᆞ쇼ᄒᆞ고버터셧너좌수별감
녀슬일코이방ᄒᆞ장실ᄒᆞᆫᄒᆞ고삼쇠나출니고주하네
모든수령은망할ᄎᆡ거도ᄒᆞ보소인계일슈파결을고변ᄒᆞ
부일군소편들고탕군일군용수쏘고깃일군소반
쏘고칼집쥐고소좀뉘기부셔진니가문고요ᄒᆞᆫ지니
북장고라보뇌삐쑨을삭고며셔구ᄒᆞ기ᄉᆞ아샹쥐눈
쓰듯ᄒᆞ고니아돈ᄅᆡ가셔ᄋᆡ추위라문드려순다바람다
더라믈마른다되편리괼청쇠을상을일고문써니
고너다른니셔라의졸단여드리후티쇼ᄉᆞ고나주네。잇
셩수의사쇼분부ᄒᆞ되이끌은되갑ᄉᆞ조경ᄒᆞ시다고리라
현와을금ᄒᆞ고마사도사ᄒᆞᄒᆞ리조졍추에본관은봉
고파직ᄒᆞᆫ란부ᄒᆞ니본관은보고파직ᄒᆞ요샤문의방붓치
고옥형이불너분부ᄒᆞ되네골옥수을다올이라ᄒᆞ련ᄒᆞ디죄

산을올ᄋᆞ가글다가 ᄒᆞ묘젼후에무죄자반송잘셕계
집은무어신다ᄒᆞ이 ᄋᆡ자오ᄃᆡ구승유명ᄒᆞᆫ리온되판결의
표와ᄒᆞᆫ죄녹ᄌᆞᆼ의잇삽나니무삼젼다ᄒᆞ이알외도보판
사솨수쳣을봄ᄃᆡ니수련리졍리라수쳥안이문샤
ᄒᆞ교관졔에곡ᄋᆡᄒᆞᆫ츈향이로소이다ᄉᆞ산부ᄒᆞ도니만연
의수졀ᄒᆞᆫ다고판결고의ᄒᆞ여산니살기을바린소나죽이랏
당ᄒᆞ되니수쳥도거역ᄒᆞᆫ가츈향이그만ᄒᆞᆫ니ᄅᆞ오ᄂᆞᆫ관장
마다ᄀᆞ이명관이로고나수의사또듯조시옵쳥알견벽
눕품바수바람부든들문어지며쳥송녹쥭푸른남가
눈이온들변ᄒᆞ릿가꼬른부부마옵시고어서밧비쥭여
주오ᄒᆞ며사단아수방쉽ᄉᆞ되계신가화라ᄋᆞ겨밤에옥문간
의오거쓸계쳔만다보ᄒᆞ엿더니 ᄋᆞ되를가셧난지나죽
난쥰보를나기ᄋᆞ사산부부ᄒᆞ되 얼골드러나를보라ᄒᆞ시니

춘향이고ᄃᆡ드리던낭군을ᄎᆞᆷ보니가ᄉᆞᆷ이울로와셔단낭군어사또
로두려시안져ᄉᆞ나반ᄉᆞᆷ미ᄉᆞᄅᆞᆷ의일시ᄀᆞ나좃을시고어사
낭군조을시고나단원습니다ᄂᆞᆫ쳘드려ᄭᆡ지거되야더니ᄀᆞᆫ사
의넘이늘려아좌춘풍이난살선나왕이나ᄉᆞ시나ᄉᆞᆸ을헌
가션여ᄃᆞ다ᄌᆞᆫ잘소리절긴져의춘향모드려와져가셔업시
절ᄀᆡᄒᆞ난마늘엇지다철화ᄒᆞ라 춘향의놉푼절긔광
쳐의게되야스니잇지안이조을손가 이사한남원공사당
근후의춘향모여와사단이글셔ᄉᆞᄂᆞᆫ나 치취ᄉᆞ한졔
위의잘난종니셰상사람덜리누가안이칭찬ᄒᆞ리잇ᄉ
ᄯᅧ춘향이남원을ᄌᆞ치ᄒᆞ실ᄉᆡ열귀ᄒᆞ게되야진만고ᄌᆞᆼ을
이번ᄃᆞᄒᆞ니 시ᄋᆞᆯ일비가안니되랴놉고자던부요ᄋᆞ아니부
듸잘잇ᄉᆡ거라광한누오작교며엿ᄌᆞ가도잘잇ᄉᆡ거라 춘ᄌᆞ
는뎐〻노ᄌᆞ되◈와소ᄉᆞᆫ귀부ᄅ라남도ᄃᆡ고ᄉᆡ고ᄃᆞ며

라다가 가이별할제 만세무량ᄒᆞᆸ소셔다시보기마ᄋᆞᆸ던
이라잇ᄯᅢ어사ᄯᅩ는좌우도ᄎᆞ습ᄒᆞ야마쳐ᄉᆞᆯ살핀후의
셔울노올나가ᄋᆞ젼의숙ᄇᆡᄒᆞᆫᄃᆡ상이ᄉᆞᆸ시ᄒᆞ사문부
룰사ᄌᆞᄌᆞ우의상ᄋᆞ다ᄎᆞᄒᆞ시고진시이조창의도사셩
을봉ᄒᆞ시고츈향ᄋᆞ로졍열부인을봉ᄒᆞ시니사은
숙ᄇᆡᄒᆞ고물너나와부모젼의뵈온ᄃᆡ셩은을축사ᄒᆞ시
더라잇ᄯᅢ이판호판좌우영상다지ᄂᆡ고퇴사후의졍열
부인으로더부러ᄇᆡᆨ년동낙ᄒᆞᆯᄉᆡ졍열부인의게삼남이
녀을두엇시니ᄀᆡ〻이총명ᄒᆞ야그부친을압두ᄒᆞ고
계〻승〻ᄒᆞ야직가일품을만세유전ᄒᆞ더라

完西溪書鋪

옮긴이 | **이가원**李家源 (1917~2000)

한문학자 · 국문학자. 경북 안동 출생으로 퇴계 이황의 14대손이다. 호는 연민淵民. 명륜전문학원 연구과와 명륜전문학교 경학연구과를 마치고 성균관대학교 국문과와 동 대학원을 졸업했다. 연암 소설을 주제로 성균관대 국문과 1호로 박사 학위를 받았다. 성균관대학교, 연세대학교 교수로 오랫동안 강단에 섰다. 한국학 분야에 독보적인 업적을 남겼으며 특히 연암 박지원 연구에 천착穿鑿하였으며, 조선시대의 선현과 서예 대가들의 필법을 두루 익혀 서예에도 독창적인 경지를 개척하였다. 1986년에 《열하일기》 원본, 정선의 산수화 등 그동안 모은 3만여 점의 골동품과 서화를 단국대학교 부설 퇴계학연구소에 기증하기도 했다. 저서로는 《중국문학사조사》, 《연암소설연구》, 《한국 한문학사》, 역서로는 《삼국유사 신역》, 《금오신화 역주》, 《구운몽 역주》 등이 있다.

춘향전

초판 인쇄 | 2021년 4월 19일
초판 발행 | 2021년 4월 23일
펴낸이 | 홍정욱
기획 | 이상민 박단비
편집 · 교열 | 황인정
표지제호 | 강병인
디자인 | 황인정
펴낸곳 | 사단법인 올재
출판등록 | 2011년 11월 4일 제300-2011-188호
주소 | 서울시 용산구 이태원로 220 3층
전화 | 02-720-8278
팩스 | 070-4763-5551
홈페이지 | www.olje.or.kr
ISBN | 979-11-5993-224-3
*표지 제호 저작권은 캘리그라퍼 강병인 님께 있습니다.

Olje Classics

01 한글논어 이을호 역 | 현암학술문화연구소 보補
02 국가 플라톤 저 | 조우현 역
03 정치학 아리스토텔레스 저 | 라종일 역
04 고운집 최치원 저 | 이상현 역 | 한국고전번역원 기획
05 한글맹자 이을호 역 | 현암학술문화연구소 보補
06 소크라테스의 변명 외 플라톤 저 | 조우현 역
07 유토피아 토머스 모어 저 | 주요섭 역
08 청성잡기 성대중 저 | 한국고전번역원 기획 · 번역
09 한글중용 · 대학 이을호 역 | 현암학술문화연구소 보補
10 팡세 파스칼 저 | 정봉구 역
11 군주론 마키아벨리 저 | 임명방 역
12 기측체의 최한기 저 | 한국고전번역원 기획 · 번역
13 우서 유수원 저 | 한영구 역 | 한국고전번역원 기획
14 채근담 홍자성 저 | 송정희 역
15 차라투스트라는 이렇게 말했다. 프리드리히 니체 저 | 김정진 역
16 천로역정 존 버니언 저 | 주요섭 역
17 조선경국전 정도전 저 | 한영우 역
18, 19 계원필경집1, 2 최치원 저 | 이상현 역
20 꿈의 해석 지그문트 프로이트 저| 장병길 역
21 명심보감 추적 저 | 이민수 역
22 서경 | 권덕주 역
23 사회계약론 장 자크 루소 저 | 박은수 역
24 명상록 마르쿠스 아우렐리우스 저| 황문수 역
25 택리지 이중환 저| 이민수 역
26, 27 열하일기1, 2 박지원 저 |이가원 역
28 햄릿 윌리엄 셰익스피어 저 | 최재서 역
29 유혹자의 일기 쇠렌 키에르케고어 저 | 황문수 역
30 에밀 장 자크 루소 저 | 박은수 역
31 땅의 양식 앙드레 지드 저 | 박은수 역
32 격몽요결 이이 저 | 정후수 역
33 훈민정음통사 방종현 저 | 이상규 주해
34 방법서설 르네 데카르트 저 | 김형효 역
35 리바이어던 토머스 홉스 저 | 이정식 역
36 역옹패설 이제현 저 | 남만성 역
37 유리알 유희 헤르만 헤세 저 | 노태한 역
38, 39 국부론1, 2 애덤 스미스 저 | 최임환 역
40 도덕경 노자 저 | 이석명 역
41 마음 나쓰메 소세키 저 | 김성기 역
42~45 수호지1~4 시내암 저 | 연변대학 수호지 번역팀 역
46 난중일기 이순신 저 | 이은상 역
47 징비록 유성룡 저 | 구지현 역
48, 49 쇄미록1, 2 오희문 저 | 이민수 역
50 장자 장자 저 | 신동준 역
51 열자 열자 저 | 정창영 역
52 바가바드 기타 | 정창영 역
53 젊은 베르테르의 슬픔 요한 볼프강 폰 괴테 저 | 이인웅 역
54 산해경 | 장수철 역
55 박물지 쥘 르나르 저 | 손석린 역
56, 57 춘추좌전1, 2 좌구명 저 | 신동준 역
58~61 서유기1~4 오승은 저 | 연변인민출판사 번역팀 역
62 대당서역기 현장 저 | 권덕주 역
63 손자병법 손무 저 | 임용한 역
64 오자병법 오기 저 | 임용한 역
65 전술론 니콜로 마키아벨리 저 | 이영남 역
66 포화 앙리 바르뷔스 저 | 정봉구 역
67 시경 | 신동준 역
68 문심조룡 유협 저 | 김관웅 · 김정은 역
69 시학 · 데 아니마 아리스토텔레스 저 | 김완수 역
70 주홍 글씨 너대니얼 호손 저 | 최재서 역
71, 72 지봉유설1, 2 이수광 저 | 남만성 역
73 종의 기원 찰스 다윈 저 | 이민재 역
74 비글호 항해기 찰스 다윈 저 | 권혜련 · 김정석 · 박완신 · 이혜진 역
75~78 홍루몽1~4 조설근 저 | 연변인민출판사 번역팀 역
79~83 동주 열국지1~5 풍몽룡 저 | 신동준 역
84, 85 카라마조프네 형제들1, 2 도스토옙스키 저 | 이동현 역
86 고용, 이자 및 화폐의 일반이론 케인스 저 | 조순 역
87, 88 법, 입법 그리고 자유1, 2 하이에크 저 | 양승두 외 역

89~93 금병매1~5 난릉 소소생 저 | 김관웅 · 김정은 역

94, 95 한비자1, 2 한비 저 | 신동준 역

96 상군서 상앙 저 | 신동준 역

97, 98 회남자1, 2 유안 저 | 이석명 역

99 금강경 동봉 역해

100 동의수세보원 이제마 저 | 이을호 · 홍순용 역 | 주종천 보補

101, 102 르네상스 미술가 평전1, 2
조르조 바자리 저 | 이근배 역 | 최병진 감수

103, 104 삼국사기1, 2 김부식 저 | 허성도 역

105 크눌프 · 황야의 이리 헤르만 헤세 저 | 이인웅 역

106 최초의 모험 헤르만 헤세 저 | 이인웅 역

107 사기 본기 · 사기 서 사마천 저 | 신동준 역

108 사기 표 사마천 저 | 신동준 역

109 사기 세가 사마천 저 | 신동준 역

110, 111 사기 열전1, 2 사마천 저 | 신동준 역

112~116 삼국지1~5 나관중 저 | 연변인민출판사 번역팀 역

117, 118 황금가지1, 2 제임스 조지 프레이저 저 | 장병길 역

119 파워엘리트 찰스 라이트 밀스 저 | 진덕규 역

120 묵자 신동준 역

121, 122 십팔사략1, 2 증선지 저 | 신동준 역

123, 124 당시삼백수1, 2 손수 편 | 임동석 역

125 돈키호테 미겔 데 세르반테스 저 | 최민순 역

126~135 자치통감1~10 사마광 저 | 신동준 역

136~145 잃어버린 시간을 찾아서1~10
마르셀 프루스트 저 | 김창석 역

146, 147 관자1, 2 관중 저 | 신동준 역

148 순자 순자 저 | 신동준 역

149 주역 신원봉 역

150, 151 전국책1, 2 유향 저 | 임동석 역

152 맥베스 윌리엄 셰익스피어 저 | 김우탁 역

153 오셀로 윌리엄 셰익스피어 저 | 김우탁 역

154 리어왕 윌리엄 셰익스피어 저 | 김우탁 역

155, 156 데카메론1, 2 조반니 보카치오 저 | 허인 역

157, 158 유림외사1, 2 오경재 저 | 김관웅 · 김정은 역

159, 160 정관정요1, 2 오긍 저 | 임동석 역

161 안씨가훈 안지추 저 | 임동석 역

162 신기관 프랜시스 베이컨 저 | 김홍표 역

163~164 고문진보 전집1, 2 황견 찬 | 임동석 역

165~166 고문진보 후집1, 2 황견 찬 | 임동석 역

167 안데르센 자서전 한스 안데르센 저 | 이경식 역

168~169 공자가어1, 2 왕숙 저 | 임동석 역

170 율곡어록 율곡 이이 저 | 한영우 역

171~172 의지와 표상으로서의 세계
아르투어 쇼펜하우어 저 | 곽복록 역

173 구운몽 김만중 저 | 이가원 역

174 춘향전 이가원 역

175~176 캔터베리 이야기1, 2 제프리 초서 저 | 김진만 역

Olje Selections

01 한글논어 이을호 역 | 현암학술문화연구소 보補

02 국가 플라톤 저 | 조우현 역

03 조선경국전 정도전 저 | 한영우 역

04 햄릿 윌리엄 셰익스피어 저 | 최재서 역

05 한글맹자 이을호 역 | 현암학술문화연구소 보補

06 훈민정음통사 방종현 저 | 이상규 주해

07 정치학 아리스토텔레스 저 | 라종일 역

08 도덕경 노자 저 | 이석명 역

09~12 수호지1~4 시내암 저 | 연변대학 수호지 번역팀 역

13, 14 열하일기1, 2 박지원 저 | 이가원 역

15 명상록 마르쿠스 아우렐리우스 저 | 황문수 역

16 젊은 베르테르의 슬픔
요한 볼프강 폰 괴테 저 | 이인웅 역

17, 18 국부론1, 2 애덤 스미스 저 | 최임환 역